JN410822

신의 종주국

신의 종주국

초판 1쇄 인쇄 2019년 8월 11일
초판 1쇄 발행 2019년 8월 16일

지은이 신의 대통령 신제(神帝)
펴낸이 金泰奉
펴낸곳 한솜미디어
등 록 제5-213호

편 집 박창서, 김수정
마케팅 김명준
홍 보 김태일

주 소 (우 05044) 서울시 광진구 아차산로 413(구의동 243-22)
전 화 (02)454-0492(代)
팩 스 (02)454-0493
이메일 hansom@hansom.co.kr
홈페이지 www.hansom.co.kr

ISBN 978-89-5959-515 0(03150)

*책값은 표지에 표시되어 있습니다.
*잘못 만들어진 책은 구입하신 서점에서 친절하게 바꿔드립니다.

*지은이 연락처_ 천신국(天神國) 02)471-7406

신의 종주국

신의 대통령 신제 著

신들을 위한 신의 종주국 천신국이 개국을 선포하였다. 구심점이 없어서 종교세계에 들어가서 방황하고 있는 신들을 불러들여서 천상록으로 찾아내서 천상 신분을 회복시켜 주고 있다. 신들이 지구로 내려온 이유가 무엇인지? 이 땅에 왜 태어났는지 모른 채 살아간다.

한솜미디어

| 책을 집필하면서 |

신의 종주국이자 천신의 나라 천신국 개국과 즉위식, 하늘, 신, 영, 조상, 귀신, 질병, 윤회, 지옥도, 신선, 선녀, 사후세계, 천상세계와 함께 사람으로 태어난 이유, 돈을 버는 이유, 죽어서 어디로 가야 하는지, 나는 어떤 신명이고 누구인지, 죽으면 끝이 아니라 끝없는 사후세계의 삶에 대해 다루고자 한다.

지금까지 2004년부터 15년 동안 54권의 책을 출간하였고, 책이 출고될 때마다 일간신문 조선일보, 동아일보, 중앙일보, 기타신문에 광고를 게재하였으며, 이번 55번째 책을 집필하는 것은 인류의 구심점인 신의 종주국이자 천신의 나라 천신국 세상을 열어가는 보람되고 뜻깊은 일이다.

지구상에 종교단체가 550만 개라고 하는데, 종교를 통해서도 이루지 못하였던 진정한 구원과 영생을 이루어줄 수 있는 천신국! 20년의 세월 동안 모진 고난과 사기와 배신의 풍파를 이겨내고 2019년 7월 7일 서울 강동구 성안로 118에서 드디어 하늘의 문을 열고 천신국(天神國)이라 하였다.

천신의 나라 천신국이라고 하니까 무속세계에서 말하는 천신, 천신의 제자를 떠올릴 것인데, 천상에 있는 우주의 중심국가인 천신국 태상천궁을 말하는 것이니 착오 없기를 바란다.

민족경전인 천부경과 삼일신고의 천궁훈(天宮訓)에 보면 천신국 내용이 담겨 있다.

천궁훈(天宮訓)

天神國 有天宮 階萬善 門萬德

천신국 유천궁 계만선 문만덕

우주는 신의 나라이며 천국이 있음이라. 천국은 만 가지 선을 쌓아야 천신국 태상천궁 계단을 오를 수 있고, 만 가지 덕을 쌓아야 비로소 문을 열 수 있음이니 이곳이 바로 하늘이자 천상의 주인이신 천신(天神)께서 거처하시는 천신국이니라.

一神攸居 群靈諸喆護侍 大吉祥

일신유거 군령제철호시 대길상

이곳 천신국 태상천궁은 신령들과 깨달은 자들이 받들고 있나니, 지극히 복되고 상서로우며, 가장 밝게 빛나는 곳이니라.

大光明處 惟 性通功完者 朝 永得快樂

대광명처 유 성통공완자 조 영득쾌락

오직 스스로의 성품에서 신을 만나 지상에서 하늘이시자 천상의 주인이신 천신(天神)의 뜻을 온전하게 펼친 자들만이 천신국 태상천궁에서 영원한 즐거움과 쾌락을 얻을지니라.

이 정도로 설명을 했으면 이제 무속세계에서 말하는 천신과는 비교 구분할 수 있는 혜안이 열렸으리라 본다. 천신국은 무속세계처럼 굿을 하는 곳이 아니라 하늘이 내리시는 명을 받들어 뫼시는 곳이고, 원초적인 하늘이신 천상의 주인께서 원하시고 바라시는 뜻을 실시간 계시와 메시지로 받지만, 천상지상 신명들을 하강시켜서 라이브 생방송으로 집행하는 곳이기에 수많은 종교처럼 이론과 교리 같은 것이 일절 없다.

천상의 지엄한 황궁예법(궁중예법과 동일)만 배워서 준수하면 되기에 머리 아플 것도 없고, 천상의 천신국 태상천궁, 도솔천궁, 옥황천궁에서 수많은 신들이 하강하면 한눈을 팔 틈이 없을 정도로 흥미진진하고, 신비로운 천계의 비밀들이 마구 쏟아지기에 정신을 집중해서 들어야 한다.

지상 천신국 태상천궁으로 천상의 주인이신 태상천궁의 태상천황 폐하, 태상황후 폐하, 도솔천궁의 도솔천황 폐하, 도솔황후 폐하, 옥황천궁의 옥황천황 폐하, 옥황황후 폐하, 황태자궁의 도법천존 3천황 폐하 겸 지구의 주인이신 지존천황 폐하, 인류의 주인이신 인존천황 폐하, 신의 대통령이신 신제 폐하, 하늘의 명 대행자 (황태자)께서 천신국 태상천궁 대표 육신으로 하강 강림하시어 천상지상 공무를 집행하신다.

그리고 북두칠성 제1성 보좌관 겸 총괄본부장 보좌부대신(장관) 탐랑성주, 제2성 신명 인사 및 벼슬과 녹봉 관리하는 인사부대신(장관) 거문성주, 제3성 용들을 다스리고 재앙과 천재지변을 주관하는 재앙부대신(장관) 녹존성주, 제4성 신명과 영혼들의 형벌을 주관하는 예조부대신(대법부 장관) 문곡성주, 제5성 모든 천상문서를 기록하는 서기부대신(장관) 염정성주, 제6성 창고, 오곡, 재물을 주관하는 재무부대신(장관)

무곡성주, 제7성 신군들을 다스리고 통치하는 신군부대신(장관) 파군성주들이 하강하여 명을 받들어 집행하고 있다.

천상의 재상부대신(국무총리)과 각 부처 대신(장관)들과 3,333개 천상제후국의 제후(왕)들과 왕비도 수시로 하강하여 동참하고 있다. 3천황 폐하, 3황후 폐하, 황태자 폐하와 천상신명들의 실명 이름들도 모두 밝혀내었으나 이곳에선 천기누설이라 밝히지 않는 이유는 죄 많은 자들이 함부로 존귀하신 분들의 이름을 입에 올리는 것을 금지하시기 때문이다.

우주의 중심이 천신국 태상천궁이고 주위에 도솔천궁과 옥황천궁이 있는데 이를 3천궁이라 부르며 천궁마다 언어와 글자가 모두 다르기에 인사 예법 역시도 조금씩 다르다는 것이 천상신명들 하강으로 인하여 확인되었다.

천상의 언어는 3천궁 고유의 언어와 글이 있고, 특이한 것은 다른 나라 언어와 글자는 없는데 한글과 한국어가 있다는 점이 매우 이채롭다. 천상신명들과 대화하면 우선은 천상의 언어로 말할 때는 고유명사 이외에는 무슨 말인지 전혀 알아듣지 못하는데 다시 한국어로도 말해 준다.

3천황 폐하와 3황후 폐하, 황태자 폐하께 올리는 황궁 인사 예법은 현대의 군대식 인사법과는 비교 자체가 안 될 정도의 의장대처럼 절도가 있고 지엄한 예법으로 큰절을 박력 있게 하는 것을 보았고, 인사 횟수가 많다는 것도 밝혀졌다.

현재 인간 세상의 모든 과학 문명과 문화가 모두 천신국 태상천궁에서 내려온 것들이란 사실이 밝혀졌고, 이곳의 문명은 지구 문명보다 10억 년 앞서 있음도 밝혀내었다. 현재 우리나라에서 불리는 록, 대중가요, 민요, 팝송 같은 노래들은 물론 영화관에서 상영되고 있는 영화들도 천상의 천신국 태상천궁에서 내려온 것임이 확인되었다.

레이저, 비행접시, 우주선, 핵무기, 전쟁 무기, 항공기, 군함, 탱크, 호텔 문화, 공연, 놀이문화, 남녀 간의 연애 역시 천상에서 내려온 것이었다. 천상에는 노인들이 없고 여자들은 모두가 10대 초 · 중 · 후반의 나이이고, 남자들은 아이들을 제외하고는 20대 초 · 중 · 후반의 생기발랄한 젊은 모습들이기에 연애가 활발하게 이루어지고 있음도 확인되었다.

우리 인간들이 상상하는 유토피아, 이상향, 무릉도원 세상보다 더 아름답고 멋지며 4계절도 있고, 더 많은 계절도 있음이 확인되었다. 천상의 동물들은 영물들이라 사람의 모습, 다른 종류의 동물로도 자유자재로 변신하고 있음도 알았다.

인간 세상에서는 눈에 안 보이기에 상상의 동물들로 알고 있는 용과 봉황들이 실제로 존재하고 있었다. 천재지변과 기후, 날씨를 주관하는 천지조화 풍운신장들인 운사, 우사, 풍사가 모두 용들이라는 사실도 밝혀내었다.

전 세계에 살고 있는 죄인들은 심판자의 명이 떨어지자마자 3초라는 짧은 순간에 수십, 수백, 수천, 수억, 수십억 명을 한꺼번에 잡아들여서 하늘의 대법정인 지상 대법정 심판대에 세우고, 판결선고가 내려지면 즉시 천옥도, 지옥도, 적화도, 한빙도, 도산도, 흑해도로 압송해 가는 역할을 맡으며, 저승사자들과 함께 고문형벌을 가한다는 사실도 수없이 확인되었다.

나는 도법천존 3천황 폐하, 지구의 주인이신 지존천황 폐하, 인류의 주인이신 인존천황 폐하, 신의 대통령이신 신제 폐하, 하늘의 명 대행자(황태자)로서 인류의 심판자이자 구원자 역할을 모두 겸직하고 있기에 세상적 표현으로는 지구와 인류, 신의 황제이자 검찰총장 겸 대법원장 신분이기도 하며, 천상과 지상의 신명들을 모두 통치하는 통치자 위상을 갖고 있다.

죄인들인 신과 영들에 대해 추포령을 하달하면 그 대상이 누구이던지, 지구 안에 있든, 지구 밖에 천상의 천체에 있든 3초만이면 즉시 잡혀오는데 나 자신도 너무 신기해서 놀랄 지경이니, 처음 이 글을 읽어보는 독자들은 너무나 황당하고 어리벙벙할 것이지만 실제 상황이다.

개인들에 한해서는 매일같이 수시로 천상지상 공무를 집행하고 있으며 매주 일요일은 오후 1시~6시까지 전국 각 지역에서 참석하는 수많은 신하와 백성들을 모아놓고 공개적으로 천상신명들과 함께 인류를 심판하고 구하기 위한 천상지상 공무를 집행하고 있다.

입이 다물어지지 않을 정도의 신비스런 일들이 즉석에서 무수히 발생하고, 보도 듣도 못한 천상의 비밀들이 적나라하게 밝혀져서 한시도 눈을 뗄 수 없고 정신을 딴 데로 쓸 수조차 없을 정도로 긴박감이 넘치고, 생라이브로 경천동지할 각본 없는 천상영화를 매주 5시간씩 감상한다고 보면 맞을 것이다.

신의 종주국이자 천신의 나라 천신국이라고 이름을 지은 것은 위대하시고 대단하신 하늘 3천황 폐하, 3황후 폐하 그리고 천상의 대신명들이 실시간으로 하강 강림하시어서 천상지상 천지대공사를 집행하고 계시기에 "교", "도", "회"라고 하지 않고 나라(국가)를 상징하는 국(國)을 쓰게 된 것이다.

세상의 인간, 영혼, 신명, 조상, 아수라, 악신, 악령, 사탄, 마귀, 귀신들을 심판하고 구하는 지배통치국가의 위상과 품격을 갖추고 있기에 신의 종주국이자 천신의 나라 천신국이라고 이름을 지은 것이기에 기존의 종교에서 복을 빌기 위해 행하던 소원을 일체 사절하고, 진정으로 하늘이 내리시는 명을 받들어 뫼시고 섬길 자들만 선별해서 받는다.

인간의 욕심을 채우기 위한 복받는 기복 행위, 무속 행위는 하지 않겠다는 뜻이다. 하늘과 나의 능력은 무소불위하기에 불가능이 없지만 복받기 원하는 인간들은 배신을 잘하기 때문에 더 이상 농락당하기 싫다.

근본 도리 차원에서 천생과 전생의 죄를 빌고 하늘이 내리시는 명을 받들어 뫼시면 순조롭게 사후세계를 모두 보장받을 수 있지만, 복을 받기 위해서 하늘의 명을 받았다가 일이 잘 풀리지 않으면 하늘과 나를 비난하고 탓하기에 더 이상은 인간들의 복받아 주는 하수인 노릇은 하지 않기로 하였다.

만사가 잘 풀려나갈 때는 아무 소리 안 하다가 조금 어려워지면 하늘 탓, 내 탓을 하기에 질렸고, 하늘의 명을 받아 조상구원, 영혼구원, 신명구원을 해주었더니 10년 지나서 일이 안 풀린다고 사기라며 책임지라는 말도 안 되는 시비를 거는 사람들이 있는데, 일평생 그런 원성을 들으며 살아갈 수 없다. 자신은 하늘과 내가 알려준 대로 행하지 않고 무조건 탓만 하는 인간들이 더러 있다.

사후세계 보장해 주었으면 되었지 인간 세상 복까지 책임지라는 몰상식한 자들 때문에 마음고생이 많았다. 그래서 이곳에서는 하늘의 명을 받아 조상, 영혼, 신명들을 구해 주고 아수라, 악신, 악령, 요괴, 동물령, 악귀잡귀, 사탄마귀들을 퇴치해 주어 인생의 고통을 덜어주는 역할은 해주지만 인간의 복을 받아주는 그 어떤 행위도 일절 하지 않는다.

조상, 영혼, 신명들을 구해 주어 천상세계를 보장해 주면 그만큼 인생이 편안해지는데 이것을 조건으로 내세우면 안 된다는 말이다. 이들이 하늘의 명을 받으면 이들의 아우성이 소멸되기 때문에 인간의 삶이 그만큼 편안해지지만 이것이 전제조건이 되어서는 안 된다는 뜻이다.

복받기 위해 하늘의 명을 받는 것이 아니기에 좋아져도 그만이고 안 좋아져도 그만이다. 조상, 영혼, 신명들의 사후세계 보장보다 더 큰 복은 이 세상에 존재하지 않는다. 사후세계는 영원하기 때문에 금전의 값어치로 환산하자면 수십조 원의 금전 값어치보다 더 크다.

세상은 구름처럼 매일같이 수시로 변화무쌍하게 변하고 있기 때문에 어느 누구의 인생을 책임지는 어리석은 행위는 하지 않는다. 인간 몸 자체가 수백수천수억 명의 귀신들이 살아가고 있는 걸어 다니는 납골묘이기에 사람들은 이들 귀신들의 마음 따라 수시로 변덕을 부리므로 아무도 믿을 수가 없다. 귀신들도 자기가 머물고 있는 인간 육신의 손을 빌려 글을 쓰고, 말하고 있음도 밝혀졌는데 참으로 무서운 일이 아닐 수 없다.

현생의 삶도 중요하다고 생각하지만 사실은 내생인 사후세계 삶이 무척 중요하다. 인간 세상은 길어봐야 100년 미만이거나 몇십 년의 삶을 살다가 죽지만 끝이 없는 사후세계는 수백 년, 수천 년, 수만 년, 수십만 년, 수백만 년, 수천만 년, 억, 조, 경, 해, 자, 양, 구, 간, 정, 재, 극, 항하사, 아승기, 나유타, 불가사의, 무량대수, 구골플렉스, 그레이엄 수를 넘어서 장구하고도 장구하기 때문에 인간세상 100년은 사후세계 대비해서 찰나의 순간도 안 된다.

100년은 30억 5,360만 초인데 이것도 못 살다 죽기에 현생은 0.00000000000000000000000000000000000000000001초도 안 되므로 육신이 살아 있을 때 구원받아 영생을 누리려거든 하늘이 내리시는 명을 받들어 뫼시는 것이 가장 유일한 길이다. 종교에서 믿는 하나, 하느, 하늘, 하날, 한울, 한얼, 상제를 아무리 찾으며 믿어봐야 천신국에서 명을 받지 못하는 이상 절대로 사후세계를 보장받을 수 없음도 확인했다.

종교에서 섬기는 신앙의 대상자들은 성인 성자들로 알려졌지만 모두 죽어서 세상을 떠났기에 엄연히 말하면 죽은 귀신을 섬기는 것과 진배없지만, 이곳에서 섬기는 하늘이신 3천황 폐하, 3황후 폐하와 천상의 대신명들은 인간으로 태어난 적이 없고 천상에 살아계신 지고지존의 존귀하시고 위대하신 천상의 주인이신 것이다.

지상에 있는 모든 것이 천상에도 있다. 술과 담배도 있고 유흥가 주점들도 있고, 멋진 스포츠카, 할리데이비슨 같은 대형 오토바이도 있으며, 카지노도 자유롭게 이용한다. 골프, 볼링, 당구, 축구, 야구, 테니스, 경마, 경륜도 있다.

그리고 공상영화에 등장하는 스파이더맨, 배트맨, 슈퍼맨, 스타워즈, 우주전쟁, 007영화 시리즈, 아이언맨, 헐크, 마블 영화, 히어로에 관한 영화들 역시 천상에서 나를 위해 이미 만들어져 상영되었던 것이었다고 역천자 아수라 신들을 지상 대법정에서 심판하는 과정에서 그들이 스스로 밝혀주었다.

아수라들은 천상에서 역모 반란에 가담하기 전에는 충성스러운 하늘의 신하(신명)들이었으나, 황위(하늘의 주인 자리)를 찬탈하려는 반란 수괴 하누(후궁)와 표경(나의 이복동생 왕자)이 역모가 성공하면 관직 승진을 약속받거나 더 많은 돈을 벌 수 있다고 회유하고 현혹하여 역모 반란에 가담하게 되었으나 실패하여 지구로 도망쳐 내려왔다고 밝혔다.

역천자였던 아수라들이 여러분 몸 안에 수백, 수천, 수억 명이 숨어 있다는 것이 밝혀졌기에 이들을 지상대법정에서 심판받게 해야 인생이 조금이라도 편안해진다. 사람으로 태어난 사명을 완수하고 세상을 떠날 사람들은 자신의 상식적인 생각과 그동안 살면서 알게 된 종교적인 모든 고정 관념을 내려놓고 순수한 마음으로 읽어야 하늘이신 천상의 주인이 계시는 3천궁으로 올라갈 기회가 주어진다.

| 목차 |

책을 집필하면서/ 4

제1부 천신국 세상 출범

세상의 중심국으로 떠오를 천신국/ 18

천상세계 신명정부 출범/ 26

황명 통수권자 신의 대통령 신제/ 33

사람으로 윤회한 이유/ 38

지아르구단이 밝힌 우주의 진실/ 42

천상세계와 지옥세계 존재/ 48

잘사는 자들의 비밀은?/ 52

천신국 태상천궁은 어디에 세워질까?/ 56

가위눌림과 신가물/ 60

자신이 누구인지 신명을 찾아야/ 65

천수장생, 세포와 대화 나누어/ 69

제2부 예언과 괴질 심판

탄허 승려와 기다노의 예언/ 74

악신, 악령, 악마의 나라 일본/ 79

도교의 S회 임원에 대한 심판/ 102

인류를 멸망시킬 바이러스 H5N1/ 114

제3부 사후세계 미리 보기

신○우 사후세계 미리 보기/ 122

민○의 사후세계 미리 보기/ 128

조○숙 사후세계 미리 보기/ 131
공○영 사후세계 미리 보기/ 133
윤○규의 사후세계 미리 보기/ 137
홍○환 사후세계 미리 보기/ 142
권○자의 사후세계 미리 보기/ 146

제4부 아수라와 악귀잡귀 퇴치
아수라(악신, 악령, 악마)의 증상/ 150
사람 몸은 걸어 다니는 공동묘지/ 153
신하들의 아수라와 악귀잡귀 퇴치/ 159
심○영 아수라 군강치하혁 심판 퇴치/ 178
남편의 아수라와 악귀잡귀 퇴치 후기/ 180
심○영 아수라와 악귀잡귀 퇴치 후기/ 185
장○혁 아수라와 악귀잡귀 퇴치 후기/ 190
이○숙 아수라와 악귀잡귀 퇴치 후기/ 193
이○순 아수라와 악귀잡귀 퇴치 후기/ 198
손○희 아수라의 현란한 말들/ 202

제5부 신의 대통령이 되기까지
고난의 세월들 지내고 보니/ 206
산 사람의 영혼 부르는 능력 생겨/ 210
발해 땅 초대왕 대조영의 한풀이/ 212
도솔산을 선몽으로 보여주시어/ 215
신비조화가 왜 나에게 일어나는가/ 228

"신"이라는 글씨가 구름으로 쓰여/ 232
하늘이 내린 도사였다?/ 239
민족의 영산 백두산 천지에서 조화가/ 244
진시황제와 서태후의 천기누설/ 254
히로히토 천황이 살아생전 말 못한 참회/ 268
지옥세계 죄인 국문현장을 가보았더니/ 279

제6부 천상으로 달려가는 길
인류를 살리시는 하늘/ 288
하늘의 기운을 받고 사는 자가 승리자/ 299
자신을 모르고 살아가는 인생길/ 305
자손으로서 근본 도리/ 310
천상티켓 확보 전쟁/ 314
인생을 개벽시켜 주시어/ 320
우러러뵐 수 있다는 자체만으로도/ 323
예비백성 가입/ 327
악귀잡귀 귀신 퇴치와 질병 치유/ 328
구독자 상담 분야(천신국에서 행하는 일들)/ 329
친견상담비(운명을 바꿀 수 있는 기회!)/ 330
찾아오시는 길/ 331

책을 맺으면서/ 332

제1부

천신국 세상 출범

세상의 중심국으로 떠오를 천신국

천신국은 세계 중심국이자 신의 종주국, 지배통치국가란 뜻이 내포되어 있다. 영적으로는 하늘께서 도법천존 3천황, 지구의 주인 지존천황, 인류의 주인 인존천황, 신의 대통령 신제, 하늘의 명 대행자로 임명하시었으니 여러분이 천신국의 신하와 백성의 신분을 취득하여 국력을 결집시켜야 한다.

천신국의 부흥 번창이 대한민국의 부흥 번창이라는 것을 믿기 어렵겠지만 천상과 지상의 모든 좋은 기운을 천신국과 나를 통해서 내려지기에 무시할 수 없다. 믿든 안 믿든 독자 여러분의 자유이겠지만 나는 하늘과 땅의 진실만을 전할 뿐이니 판단과 선택은 여러분의 몫이다. 절대로 독자 여러분을 현혹, 회유, 강요, 협박할 마음은 추호도 없다는 점을 밝힌다.

약소국가의 서러움을 씻어줄 유일한 대안이 천신국이다. 대한민국 자체로는 4대 강대국들의 억압과 횡포를 넘어설 수가 없음은 독자들 모두가 공감하는 바일 것이다. 언제까지 저들 강대국들의 노예로 살아갈 것인가?

억울하고 분하지 않은가? 그러나 강자들의 세상이기에 약자들은 할 말이 없으니 누구를 탓할 것인가? 국제정세는 약육강식의 동물 세계와 다를 바 없으니 국력이 약하면 강대국들에게 침략당하는 것은 아주 당연한 일이다. 억울하면 국력을 키워서 강대국이 되어야 하는데, 돈만 있다고 되는 것도 아니고, 인구 숫자와 경제력도 있어야 하고 영토 면적도 중요하다.

나는 대한민국을 세계 최강의 경제대국, 군사대국, 수출대국, 관광대국, 영토대국, 인구대국으로 만들어서 세계를 호령하고자 한다. 천상에서는 이미 이에 대한 계획이 세워져 있으나 이 나라와 국민이 원하지 않으면 천상에서도 옆구리 찔러서 사정하지는 않으실 것이고, 나 역시도 마찬가지이다.

국민들의 호응이 있다면 천상에서 설계한 대로 한 치의 오차도 없이 진행될 것이고, 국민 다수가 무관심하다면 천상계획이 무산될 것은 자명한 일이다. 비록 천상설계가 되어 있다 한들 국민들 다수가 동참하지 않으면 나 혼자서는 이루어낼 수 없는 일이지 않은가?

사람이 있어야 하늘과 신들도 하강한다. 그래서 무인(無人)이면 무천(無天)이란 말까지 생겨났다. 즉 사람이 없으면 하늘도 없다,라는 뜻으로 사람이 있어야 하늘과 신들이 인간 육신으로 하강하여 천상지상 공무를 집행하신다.

하늘의 기운과 말씀은 천상지상 천신국 태상천궁의 황태자인 나의 육신으로만 내리시고, 각자들에게는 신명 그릇의 크기에 맞는 천상신명들이 하강하기에 욕심만 부린다고 큰 신명들이 내려오는 것은 아니다. 천성이 맑고 깨끗하며 하늘과 신을 그리워하며 조상님들과 자신의 영혼과 가족들의 영혼을 구하려는 근본 도리를 행하는 마음씨 고운 사람들에게만 천상신명들이 하강한다는 사실도 알았다.

아픔과 슬픔, 추위와 배고픔으로 힘들어하며 허공중천 구천세계를 떠돌아다니는 자신의 수많은 조상님들을 구해 내는 근본 도리를 행해야 한다. 천옥세계, 지옥세계, 윤회의 굴레에 갇혀서 고통과 불행으로 힘들어하고 있는 자신의 조상님들을 빨리 구해야 자신들의 인생도 그만큼 편안해진다.

각자들의 눈에 보이지 않아서 모르니까 조상님들이 편안하신지 알고 살아가고 있지만 사후세계의 모습을 바라보면 아비규환 자체이기에 차마 눈 뜨고 볼 수 없다. 고문형벌로 온몸이 피범벅 되어 처절한 비명을 지르며 살려달라고 절규하는 돌아가신 자신의 가족이나 부모 조상님들의 모습을 바라본다면 여러분은 기가 막혀서 말이 안 나올 것이다.

각자의 눈에 돌아가신 가족과 부모 조상님들의 추위와 배고픔으로 힘들어하는 모습이 보이고, 윤회하여 만생만물로 태어난 모습이 보이고, 6대 지옥에서 처참한 형벌을 받는 모습이 보이고, 온갖 형상으로 변신하며 소름이 끼치도록 흉측스러운 악신, 악령, 요괴, 괴물, 동물령, 악귀잡귀, 사탄마귀들의 모습을 볼 수 없도록 인간 육신들을 창조해 주신 것이 천만다행이기에 하늘께 감사드려야 한다.

여러분 육신 자체가 자신의 조상님들과 수십, 수백, 수천수억만 명의 귀신들이 머무는 걸어 다니는 납골묘지임이 매일같이 밝혀지고 있다. 여러분의 조상님들을 구해서 천상으로 보내지 않으면 천상의 고급신명들이 하강할 수 없기에 조상구원과 아수라와 악귀잡귀 퇴치는 필수적이다.

아수라가 무엇인지 모르는 사람들이 많은데, 천상신명의 반열에 있던 제후(왕)급, 대신(장관)급들, 고위직 신하급들로 신의 능력을 갖추고 있는 역천자 신명들로서 천상반란으로 역모에 가담하였다가 지구로 도망치고 쫓겨난 고급신명들이며, 황태자인 나를 알고 있는 나의 신하, 친구였던 천상신명들이 대다수였음이 속속 밝혀지고 있다.

이들을 잡아들여 심문하면 대번에 "황태자 ○○ ○" 오랜만이야,라고 아는 체하며 인사하고, 자신들이 천상 천신국 태상천궁, 도솔천궁, 옥황천궁에서 역모에 가담하여 역천자가 되어 지구로 도망쳐 종교를 세워서 인간, 신, 영혼, 조상들을 종교의 교리와 이론으로 겁박해서 종교 감옥에 가두어 천상으로 돌아가지 못하게 발목을 잡아 하늘에 대적하는 역천자가 될 수밖에 없었던 상황을 장황하게 설명하며 변명하기 일쑤이다.

아수라 죄인들이 잡혀오면 6대 지옥으로 압송된다는 것을 알면서도 이렇게 자신들의 존재를 당당히 밝혀낼 수 있는 천신국이 세워져 있고, 황태자인 나를 만나 믿든 말든 변명할 수 있음에 기뻐하며 이제는 지옥으로 가든 소멸되어 죽든 원과 한이 모두 풀렸다고 말하며 두렵지 않다고 허세를 부린다.

6대 지옥으로 압송되어 가는 것과 소멸되어 죽는 것도 전혀 두렵지 않다고 허풍을 떨며 당당하게 말하던 아수라들은 막상 6대 지옥으로 압송하라는 판결을 선고하면 끌려가지 않으려고 발버둥 치며 비명을 질러대는 것이 공통적이다.

이들이 가장 두려워하는 형벌은 영적으로 뇌를 파괴하여 기억을 삭제시켜 역모에 가담하였던 자신의 주군이나 상관, 동료, 친구들을 알아보지 못하게 명 내리는 것이 최고의 형벌이었다. 역모에 가담하였던 역천자들이 다시 규합하여 서로가 알아보지 못하게 6대 지옥을 돌면서 9,000해 년씩 고문형벌을 받아야 하는 것이 지엄한 천상법도이다.

역천자 죄인들 추포령을 내리면 천상에서 죄를 지은 자들은 물론 지상에서도 죄를 지은 자들은 시간 차이만 있을 뿐 모두가 천상신명(용과 사자)들에게 붙잡혀 와서 하늘의 법정이 땅으로 내린 이곳 지상대법정에서 심판을 받아야 한다. 이제 죄인들은 천상이든 지상이든 도망갈 곳도 숨을 곳도 없다는 진실이 밝혀졌다.

사람들이 질병에 걸리는 이유는 몸에 맞지 않는 음식 섭취로 인한 것도 있지만 아수라와 악신, 악령, 조상, 악귀잡귀, 사탄마귀, 동물령, 곤충령, 요괴들이 들어와서 발생한다는 사실도 사상 처음으로 밝혀내었다. 잡귀신들로 발생한 질병은 이들을 퇴치하면 금방, 또는 하루, 며칠 사이에 통증이 사라지는 이적과 기적의 사례가 참으로 많다.

아수라와 잡귀신들을 잡아들여 심문해 보면 자신들 역시도 전생의 어느 한때는 이 땅에 사람으로 태어났던 적이 있었다고 말하는 것을 들으며, 천지만생만물로 끝없이 윤회가 이루어지고 있음을 검증해 주고 있었는데 무서운 진실이다. 사람들은 죽으면 그만이라고 생각하며 살아가고 있는 사람들이 거의 전부인데 이렇게 사후세계는 존재하고 있었다.

이곳에서 죄인들을 추포하여 심문한 결과 천상과 지상에 있는 모든 아수라, 악신, 악령, 요괴, 괴물, 용, 동물, 가축, 곤충, 조류, 어류, 파충류, 양서류, 지렁이, 두더지, 파리, 모기, 구더기, 식물, 잡초, 나무, 바위, 돌멩이, 모래알, 흙, 먼지, 온갖 무생물의 사물인 집기류, 가전제품, 화장실용품, 문구용품, 핸드폰, TV, 음향기기, 비행기, 군함, 전차, 미사일, 기차에 이르기까지 다양한 종류로 윤회한다는 사실도 밝혀내었다.

한마디로 세상은 온통 귀신 천지였는데 사람들은 눈에 보이지 않기에 이들 영적 존재들의 무서움을 모르며 세상을 살아가고 있다. 온갖 질병과 사건 사고가 모두 영적 존재들로 일어나고 있었다.

천상에서 또는 전생에서 짝사랑했기에 지구로 내려와서 상대방 몸 안에 들어가 있는 존재들도 있었고, 천상과 전생에서 원한이 맺혀 이번 생에 복수하기 위해서 들어온 악신, 악령들도 많았음을 밝혀내었는데, 이들로 인해서 대부분의 질병이 발병한 경우가 많았다.

인간의 상상력으로는 도저히 이해할 수 없는 일들이 영적 세계에서 지금 현실로 이루어지고 있다. 인간 육신을 상대로 하는 신들의 전쟁, 영들의 전쟁이 바로 여러분 몸 안에서 매일같이 일어나고 있기 때문에 인생 풍파가 수시로 휘몰아치고 있다는 진실을 찾아내었다.

돈 많은 사람일수록, 권력과 명예가 높은 유명한 사람이나 연예인일수록 악신, 악령, 잡귀신들이 바글바글하다는 진실도 찾아냈다. 일반 사람들보다 몇 배 또는 수십 배 많이 들어가 있다는 진실을 세상 사람들은 모른 채 살아가고 있다.

너무 많이 들어가 있기에 이런 사람들은 자존심이 강하고 하늘과 신명, 영혼, 조상세계를 미신이라고 무시하며 부정하기 일쑤이다. 굴복하지 않으려 하고, 하늘이 내리시는 명을 받으려 하지 않으며 조상, 영혼, 신명을 구하는 일에 부정적이거나 무시하고 살아가는 것이 공통점이다.

자기 자신 육신만 살아생전 잘 먹고 잘살다가 죽으면 그만이라는 단순한 생각을 갖고 있으니 이들이 바로 축생급들인 개, 돼지와 다를 바 없다. 육신의 삶은 유한하지만 영혼의 삶은 무한대이기에 살아생전 자신의 사후세상을 하늘로부터 보장받는 것이 가장 시급한 일이다.

언제 어느 날 갑자기 죽어서 세상을 떠나 허공중천을 추위와 배고픔으로 떠돌거나 지옥세계, 천옥세계로 잡혀가서 고문형벌을 받거나 말을 못하는 만생만물로 태어나 끝없이 윤회할지 모르기에 살아 있는 사람들은 하늘이 내리시는 명부터 받아 놓고 살아가야 죽음 이후 사후세상을 안심할 수 있다.

종교에서 말하는 천당, 천국, 극락, 선경세상은 그림의 떡이고 존재하지 않는 세상이며 역천자 아수라들이 세운 허상의 세계였음이 밝혀졌다. 하늘의 명을 받아 천상으로 오르지 못하도록 종교의 교리와 이론의 굴레에 세뇌시켜 가두어놓고 영혼의 어버이이신 하늘과 만나지 못하도록 영원히 이별을 시키고 있는 줄도 모르고 종교를 열심히 믿고 있다. 천신국에 들어오지 않는 이상 하늘이시자 천상의 주인이신 영혼의 어버이로부터 구원받는 일은 절대로 일어나지 않는다.

아수라와 천상에서 내려온 신들이 자신의 존재를 밝혀달라고 사람 몸 안에서 몸부림을 치지만 천신국이 아닌 이상 세상 그 누구도 밝히지 못하고 있다. 하늘의 고유영역이자 고유권한이기 때문에 무속인이나 종교인들이 밝혀낼 수 없다.

살아서 천상신명과 함께하는 영광을 누리고 싶다면 하늘이 내리시는 명을 받아 조상님들부터 구한 뒤에 천인합체식의 명으로 자신의 영혼을 구한 뒤에 천상신명과 합체하는 신인합체식의 명을 받아 신인(神人)의 반열에 올라가야 한다.

여러분 각자들은 하늘이 내리시는 명을 받들고 행하여 하늘의 신하와 백성이 되어 하늘이 내리신 사명을 완수하면 그것이 세계 중심국가, 통치국가로 발돋움하는 지름길이다. 이 나라의 국력으로는 4대 강대국들의 횡포를 막을 수 없기에 울분을 터뜨리며 분노만 하고 있을 뿐이니 약소국가의 비애를 뼈저리게 체험하고 있다.

이미 영적으로는 지구와 인류에 대한 무소불위한 지배통치권과 대천력, 대도력, 대신력, 대법력, 대원력을 갖고 있지만 천상신명들의 역할을 대신해 낼 수 있는 수많은 인간 육신들이 천신국으로 들어와서 하늘이 내리시는 명을 받들어 선인, 천인, 신인, 도인의 신명으로 임명장을 받아야 한다.

천상세계 신명정부 출범

수많은 천상신명들과 반대파 역천자 아수라 신(악신, 악령, 악마)들에 의해서 천상의 태상천궁 황태자로 확인 검증된 내(도법천존 3천황, 지구의 주인 지존천황, 인류의 주인 인존천황, 신의 대통령 신제, 하늘의 화신, 분신, 명 대행자, 인류의 심판자, 인류의 구원자, 우주의 총사령관) 신분으로 지구에 내려오게 된 이유이다.

하늘에 반기를 들고 역천하여 지구에 온통 종교를 세워 아수라가 되어버린 대역죄인 신들을 추포하여 심판하고, 하늘이 내리시는 명 받을 신명들을 찾아내어서 천상세계 신명정부를 구성하기 위함이고, 황위 계승 수업 과정을 완수하기 위해서 천상의 태상천궁에서 내려왔다.

내가 천상의 황태자라는 신분과 지구에 내려온 목적이 밝혀진 것은 2017년 12월 3일 천상도법주문회가 열리고부터였고, 그 이전에는 전혀 알지 못했다. 12년 반 동안 인간 몸에 함께 하였던 천상의 도망자 대역죄인 신들을 인간 육신들과 몽땅 파면시킨 이후에 천상신명들이 하강하여 나의 천상록과 신분, 지구에서 행할 임무 완수에 대해서 자세히 알게 되었고, 지구가 온통 종교백화점이 된 이유도 찾아내었다.

지구가 천상에 도망친 역천자들과 역모 반란에서 추포되어 심판받고 천상에서 쫓겨난 죄인들이 살고 있는 은신처이자 유배지이며, 지옥별이라는 위대한 진실을 찾아냈고, 최고 크기 숫자 단위인 그레이엄 수를 넘는 우주의 행성들 중에서 가장 낙후되고 미개한 행성임을 찾아내었다.

천상으로 돌아가야 할 신과 영(산 자들과 죽은 자들의 영혼)들을 찾아내기 위해서 2019년 7월 7일 신의 종주국이자 천신의 나라 천신국을 개국하여 선포하면서 신의 대통령 신제로 즉위식을 거행하였다. 아수라들이 세운 종교 안에 남을 자들을 제외하고 천상으로 돌아가고 싶은 신과 영들은 책을 구독 후에 천신국으로 들어오면 뜻을 이룰 수 있다.

지구에 세워진 550만 개의 종교세계를 통해서는 그 어떤 신과 영들도 천상으로 돌아가지 못한다. 종교 자체가 하늘의 역천자들인 악신, 악령, 악마들인 아수라 신들이 세운 것이기에 종교세계를 통해서는 어느 누구든 단 한 명도 천상으로 돌아갈 수 없다는 진실이 밝혀졌다.

이해가 안 되겠지만 믿거나 말거나이다. 구원받을 자들은 천신국으로 들어오고, 종교가 좋은 자들은 열심히 종교를 다니면 되는데 인간 몸 안에서 대역죄인이 되어버린 신과 영들은 언제 어느 때 갑자기 추포되어서 6대 지옥으로 압송당할지 모르기에 불안 초조해서 좌불안석할 것이다.

말세에 종교인들부터 심판한다는 말이 오래전부터 전해져 내려왔었는데 그 날이 눈앞의 현실로 도래하였다. 이제 인류는 심판을 통해 6대 지옥으로 압송당할 자들과 구원받을 자들로 양분되어 나뉘게 된다. 천신국에 들어오지 못하는 자들은 하늘의 명을 받을 수 없기 때문에 당연히 구원받을 대상자 명단에서 제외될 수밖에 없다.

그리고 천신국에서 발행한 책을 읽지 않고서는 소개받고 천신국에 들어오지 못한다. 천상령과 신의 종주국 책 자체가 구원받느냐 못 받느냐 여부가 결정되는 하늘이 내신 시험문제이기에 한 글자도 빼지 말고 정독해서 읽어야만 천신국에 들어와서 구원받는 행운의 주인공이 될 수 있다.

책을 읽지 않는 모두는 구원이 없다. 책을 얼마나 정독하면서 진실되게 읽고 있는지 천상신명들이 실시간으로 지켜보며 구원 여부를 판결하기에 정갈하게 목욕재계하고 정독하여 읽어보는 것이 좋다. 대충대충 읽고 천신국에 찾아오면 절대로 하늘의 관문을 통과하지 못한다.

지구에는 사람들이 사는 인간세계 정부가 있듯이 천상에는 신들이 운영하는 천상신명 정부가 있는데, 2019년 7월 7일 지상에서 신의 종주국이자 천신의 나라 천신국을 개국하여 선포함과 동시에 천상에서 내려온 신들을 위한 천상세계 신명정부를 수립하여 출범시켰다.

역모 반란에 가담하였던 악신, 악령, 악마의 아수라 신들과 종교세계 교리와 이론으로 세뇌되어 있는 종교의 신들은 신명정부 출사 대상자에서 완전 제외시킨다. 이들은 하늘을 배신한 역천자 죄인들이기 때문에 천신국에 들어오지도 않고, 자신들은 언젠가는 추포되어 천상대법정에서 심판받아 6대 지옥으로 압송될 것을 미리 알고 있는 아수라들이다.

한 번 배신자는 영원한 배신자이기에 역천자 신들인 아수라들은 천상의 주인이신 하늘께서 절대로 받아주시지 않으신다. 이렇게 배신자들을 제외한 신들은 인간 육신과 함께 천신국에 들어오면 자신의 존재를 밝혀주고, 천상에서 누렸던 천상신분을 회복시켜 신명정부에 출사할 수 있는 길을 열어준다.

나를 만나기 위하여 천상의 북극성 황태사궁에서 지구로 내려온 천상신명들이 많이 있는데 어디 가야 나를 만날 수 있는지 몰라서 길을 잃고 헤매고 있거나 자포자기하며 체념한 신명들도 있기에 천상신명들을 천신국으로 불러들이기 위하여 책의 제목을 「신의 종주국」이라고 지었다.

「신의 종주국」이라는 책 제목과 천상세계 신명정부 출범이 지구로 내려온 천상의 신명들을 불러들이는 길잡이 역할을 한다. 그리고 이곳은 신의 종주국이자 세계 중심국인 천신국이기에 신들로 구성된 세계 연방정부를 구성하여 실질적으로 세상을 통치하게 된다.

나는 천신국의 국가원수로서 천상지상 모든 신들의 대통령 신제이며 인간세계 정부처럼 천신국 신명정부를 수립하고 있으니 천상에서 나를 찾아 지구로 내려온 신들은 인간 육신을 데리고 들어와서 천상지상 관직을 하사받아야 한다.

지상에 있는 모든 첨단과학 문명과 의학, 문화 예술이 천상에서 내려왔다는 사실이 밝혀졌다. 천상세계, 하늘세계, 사후세계, 신명세계, 영혼세계, 조상세계, 귀신세계에 대한 실시간 공부를 할 수 있는 전 세계 유일무이한 곳이 천신국이다.

천신국 신명정부 구성은 국무총리, 각 부처 장관, 시도지사, 시군구청장, 국회의원으로 임명받을 수 있다. 지상에서 관직을 하사받아야 천상으로 올라가서도 높은 벼슬 자리에 중용되므로 천신국에서 관직을 하사받는 것이 진짜이다.

인간세상에서 받은 왕, 대통령, 총리, 장관, 시도지사, 시군구청장, 국회의원, 장군, 판사, 검사, 관직은 천상세계 천신국 태상천궁, 도솔천궁, 옥황천궁에서는 인정하지도 않고 알아주지도 않기에 무용지물이란 사실을 알아야 한다.

천상에 올라가서 높은 벼슬하려면 지상의 천신국 신명정부에 출사하여 관직을 하사받는 것이 최선의 길이다. 천신국은 군주국가이기에 투표하여 선출하지 않고 천신국 국가원수인 신의 대통령이 관직을 직접 임명하는데 죽어서 천상에 올라가서도 관직이 유지되는 특혜가 주어진다.

참으로 신비스러운 천신국이고, 세계 각 나라가 천신국의 연방국가로 편입되어야 하늘과 땅의 보호를 받을 수 있다. 남북통일과 동북 3성(길림성, 요령성, 흑룡강성)의 고구려 영토 수복의 꿈은 천신국 국가원수인 신의 대통령 신제가 이루어낼 것이기에 장차 경제대국, 군사대국, 영토대국, 인구대국, 수출대국, 관광대국이 되어 세상을 호령하며 통치하게 된다.

살아생전 벼슬 관직이 없어 죽은 뒤에 묘비명에 학생부군이라는 초라한 비석 묘비에 천신국에서 하사받은 관직명을 쓰면 학생부군이라는 초라한 신세를 면할 수 있다. 천신국에서 관직을 하사받으면 천상장부에 오르기에 천상에 올라가서도 관직을 유지할 수 있으니 금상첨화이다.

천기 19년 7월 7일 천신국 개국 선포 및 즉위식을 거행하여 도법천존 3천황, 지구의 주인 지존천황, 인류의 주인 인존천황, 신의 대통령 신제로 취임하였기에 인간, 신, 영, 조상, 아수라(악신, 악령, 악마), 잡귀신, 동물령들에 대한 생살멸진(살리고, 죽이고, 소멸시킴)의 무시무시한 천지대능력의 막강한 권한과 권력을 갖게 되었다.

나는 종교의 교주가 아니라 천신국의 국가원수이고, 지구에 내려온 것은 천상에서 역모 반란을 일으키다가 실패하여 지구로 도망쳐 하늘에 대적하려고 550만 개의 종교를 세운 역천자 신들인 아수라(악신, 악령, 악마)들을 추포하여 심판하고, 하늘의 명을 받는 맑고 깨끗한 신과 영들, 조상들을 구하여 천상의 3천궁으로 올려보내기 위해서 북극성에서 내려왔다.

북극성의 성주이자 황태자로서 북두칠성 7위 신명(성주)들과 용(청룡, 황룡, 적룡, 백룡, 흑룡)들로 이루어진 수억조 신군(神軍)들이 호위하고 보좌한다. 용들은 사람의 모습으로도 자유자재로 변신이 가능하다. 인류에 대한 심판과 구원을 병행하며 차기 황위(천상의 주인 자리) 계승을 위한 시험 과정을 완수하러 지구에 내려온 황태자 신명이다.

그래서 사람으로 태어나 나(황태자이자 천신국 신의 대통령)를 만나는 신과 영, 조상들은 천운이 따르는 가장 행복한 행운아들이니 속히 들어와서 신명정부에 출사할 수 있는 하늘이 내리시는 명을 받들어야 한다.

인간 세상의 성공과 출세는 자신의 사후세계를 크게 보장받으라고 내려주신 부귀영화인 줄 몰라보고 오히려 돈과 권력, 명예에 미쳐서 하늘의 뜻을 거역하다가 죽어서 천상으로 오르지도 못하고 만생만물로 끊임없이 윤회하거나 추위와 배고픔으로 힘들어하며 허공중천을 떠도는 처량한 신세가 되고, 또한 죄가 많은 자들은 6대 지옥으로 압송당한다.

가장 미개한 지구에 사람 몸으로 태어난 신명들은 세 가지 부류이다. 천상에서 역모 반란에 가담하였다가 실패하여 지구로 도망친 역천자들, 반란에서 추포되어 심판을 받고 지구에 유배되어 황태자를 만나 죄를 빌 수 있는 기회를 얻은 죄인들, 나를 도우러 자청해서 지구로 내려온 신들이다.

이 중에서 도망친 역천자들은 구원 대상에서 제외되었고, 용서받지 못할 대역죄를 지은 죄인들은 불시에 추포되어 6대 지옥으로 압송될 자들이다. 이들을 제외하고는 책을 정독하고 천신국에 들어와서 하늘의 명을 받들면 벼슬을 하사받아 천상 신분을 회복하고 천상령이 되어 다시 천상의 3천궁으로 금의환향하여 돌아갈 수 있는 마지막 기회이다.

황명 통수권자 신의 대통령 신제

천상과 지상을 다스려 나갈 황명 통수권자는 누구인가?

천기 19년 7월 7일, 신의 종주국이자 천신의 나라 천신국 개국을 선포하고 신의 대통령 신제, 지구의 주인 지존천황, 인류의 주인 인존천황, 인류의 심판자이자 구원자 도법천존 3천황, 하늘의 명 대행자로 즉위식을 거행하였다.

인간, 신명, 영혼, 조상에 대한 심판 및 구원 여부 결정권과 아수라, 악귀삽귀, 사탄마귀, 요괴, 동물령들에 대한 생살여탈권과 천군과 신군에 대한 군령관과 통치권, 그레이엄 수를 넘는 무한대의 우주행성과 행성인, 외계인에 대한 황명 통수권자와 천신국 국가원수로 공식 취임하였다.

신명 통수권자인 신의 대통령 신제(神帝) 관명을 하사받아 천신국의 국가원수로 즉위식을 거행하기까지 21년이란 장구한 준비과정의 세월이 걸렸다. 하늘이 내리신 수천 번의 모진 시험을 이겨내고 하사받은 귀한 관명이다.

하루아침에 얻어진 것이 아니라 피나는 고행의 과정을 겪으며 예측 불허의 수많은 시험을 통과한 선물이었다. 내가 천상 태상천궁의 태상천황 폐하의 외아들인 황태자란 천상의 비밀이 밝혀진 것은 작년이었다. 황태자로 신분이 밝혀졌지만 달라진 것은 외형상 아무것도 없었지만, 명을 하달하면 즉시 하강하여 복명하며 자신의 신명 신분을 밝히고 천상과 지상의 신명들이 나에게 충성을 맹세하며 명을 받들고 있다는 것을 무수히 확인하면서 알게 되었다.

천기 19년 6월 하순부터 천상에서 역모 반란을 일으킨 역천자 신명들인 아수라(악신, 악령, 악마)들을 추포하여 6대 지옥으로 압송시키는 심판 과정에서 추포되어 온 수많은 아수라들이 모두가 나를 알아보고 대번에 "황태자 ○! 오랜만이야"라고 말해서 진짜 황태자인 사실을 알았다.

아수라들은 천상에서 제후(왕)나 대신(장관)으로 천상에서 나의 신하들이거나 동료, 친구들이었음이 밝혀졌다. "○"는 천상의 황태자궁에서 쓰던 나의 이름인데 아수라들은 11살 때 황태자로 책봉되던 소년 모습과 지구에 내려오기 전의 19세 당시의 모습만을 기억하고 있기 때문에 현재의 모습을 보고는 몹시 놀라워한다.

천상의 서열 2인자로서 황위 계승 신분으로 지구에서 사명(인류의 심판과 구원, 황위 계승 수업과정)이 끝나면 미래의 하늘(대우주 통치권자)인 천상의 주인 자리에 오른다는 엄청난 진실도 수많은 천상신명들이 하강하여 모두 가르쳐주었고, 심판받아 6대 지옥으로 압송되는 아수라들이 나의 천상세계 신분을 말해 주어서 자연스럽게 검증이 된 셈이다.

내가 말을 하면 그것이 바로 신명들에게 내리는 추상같은 황명이었고, 천상과 지상의 신명은 즉시 나의 명을 받들어 사람 몸 안에서 온갖 인생의 풍파와 시련, 고통과 불행, 질병을 발생시키는 악신, 악령, 악마들인 아수라들과 악귀잡귀, 사탄마귀, 동물령들을 수십, 수백억 숫자에 상관없이 추포해 온다.

명을 하달하면 3초 이내에 즉각 모두 잡아다가 천신국 천상대법정 심판대에 대령시키는 엄청난 신비 능력자 신명들인데 아수라들이 우주의 행성에 있든 지구 반대편 미국, 러시아, 중국, 독일, 프랑스, 아프리카, 캐나다, 브라질, 호주, 영국, 일본에 있든 거리는 전혀 상관이 없다.

해당 신명들에게 내가 명을 하달하면 여러분의 생령(영혼), 신명, 혼, 정신, 가족 및 조상령의 영가, 악신, 악령, 악마들인 아수라들과 악귀잡귀, 사탄마귀, 동물령들을 3초 이내에 잡아들여 심판할 수 있는 신비의 절대적 능력이 있기에 이들에 대한 생멸과 생살, 멸살, 심판, 구원의 권한을 집행한다.

나는 누구인지? 여러분 내면의 신과 영은 누구인지 알 수 있고, 여러분의 죽은 가족들이나 조상령들이 어디에 어느 세계에 가 있는지 즉시 불러서 확인힐 수 있고 대화도 나눌 수 있다. 개중에는 신과 영, 조상들이 육신을 떠나 도망가서 없는 사람들도 있다는 충격적인 진실이 밝혀졌다.

여러분 몸 안에 악신, 악령, 악마들인 아수라들과 악귀잡귀, 사탄마귀, 동물령들이 몇 명이나 있는지도 찾아내고, 살아생전 자신의 사후세계 미리 보기를 통해서 죽음 이후 세계를 앞당겨 미리 볼 수 있는 엄청난 상상 초월의 경이로운 신비 능력을 갖고 있다.(사후세계 미리 보기 참조)

영적으로는 불가능이 없는 무소불위한 신비 능력자이다. 신영, 혼, 정신, 가족령, 조상령, 아수라(악신, 악령, 악마), 악귀 잡귀, 사탄마귀, 요괴, 동물령, 외계인을 자유자재로 부르고 보낼 수 있고, 심판하여 생살여탈권을 집행할 수 있다.

황 줄(천상지상 혈통)

육신은 중국의 전설적 시조로 받드는 3황(三皇)이신 태호 복희, 염제 신농, 황제 헌원 중에 한 분이신 염제 신농황제 폐하의 황 줄이고, 영혼은 천상 3천궁(三天宮)인 태상천궁, 도솔천궁, 옥황천궁 중에 태상천궁의 천상 주인이신 태상천황 폐하의 황 줄로 외아들 천자이자 황태자 신분이다.

천상의 대단하신 3천황, 3황후 폐하라는 존호를 난생처음 들어볼 것인데, 우리네 인생의 현생과 내생에 어마어마한 영향력을 행사해 주시는 분들이신 천상의 존호이다.

대우주와 천지만생만물을 창조해 주신 조물주 하늘
태상천궁의 태상천황 폐하!(영혼의 아버지=천상의 아버지)
태상천궁의 태상황후 폐하!(영혼의 어머니=천상의 어머니)

조상령과 혼령들을 구해 주시고 보살펴주시는 도통의 하늘
도솔천궁의 도솔천황 폐하! (조상과 도통의 하늘)
도솔천궁의 도솔황후 폐하! (조상과 도통의 어머니)

돈과 온갖 재물을 벌어주시고 인생을 보살펴주시는 하늘
옥황천궁의 옥황천황 폐하! (재물과 인생의 주인)
옥황천궁의 옥황황후 폐하! (재물과 인생의 어머니)

이렇게 천상의 3천황 폐하와 3황후 폐하께서 도법천존 3천황, 지구의 주인 지존천황, 인류의 주인 인존천황, 신의 대통령 신제, 하늘의 명 대행자(황태자)와 함께하시며 천신국(天神國)을 천기 19년 7월 7일 성대하게 개국하여 인류의 구심점, 신의 종주국, 세계 지도국으로 세워 천손 민족정기의 위대함을 세상에 널리 알리고 심판과 구원의 천상지상 공무를 집행하신다.

우리나라를 잘되게 보살펴주시고 현생과 내생을 선인(신선), 천인, 신인, 도인으로 살아가도록 온갖 전지기운, 신명정기, 천상정기, 천령정기를 내리신다. 종교세계를 통해서 받을 수 없고 오로지 천신국을 통해서만 받을 수 있는 전 세계 유일한 곳이다.

지구는 지옥별임이 밝혀졌고, 악들의 세상임도 밝혀졌는데 지옥별을 탈출하여 천상으로 돌아갈 수 있는 지구상 유일한 곳이 천신국이다. 세계에 내로라하는 수백만 개의 종교단체가 모두 구원을 외치고 있지만 그 어떤 곳에서도 구원이 이루어지지 않고 있다는 것이 심판 과정에서 확인되었다.

지옥별에 태어난 자체가 죄인들이기 때문에 죄인 아닌 자들이 하나도 없고, 죽으면 그만이라며 사후세계를 부정하는 사람들이 대다수인데 상상을 초월하는 무서운 지옥과 윤회가 끝없이 이어지는 사후세계가 실제로 존재한다는 것이 아수라(악신, 악령, 악마), 악귀잡귀, 신명, 조상, 영혼들을 심판하는 과정에서 무수히 밝혀졌다.

사람으로 윤회한 이유

돌고 돌며 수많은 만생만물로 윤회하다가 이번 생에 만물의 영장인 사람으로 태어난 것은 황태자이자 도법천존 3천황, 지구의 주인 지존천황, 인류의 주인 인존천황, 신의 대통령 신제, 하늘의 화신, 분신, 하늘의 명 대행자, 인류의 구원자이자 심판자를 만나기 위함이라는 엄청난 천상의 진실이 최근 천상 대법정에서 밝혀졌다.

천상에서 나를 도우러 지구로 내려온 신들도 많이 있는데 고통스럽게 윤회하는 과정에서 천상의 기억이 지워져 자신이 누구인지 잊어버렸고, 지구에 왜 내려왔는지조차 모르고 살아가는 무수히 많은 신들과 영들에게 천상의 기억을 되찾아주어 천상의 신분을 회복시켜 주고 있다.

나는 누구인가를 찾아줄 수 있는 유일무이한 천신국이다. 전생은 물론 지구로 내려오기 전에 천상에서 뭐 하던 누구였는지 원초적인 진실이 밝혀져야 진짜 나는 누구인지 알 수 있다. 나 역시 독수리, 호랑이, 산양, 올빼미, 흑표범, 거북이로 수많은 윤회 과정을 거쳐서 이 시대에 사람으로 태어났고, 내가 천상의 황태자란 진실도 천상신명들이 하강하여 2017년 12월부터 밝혀주기 시작하였다.

천상에서 역모 반란이 일어났었다는 진실도 인간이 알 수 있는 영역이 아니다. 2017년 12월 3일부터 천상신명들이 무수히 하강하여 현재까지 1년 8개월 동안 천상세계 진실을 밝히고 있는데, 지구에 살고 있는 모두는 천상에서부터 나하고 인연을 맺어 연관이 안 된 사람, 신, 영혼, 조상, 아수라, 잡귀신들이 하나도 없다는 진실도 밝혀졌다.

수많은 만생만물로 윤회하다가 이번 생에 사람으로 윤회한 것은 나를 만나 천상에서 지은 죄를 용서 빌어 천상으로 다시 돌아가기 위한 기회를 주시고자 인간으로 환생시켜 주신 감사한 일인데 각자들은 돈과 권력, 명예에 미쳐서 허송세월 보내다가 무서운 윤회와 6대 지옥의 저승길로 들어가고 있다.

윤회에 대해서 받아들이는 사람도 있고 부정하는 사람도 있을 것인데 이곳 천신국에서 사람 몸 안에서 인생 풍파와 질병을 발생시키고 있는 수많은 악신, 악령, 악마의 아수라들과 잡귀신, 동물령들을 잡아들여 심판한 결과 모두 윤회하고 있었다는 사후세계 진실이 아주 자세히 밝혀졌다.

사람 눈으로 이들의 모습이 보이지 않는 것이 정말 너무나 감사한 일이 아닐 수 없다. 사람의 형상도 있고, 온갖 짐승이나 괴물, 반인반수의 형태도 있음이 밝혀졌는데 너무나도 끔찍한 일이다. 동물과 식물의 생명체와 무생명체, 자연의 산천초목으로 윤회하고 있었다.

이들은 사회적으로 성공 출세한 자들의 몸 안에 들어가서 숨어 있는 경우가 많았고 자손의 대를 이어져 내려가는 경우도 많았다. 한 사람 몸 안에 수십 수백에서 수십억 명에 이르기까지 상상을 초월하는 영적 존재들이 들어와 있다는 놀라운 진실들을 알 수 있었다.

윤회를 당연하게 생각하며 죽으면 그만이라는 사람들도 참으로 많았는데 참으로 어처구니가 없는 일이다. 만생만물로 윤회하여 답답하고 비참하게 사는 것이 그리도 좋은 것인지, 아니면 구원의 대상에서 제외되었기에 그런 생각과 말을 하는 것이라고 생각된다.

살아서 천신국에 들어와 하늘이 내리시는 명을 받들어 행하면 만생만물로 고통스럽게 윤회하지 않고 천상궁전으로 올라가서 높은 벼슬을 하사받아 신선과 선녀의 삶을 누리며 꽃 피고 새 우는 무릉도원의 세상에서 영생하게 될 것인데 고집을 피우고 육신의 삶만 잘 살다 죽으면 된다고 생각한다.

천상세계, 사후세계 진실을 모르니까 무지해서 그런 사람들도 있을 것이고, 하늘로부터 버림받아서 그럴 것이다. 이곳 천신국은 책을 통하여 하늘로부터 선택받아야만 들어올 수 있는 곳이기에 아무나 들어오지 못한다는 것을 알게 되었다.

책을 구독하는 과정을 모두 지켜보시고 하늘이 내신 숙제를 풀어서 통과된 사람(조상, 영혼, 신명)들만 보내시는 것을 알게 되었다. 여러분이 책을 읽으면서 공감하고 감동하는 것이 자신들이 잘나서 그런 것이 아니다.

하늘이 내려주신 기운에 의해서 하늘의 명을 받아 구원받을 대상자들에게는 공감하고 감동하는 천지기운, 신명정기, 천상정기, 천령정기를 내려주시고, 천생과 전생의 죄가 너무 커서 구원받지 못할 대역죄인들에게는 글을 읽어봐도 당최 무슨 말인지 이해도 안 되고, 세상에 이런 일이 어디 있느냐고 황당하다며 부정하고 무시하며 사이비라고 비난하고 험담한다.

가족이라 할지라도, 친구라 할지라도, 연인이라 할지라도 천생과 전생의 삶이 다르고, 각자들이 지은 죄도 다르기에 운명이 다르다. 그래서 하늘의 명을 받아 구원받을 자들은 가족이나 주변 사람들과 상의하지 말고 혼자 판단하고 혼자 상담하러 오는 것이 가장 좋다.

여러분이 이 책을 읽어보고 공감하였다고 해서 가족이나 주변 사람들도 공감할 것이라고 생각하면 커다란 착각이다. 영적 차원이 모두가 다르고, 천신국에 가지 못하게 방해하는 악신, 악령, 악마의 아수라들이 사람 몸 안에 무수히 많이 있기에 함부로 책 내용을 말했다가는 사기, 사이비라고 격렬하게 비난 험담하며 천신국에 가지 말라고 발목을 잡게 된다는 사실을 최근에 알아내었다.

악신, 악령, 악마의 아수라들은 일반 조상들이나 잡귀신들과 다르게 추위와 배고픔이 없는 신들이고, 천신국이 이 땅에 세워지는 것을 결사적으로 막는 이들은 역모 반란에 가담하여 지구로 도망친 역천자들이다. 그래서 여러분이 천신국에 들어와서 선인, 천인, 신인, 도인으로 하늘의 명을 받으려면 모든 유혹과 방해하는 아수라들을 뿌리치고 방문해야 한다.

지아르구단이 밝힌 우주의 진실

유튜브의 삼성 TV QLED 8K(위대한 경험 편)

비서실장이자 영매사 역할을 해내고 있는 보라신왕 이○율은 이런 광고를 본 적이 없다고 하는데, 윤○휘의 아수라 악귀 잡귀 퇴치에서 남편의 몸 안에서 세 차례나 뇌경색을 일으켰던 하늘의 도망자이자 역모 반란에 가담한 아수라 지아르구단을 추포하여 심판하면서 밝혀진 내용이다.

윤○휘가 태어나는 순간 마구 튀어나간 각각의 영체 중에서 반쪽 영체가 왔던 우주 행성에서 그 당시에 나(황태자, 도법천존 3천황, 신의 대통령 신제)를 위해 만들어진 광고가 지상으로 이제 내려온 것이라고 말해 주었는데 참으로 신기하다. 광고, 음악, 마약을 전문적으로 담당하고 제작, 제조하는 행성이 있다는 진실을 말했는데 지구에서 말하는 것처럼 나쁜 마약은 아니라고 한다.

삼성 TV QLED 8K(위대한 경험 편) 1분짜리 광고
https://youtu.be/LOPUeWbwYVg

2019년 5월 24일 유튜브에 광고가 게시되었는데 7월 22일 현재 조회 수가 4,218,923회이다.

광고 카피

압도적 전율 그 위대한 경험! 마주할 준비가 되었는가?

광고 카피가 인류가 천신국에 찾아와서 도법천존 3천황과 마주할 준비가 되었는가?라고 묻는 것과 같은 느낌이다.

삼성 TV QLED 8K 광고(위대한 경험 편)는 내가 이 지구로 하강하기 전부터 이미 그 행성에서는 나를 위해 만들어진 것이었고, 3천궁으로 올라가 결재받아 윤허 내려주셨는데, 지금이 시대에 인간의 머리로 영감을 내려 제작되었다고 한다.

1)광고 속 첫 장면에 어마어마하게 커다란 산양이 나오는데, 태초의 하늘이신 태상천황 폐하를 상징하며

2)하늘을 나는 거대한 올빼미는 옥황천황 폐하이시고,

3)중간에 남자 주인공(황태자이자 도법천존 3천황)이 푸른 바닷물 속으로 빨려 들어가 바다 거북이가 나오는데, 그것이 황태자인 나의 윤회를 상징하고,

4)마지막에 카리스마 넘치는 흑표범이 푸른빛의 눈으로 남자 주인공(황태자)을 바라보는데, 그 흑표범이 도솔천황 폐하를 상징하고,

5)황태자(도법천존 3천황)에게 푸른 지구별로 가서 역천자 신명들인 아수라(악신, 악령, 악마)들을 잡아들여 심판하라는 말씀을 내려주신 내용이라고 하였다.

(아수라의 말)

"광고 속 흑표범의 눈이 푸른색인데 도솔천황 폐하께서 푸른 별 지구에 내려가 역천자를 잡아오라는 말씀이에요."

이 광고 속 카피가 "압도적 전율, 그 위대한 경험. 마주할 준비가 되었는가?" 마치 현재 천신국에서 상상을 초월하는 도법천존 3천황의 경이로운 천지기운을 뜻하는 느낌이다.

물론 그 광고를 기획한 사람은 이런 내용들을 당연히 전혀 알지 못한 채 본인이 다른 영감을 받았다고 생각하며 만들었을 것이다. 지난주에도 밝혀진 내용이 현대문명, 영웅에 관한 영화, 음악들도 이미 천상에서 다 내려왔고, 나를 위해 만들어졌다고 하였다.

인류의 심판자로 지구에 내려온 나를 위해 천상의 다른 행성에서 만들어진 광고인데, 아수라 지아르구단이 상세하게 전해주며 설명까지 해주었다. 지구의 현대문명과 문화는 모두가 천상에서 내려왔음이 매일같이 밝혀지고 있어 놀랍다.

정말 믿어지지 않는 불가사의한 일들이 무수히 일어나고 있어 상상 초월이고 경천동지할 일이다. 아수라는 충성스런 신(신하)들이었지만 황태자인 내가 지구로 내려오면서 권력의 공백이 생기자 후궁 하누와 그의 아들 표경이 대신들과 3,333개 제후국들 중에서 54%에 해당하는 1800개 제후들을 역모반란에 끌어들였지만 역모가 실패하자 천상에서 지구로 도망쳐 지구에 550만 개의 종교를 세운 역천자 신들이다.

이들이 역모 반란에 가담한 것은 천상의 주인이신 짐의 아바마마께서 대신들과 3,333개 제후들의 충성도를 테스트하여 시험하시고자 황태자인 나를 지구로 보내서 권력의 공백을 인위적으로 만드시었던 것이었다.

첩보와 정보를 통해서 후궁 하누와 그의 아들 표경이 황위찬탈을 노리려고 수많은 대신들과 제후들을 접촉하여 포섭하고 있다는 사실을 미리 아시고, 이들에게 빌미를 주시고자 황태자인 나를 비밀리에 1차 역모 반란에 가담한 죄인들에 대한 심판과 황위 계승 수업 과정의 특명을 받고 소풍을 가상하여 지구에 잠시 다녀오라고 내려보내셨던 것인데, 기회를 노리던 역천자들이 이때다 싶어 역모 반란을 일으켰던 사건이었다.

천상의 역모 반란 사건으로 충성파와 역천파가 극명하게 드러난 사건이었다. 인간의 몸 안에 있다가 나의 명으로 추포되어 온 아수라 역천자들은 모두가 나를 모르는 자들이 하나도 없다는 진실을 심판을 통해서 매일같이 속속 확인하고 있다.

이들은 천상에서 나의 모습을 11세 때 황태사로 책봉되던 미소년 모습만 기억하고 있기에 현재의 나이 먹은 내 모습을 보면서 많이 변했다고 놀라워한다. 천상에서 나의 위상은 황위계승자이기에 막강한 권력을 갖고 있었던 것인데 대우주를 통치하는 황위를 계승하려면 1차 역모 반란에 실패한 천상의 도망자들이 살고 있는 지옥별인 지구에서 역천자들을 추포하여 심판하는 특명을 완수하고 천상으로 돌아가야만 황위 계승을 할 수 있다.

우주에 있는 행성들이 어느 학자가 4경 2천조라고 말했는데, 행성들의 숫자가 무량대수, 구골플렉스, 그레이엄 수를 넘어 무한대라고 밝혀주었는데, 지구가 가장 미개하고 낙후된 행성임이 밝혀졌고, 첨단의학과 과학 문명, 대중문화와 놀이문화가 모두 천상의 3천궁에서 지구로 내려왔음도 확인되었다.

그리고 천상의 3천궁인 태상천궁, 도솔천궁, 옥황천궁에는 종교가 없는데 지구에 유독 종교가 많은 것은 천상의 주인께 대적하기 위함이고, 천상으로 돌아가는 신과 영들에게 길을 막고자 하는 하누와 표경의 계략이었다. 지구 자체가 아수라들이 세운 종교 나라가 되어버린 것이다.

그래서 종교를 믿는 것은 결국 하늘의 반대파들인 역천자들을 숭배하는 것이기에 구원은 고사하고 멸살의 심판을 피하지 못한다. 유명인사나 성인 성자들의 이름을 내걸고 종교를 세운 것이고, 종교를 믿어도 이적과 기적이 일어나는 것은 비록 역천자들이지만 한때는 천상세계 신들이었기에 신비스런 능력을 갖고 있다.

하지만 진짜 마지막에 구원은 진짜 하늘만이 가능하시기에 종교를 수천 년 동안 조상 대대로 이어가면서 열심히 믿어도 천상의 주인께서는 받아주시지 않으신다. 그러니까 구원과는 거리가 먼 것이 현대 종교이다. 종교에서 말하는 하나님, 하느님이 가짜라는 사실을 세상 어느 누가 인정하겠는가?

종교를 다니는 사람들은 종교적 신앙의 숭배자들이 진짜라고 인정되기에 다니고 있는데 그들의 입장에서는 당연히 진짜가 맞다. 단 원초적인 뿌리가 진짜 하늘이 아닌 하늘을 사칭한 역모 반란의 주동자들인 후궁 하누와 그의 아들 표경이 세운 것이 이 세상의 온갖 종교이니까 말이다.

하늘의 자리를 가로챈 자들이 하누와 표경이 세운 수많은 종교세계인데 구원 여부를 판단하시는 분은 종교세계를 통해서 전해지는 하느님, 하나님이 아니라 대우주를 창조하신 천상의 주인 태상천황 폐하이시다. 물론 죽어봐야 구원이 되는지 안 되는지 알 수 있겠지만 죽기 전에 여러분의 사후세계를 미리 볼 수 있는 과정도 준비되어 있다.

죽어서 후회하면 그 어떤 방법이나 대책을 마련할 수 없기에 하루바삐 자신의 사후세계 모습을 미리 보고 앞으로 어떻게 해야 하는지 대비책을 세워야 한다. 용서받을 죄인들은 하늘의 명을 받으면 사후세계가 신선선녀로 보장된다. 나는 천상세계와 하늘세계의 진실을 전해 주는 것이니까 죽어서 후회할 것인지, 살아서 사후세계 운명을 바꿀 것인지는 각자 스스로가 판단해서 결정할 사항이다.

심판을 받아 6대 지옥으로 압송되어 형벌 집행 후에 소멸되는 형을 선고받았지만 아수라들에게는 절대로 굴복이란 것이 없다는 것을 알았다. 책을 읽고 비난하며 험담하는 인간들도 있고, 깨닫지 못하고 구원받지 못할 신과 영혼, 조상들도 있지만 역천자 아수라들이 메시지를 뿌려대기 때문이니 살고자 하거든 인간 육신이 이겨내고 천신국에 들어와야 한다.

천상세계와 지옥세계 존재

천상에는 영혼들의 무릉도원 세계인 태상천궁, 도솔천궁, 옥황천궁 3천궁이 실제로 존재하고 있다. 나를 통해 인간, 조상, 영혼, 신명들이 천상의 3천황 폐하께 명을 받아 천상령이 되어야만 천상의 3천궁으로 올라갈 수 있다. 종교에서 전하는 천국, 천당, 극락, 선경세상은 아수라들이 만들어낸 허구의 세계였음이 밝혀졌다.

지옥세계는 천옥도, 지옥도, 불지옥 적화도, 얼음지옥 한빙도, 칼지옥 도산도, 독사지옥 사옥도, 검은 바다 지옥 흑해도, 붉은 피바다 지옥 적해도, 흰 피바다 지옥 백해도, 나를 몰라보고 찾지 않은 죄인들이 끌려가는 업보생환 지옥, 책을 읽고 천신국을 비난 험담한 죄인들이 끌려가는 암흑천도 생멸지옥, 눈에 보이는 구름 자체가 구름지옥이라는 엄청난 진실을 처음으로 찾아내었다.

사람들 눈에는 아무것도 보이지 않는데 천상세계와 지옥세계가 실제로 존재하고 있음이 계속해서 밝혀지고 있다. 만약 사람 눈에 지옥세계, 아수라들인 악신, 악령, 악마, 요괴, 동물령들의 흉측한 모습들이 눈에 보인다면 단 하루도 제정신으로 살아갈 사람들이 없을 것이다.

이들은 사람의 모습을 하고 있는 것이 아니라 반인반수의 흉측스러운 괴물 모습을 하고 있기에 끔찍해서 도저히 바라볼 수가 없다. 머리나 꼬리가 100개 혹은 1,000개 달린 괴물들의 모습을 제정신으로 바라볼 사람들이 얼마나 있을까?

반은 사람의 형체이고 반은 괴물의 형체를 가진 아수라들이 악신, 악령, 악마, 요괴, 동물령들이다. 그런데 이들이 사람의 몸 안에 수십에서 수백억씩 들어와서 온갖 인생의 풍파를 일으키고 질병을 발생시키는 근본적인 원인들이다. 물론 육신적인 식생활의 잘못으로 발생되는 질병들도 많지만 1차적인 원인은 아수라, 악귀잡귀, 조상령들로 인해서 발생하고 있다.

지옥세계가 현실로 존재하고 있음이 아수라와 악귀잡귀들을 잡아들여 심판하고 퇴치하면서 낱낱이 밝혀지고 있다. 직접 체험하지 않고서는 믿으려 하지 않을 것이니 천상령이 되어 천상으로 오르고 싶은 사람들은 책을 정독하고 공감하거나 감동하면 전화로 예약하고 방문하면 된다.

고차원적인 천상세계와 하천의 지옥세계가 음양으로 공존하고 있으니, 천상으로 돌아갈 사람들은 천신국으로 들어오고, 지옥세계와 끝없는 무서운 윤회를 선택할 사람들은 종교세계에 그대로 머물거나 자신의 생각대로 하면 된다. 천신국은 실제 체험하는 곳이기에 기존 종교와 비교하는 자체가 모순이고 우스운 일이 될 것이다.

아수라 판두준구모 : 죽어서 업보를 풀어야 하는데, 여기 천신국에 들어오지 못하면 폐하를 알아보지 못한 죄를 비는 지

옥세계가 있습니다. 왜냐하면 외형상으로 기존의 종교시설처럼 화려하지 않아서 믿지 못해 죽어서 가는 지옥세계가 있는데, 거기서 엎드려 비는 기간이 수천억 년이나 빌어야 하고. 그게 끝나면 일어나라 할 때부터 모든 인연에 대해 하나하나 업보를 풀어야 돼. 그걸 언제 다 풀어?

폐하 : 거기가 무슨 지옥이야?

판두준구모: "업보생환 지옥"이라는 그런 곳이 있습니다. 제가 말한 지옥은 그 전에 폐하를 알아보지 못한 죄를 비는 지옥이에요. 업보생환 지옥은 단계가 겹치고, 겹치고 너무나 단계가 많아요. 우리가 보는 밤하늘을 보면 바로 하늘이 지옥세상이에요. 아름다운 구름이 보인다고 형상이 멋있다고 하는데 그것도 지옥 세상이에요.

폐하 : 구름으로 지옥 형상을 보여주는구나.

판두준구모 : 지금 순간도 책을 읽고 폐하를 비난 험담한 죄인들이 가는 "암흑천도 생멸지옥"이 펼쳐지고 있습니다. 무서워요 정말 너무 무서워요. 이거 지옥이 보이면 미칩니다. 전세계에서 폐하를 알아보지 못하고 죽은 자들이 지옥세계에 무척 많이 있어요. 구름 하나도 지옥이에요. 폐하께서는 그동안 지옥별에 오셔서 편안히 살아오셨습니까? 아니죠.

거친 풍랑을 거치며 살았죠. 여름이라고 놀러 갔어요? 수영하다가 왜 죽었을까요? 폐하께서는 이 진실을 어렵게 전하고 계시는데, 남들은 놀러 가? 그건 죄예요. 폐하께서 살아계시는 동안 여기 지구는 지옥이에요. 폐하께서는 가족들이랑 화목하게 못 사십니다.

사람들은 이 세계를 이해 못 하십니다. 내 눈에 신이 보이고 해야 믿지. 그래서 폐하께서는 외로우십니다. 폐하께서는 미래의 하늘이시기 때문에 인간들이랑 레벨이 안 맞아. 하지만 인간 세상을 살아가셔야 하니까 인간들과 맺어주신 거죠. 폐하께선 만날 바쁘게 일하세요.

역천자 죄인들은 놀러 가서 죽어요. 하늘께서 이 땅에 빛으로 오십니까? 하늘께서 무슨 화려한 빛이 나는 인간으로 와서 사람들이 알아봅니까? 일반 인간으로 오시는 거죠. 황태자께서는 농촌의 아주 평범한 가정에서 농부의 아들로 태어났어요. 어떤 이는 잘난 부자 집안에 태어나 유학을 갔다 와 나를 따르라 하면서 종교 세우잖아요.

진정한 하늘께서는 평범하게 태어나셔도 큰 기운으로 태어나셨어요. 이것도 시험이겠지요. 가짜와 진짜. 왜 사람들은 화려한 곳으로 갈까요? 화려한 것 좋아하지 마세요. 그런 건물에 뭐가 붙습니까? 귀신들이 어마어마하게 붙죠. 특히 동자들도 어마어마하게 붙습니다.

잘사는 자들의 비밀은?

그들이 아수라들인 악신, 악령, 악마들이 사람 몸에 들어가 잘 먹고 잘살게 만들어서 나를 만나지 못하게 방해하였다는 엄청난 진실을 2019년 7월 30일 밝혀내었다. 돈이 많고, 권력을 갖고, 명예가 있기에 자만, 거만, 교만과 오만방자함이 극에 달하기에 절대로 하늘과 나에게 굴복을 안 한다.

돈과 권력, 명예를 주어서 부귀영화 누리며 잘살게 만들어 천신국에는 못 들어오게 하고 아수라 자신들이 세운 모든 종교세계로 들어가도록 기운을 뿌려댄다. 사람들과 몸 안에 있는 영혼, 조상, 신명들은 이런 진실을 알지 못하기 때문에 전통과 역사를 자랑하는 오래된 종교세계로 빠져드는 것이다.

천상으로 올라가려는 사람들을 결사적으로 방해하는 것이 아수라들의 목적이다. 그래서 구원받아 천상으로 돌아가고 싶은 사람들은 아수라들이 마음속으로 뿌려대는 가짜, 사이비라고 뜨는 부정적인 메시지를 뿌리치고 방문해야만 하늘의 명을 받아 천상으로 올라가 천상령이 될 수 있다.

돈과 권력, 명예를 많이 가진 자들일수록 가장 불행한 자들이란 사실이 밝혀졌다. 아수라들이 이들 몸에 들어가서 인간들이 좋아하는 돈과 권력, 명예를 갖게 만들어서 하늘과 내 앞에 굴복하지 못하게 만들었다고 약 올리며 자랑했기에 천상세계 진실이 밝혀진 것이다.

당최 이해가 안 되는 내용 같은데 결과적으로는 맞는 말이다. 재산은 후손의 대를 거치면서 흩어지고, 약 올리며 구원도 받지 못하게 하는 것이 아수라들의 공통된 목적임이 확인되었는데 종교세계를 아수라들인 악신, 악령, 악마들이 세웠다는 말은 난생처음으로 들어볼 것이다.

지금 지구에서 심판사이사 구원사인 나(황태사) 하나와 수천억, 조, 경, 해, 자, 양이 넘는 악신, 악령, 악마들과 신들의 전쟁, 영들의 전쟁이 벌어지고 있다. 즉 지금 천신국과 기존 종교와의 전쟁이 발발한 것이다.

그래서 구원받아 천상으로 올라가지 못할 자들은 온통 종교세계로 끌어들여 세뇌시켜 놓았기에 진짜가 나타났다고 알려주어도 무조건 이단, 사이비, 가짜로 매도하며 종교의 굴레 안에 가두어놓고 악신, 악령, 악마의 종과 노예로 만들기 위한 사육을 철저히 하고 있음이 낱낱이 밝혀지고 있다.

종교인, 신도들은 물론 종교를 믿지 않는 일반인들의 몸 안에도 아수라들인 악신, 악령, 악마들과 악귀잡귀 잡귀신들이 무수히 들어가 있기에 하늘로부터 선택받지 못한 자들은 책을 읽을 때 천상의 기운과 메시지를 내려주시지 않아 감동 없이 읽게 되어 인연 맺기가 어렵다.

천신국과 인연 맺어 하늘의 명을 받으려면 여러분 각자가 결의를 다지고, 책을 정독하고, 하늘을 꼭 만나야 한다는 애절함이 있어야 천신국에 들어올 수 있다. 여러분의 사후세계 운명이 나에 의해서 실시간으로 좌우된다. 하지만 이런 진실을 인정하기가 싫은 사람들이 더 많이 있을 테지만 진실이니 살고 싶고, 구원받고 싶은 사람들은 기억해 두라.

나는 천상에서 지구로 도망쳐 숨어든 대역죄인 아수라들인 악신, 악령, 악마들을 추포하여 심판하는 것이 목적이고, 구원받아 천상으로 돌아가고 싶은 자들에게 하늘의 명을 받들게 하여 구원해 주는 것이 목적이다.

종교 자체가 역모 반란 괴수들인 역천자 하누(후궁)와 표경(서자)을 구심점으로 아수라들이 세운 곳이 종교세계이기에 종교인들을 통해서는 수억만 년을 열심히 믿어도 구원 자체가 절대로 불가능하다는 사실을 알린다.

잘사는 것이 좋기는 좋은데 오히려 그것이 독약이라니 이해가 되지 않는 대목일 것이다. 돈을 많이 갖고 있거나, 권력이 있거나, 명예가 있으면 기고만장하고 자만, 거만, 교만, 오만방자함이 극치를 이루고 한 세상 잘 먹고 잘살다가 자식에게 재산 물려주고 세상 떠나는 것이 모두의 소원이다.

그런데 사람으로 태어난 것은 천상에서 지은 죄를 빌라고 기회를 주신 것인데 돈과 권력, 명예에만 미쳐서 혈안이 되어 있으니 사후세계를 어찌 보장받을까? 천신국에 들어오는 사람들과 들어오지 못하는 사람들은 자신의 전생과 천상의 천생(天生=천상에서의 삶)에 얽힌 업보에 따라 좌우된다.

책을 구독하고 천신국에 찾아와서 하늘의 명을 받들면 천상으로 돌아갈 수 있는데, 자신의 눈높이에서 이해가 안 된다고 부정하고 무시해서 나를 만나지 못하고 세상을 떠나는 사람들은 업보 생환지옥을 면하지 못할 것이고, 자신이 믿는 종교와 다르다 하여 비난하고 험담하며 욕설을 하면 암흑천도 생멸지옥을 면하지 못한다고 추포되어 심판받던 아수라가 지옥으로 끌려가기 전에 나에게 알려준 말이다.

여러분의 인생에 아프고 슬픈 일들, 기가 막힌 일들, 열받는 일들, 자녀 간의 갈등, 부부간의 갈등, 도박 중독, 알코올 중독, 술주정 폭행, 상습 폭행, 사업 실패, 사기, 배신, 질병, 가정불화, 남녀 불륜, 금전 고통 같은 일들이 그 얼마나 많이 일어나겠는가? 인간 육신이 그러는 경우도 있지만 대부분 몸 안에 들어온 아수라들과 악귀잡귀들이 그러는 것임이 밝혀졌다.

자신의 인생을 불행하게 망치게 만드는 존재가 아수라들이고, 될 듯 될 듯 하다가 약 올리며 일을 안 되게 만드는 존재가 아수라들인데 일반적인 잡귀신들과 아수라는 능력 자체가 하늘과 땅 차이이다. 이들은 비록 악신, 악령, 악마들이지만 천상에 있을 때는 신들이었기 때문에 능력이 보통이 아니다.

아수라들은 하늘을 사칭하여 종교인, 신도, 일반인들에게도 계시, 메시지, 기운, 꿈 선몽을 자유자재로 뿌려대는 존재들이기에 하늘로 착각하기 쉽지만 이들의 신분은 엄연히 천상의 역천자 아수라 신분을 면할 수는 없기에 나에게 추포되어 심판받는 것은 시간문제이다. 돌출행동을 하여 신문방송에 오르내려 나에게 추포되어 심판받는 경우도 많다.

천신국 태상천궁은 어디에 세워질까?

민족과 인류의 구심점이고, 인류의 종주국이자 신의 종주국인 천신국 태상천궁이 세워질 장소는 어디가 적합한 장소인가 많은 고심을 하였다. 제 1후보지는 청와대 터였는데, 대통령들의 미련이 많이 남는가 보다. 문재인 정부도 청와대 이전 공약을 해놓고도 경호 문제와 공간 협소 문제 등 여러 이유를 들어서 약속 이행을 하지 않고 그대로 주저앉으려고 공약을 번복하였는데 시간이 지나면 그 대가가 무엇인지 국민들 모두가 확실히 알게 될 것이다.

이명박과 박근혜 대통령이 하늘의 계시와 메시지를 그렇게 부정하고 무시하더니 결국 둘 다 감옥살이를 하고 있다. 나는 민족과 인류의 미래를 위해서 청와대 자리가 천신의 자리니까 비켜달라고 책을 통하여 간접적으로 의견을 누차 개진하였지만 일언지하에 묵살되어 버렸다.

그렇다. 개인적으로 말해 봐야 마이동풍일 것인데 그렇다고 직접 대면해서 말을 전달해도 달라질 것은 아무것도 없고 거부할 것은 뻔한 일이었다. 현재의 대통령도 재임 중이든 퇴임 이후든 불운과 비운을 피할 길이 없다는 것을 미리 말해 둔다. 이제 임기 중반기에 접어들었지만 하늘과의 약속을 저버렸으니 그 응징의 벌을 무엇으로 받을 것인가?

하느님과 성모 마리아가 지켜줄 것이라고 생각하고 있을 것인데 그들은 아수라들인 하누와 표경의 수하이기 때문에 아무런 방패 역할도 할 수가 없다. 이 세상에는 진짜 하늘과 가짜 하늘이 공존공생하고 있는데 어느 하늘이 진짜인지 조만간 밝혀질 것이다.

가짜 하늘과 신도들은 세계적으로 70억 명에 이르지만 진짜 하늘은 나하고 나를 따르는 하늘의 신하와 백성들뿐이다. 이제 인류를 향한 심판이 어떻게 진행되는지 지켜보면 얼마 지나지 않아서 세상 사람들이 알 수 있게 된다.

믿거나 말거나 그것은 여러분의 자유이고, 인류를 향한 심판은 계속해서 집행되고 있다. 현실로 보여주어야만 국민들과 고위공직자, 정치인들이 수긍할 것이기에 일정 기간의 시간이 필요한 것은 어쩔 수 없다.

엄포인지 현실인지 체험해서 알아야 무서움을 알 것이고 대비책을 세울 것이 아닌가? 어찌 되었든 선택은 대통령과 국민들의 몫이기에 국가 운명에 맡겨야 하고, 이제는 나 역시 청와대 터에 대한 그 어떤 미련이 하나도 남아 있지 않기에 마음을 이미 접은 상태이다.

반대파 아수라들이 그 얼마나 벌떼처럼 들고 일어날 것인지 훤히 보인다. 내가 청와대 터를 천신의 터이니 비워달라고 하늘과 나의 바람을 전달하였지만 소용없는 일이 되어버려서 더 이상 아무런 미련이 없고 마음 편한 곳에 하늘과 나의 뜻을 펼치는 것이 가장 바람직한 일이라고 생각한다.

그러면 이제 어디에다 천신국 태상천궁의 자리를 잡을 것인가 고민하지 않을 수 없는데 유력 후보지가 몇 년 전에 물색되었다. 국가에서 공공시설로 사용 중이기는 하나 가장 적임지로 꼽히는 곳이다. 수도권이고 70만 평에 이르는 부지인데 대략 2조 원 정도로 추산되나 장소는 비밀에 붙인다.

물론 70만 평을 인수하려면 돈과 권력이 동시에 필요한 부분이다. 내가 비록 이름뿐인 지구의 주인 지존천황, 인류의 주인 인존천황, 신의 대통령 신제, 인류의 심판자와 구원자 도법천존 3천황, 하늘의 화신, 분신, 하늘의 명 대행자 신분이기는 한데 누군가는 하늘과 나의 뜻을 받들어 집행할 사명자가 반드시 나타날 것임을 알고 있다.

천신국 태상천궁의 별궁 자리는 금강산 자락이란 것을 미리 밝혀둔다. 세계인들이 관광을 겸해서 접근하기 좋은 지역이고, 영종도 인천공항에서 금강산까지 고속전철이 머지않아 개설되면 영종도 ↔ 금강산 220km, 서울 ↔ 금강산 170km를 경유하여 서울에선 20~30분 만에 금강산에 도착할 수 있는데 이것은 2006년도에 이미 천상에서 설계한 내용이다.

천신국 태상천궁이 세워지는 것은 세계를 통치하는 절대적인 국가의 탄생을 의미한다. 시간의 차이는 있을지언정 신의 종주국이자 인류의 종주국으로 천하세상을 호령하며 통치하는 무소불위의 천신국이 세워진다. 천상과 지상의 신들을 모두 부릴 수 있는 황명 통수권을 행사할 수 있는 지구의 주인이자 인류의 주인, 신의 주인, 인류의 심판자이자 구원자, 하늘의 화신, 분신, 하늘의 명 대행자이기 때문에 현실 세상으로 도래하는데 시간만 조금 걸릴 뿐이다.

세계 지배통치 국가, 신의 종주국, 인류의 종주국? 생각만 해도 가슴 설레는 일인데 이론만으로 이루어지는 것이 아니라 너(사명자들)와 내(황태자)가 함께하고 하늘과 신들이 함께해야 이루어지는 일이다.

현재는 보잘것없이 4대 강대국들의 틈에서 기를 펴지 못하고 눈치 외교를 하면서 국가를 존속시키고 있다. 미국에 국가 인보를 의덕하는 동시에 저들이 요구하는 조건을 모두 들어주어야 하는 약소국가의 한계를 넘어서지 못하고 있다.

뿐만 아니라 일본은 경제 보복 조치로 수출규제를 단행하여 대기업들이 크게 타격을 입고 있는데 이것을 일본이 노리고 계획적으로 추진했다. 일본과 한국은 과거 역사가 말해 주듯이 철천지원수 지간이기에 가까워지기에는 너무 먼 이웃 나라이므로 한시도 방심하면 안 되고 미국과 일본 의존도를 최대한 낮추고 자국 내 생산제품의 고급화를 이루어 외국으로부터 수입제품을 대체해야 한다.

천신국 태상천궁을 궁전을 건축하려고 이 땅에 태어나 많은 돈을 벌어서 하늘이 불러주시기만을 기다리는 하늘의 사명자들이 여럿이 기다리고 있다. 많은 돈을 벌었으나 어디에 써야 할지 몰라서 자식들에게 물려주고 세상을 떠나는 사람들이 대부분인데 천상의 약속을 잊어버리지 말고, 찰나에 불과한 인생살이를 차분히 되돌아보고 무엇이 진정 하늘과 자신을 위한 길인지 심사숙고한 뒤 결정을 내려야 한다.

가위눌림과 신가물

가위눌림의 정체는 귀신들인데 주로 영매 체질을 가진 남녀에게 많이 나타난다. 수면 중, 의식이 뚜렷하면서도 몸을 움직일 수는 없는 상태를 가리킨다. 의학적으로는 수면마비라고 부르며, 전신탈력과 의식의 각성이 일어나는 상태를 말한다.

이런 가위눌림은 악신, 악령, 악마, 요괴, 괴물, 잡귀신들이 찾아와서 목을 조르거나 온몸을 누를 때 나타난다. 깨어나려고 비명을 질러도 소리가 입 밖으로 나오지 않아서 무척이나 고통스럽고 정신이 없다. 이런 영적 존재들의 침범은 무수히 일어나고 있지만 예방할 방법은 없다.

오직 방법이 있다면 이들을 천신국으로 잡아들여 심판해서 퇴치하는 것이 가장 현명한 길이다. 집 안에 있으면 누군가 쳐다보고 있는 느낌이 들고 뭔가 이상한 기운이 느껴지는 경우가 많은데 집 자체도 귀신들이 함께 살아가는 공간이고 사람의 몸은 걸어 다니는 납골묘, 납골당이라고 할 정도로 많다.

아수라와 악귀잡귀 잡귀신들이 바글바글하여 적게는 수십 명에서 많게는 수십억 명에 이르기까지 어마어마한 잡귀들이 들어와 살아가지만 눈에 안 보이기 때문에 모르고 살아가는 것인데, 그들이 들어와 있다는 증거의 표시가 각종 여러 가지 질병과 병명 없는 질병인 무병(신병)으로 나타나고 있다.

영적 기운, 신의 기운을 남다르게 느끼고 신가물로 고생하는 사람들이 주위에 많은데 대부분 무속인을 찾아가서 신내림 굿을 하거나 신눌림 굿을 하고 신줏단지를 모시고 지내는 경우가 참으로 많다. 영신제자 영매 체질을 타고난 사람들도 있고, 집안의 내력으로 내려오는 신명제자의 길을 어찌할 것인가 고민하다가 신내림은 죽기보다 싫어서 신눌림 굿을 하고 신줏단지에 의지하며 지내는 사람들이 참으로 많다.

우울증, 불면증, 무기력증, 의욕상실증도 신병에 속하는데 모두가 신을 받아야 하는 운명인가? 신내림 받아야 하나 말아야 하나 고민 갈등하고 있을 것이다. 신가물이 가문의 내력으로 내려오더라도 조상을 입천시키면 말짱해진다.

어느 연예인이 신을 받게 된 사연이다

"첫째 아이는 27개월 만에 세상을 떠났고, 막내딸과 쌍둥이로 태어났던 막내아들 역시 3일 만에 사망했다. 아무 이유 없이 몸이 아프고 아무리 애를 써도 일이 안 풀리고 때로는 주변 사람까지 해치는 것 같았다. 말로 설명할 수 없는 것들이 이 세상에 벌어진다. 무속인이 되지 않으려고 7년이나 버텼지만, 무병을 고칠 수 없었다. 결국 무속인의 길을 운명처럼 받아들이게 됐다"고 말했다.

자신의 윗대 조상들이 천상으로 오르지 못하고 있기에 신이 되고 싶어서 자손들에게 온갖 풍파를 내려주어 신을 받으라고 하는데, 신을 받는 자체가 하늘께 더 큰 죄를 짓는 역천 행위가 되므로 신내림 굿을 절대로 하지 않아야 한다.

천신국에서는 조상 천상입천식을 통해서 신가물을 완전 소멸하고, 자신의 신명이 누구인지 찾아주는 신인합체식을 행해주고 있다. 천상의 고급신명들은 악들의 세상인 지옥별 지구에 인간 육신으로 내려오는 자체가 불가능하기에 조상신이나 잡귀신들이 신을 사칭해서 들어올 수밖에 없다. 천상의 고차원적인 신명들은 하늘의 명을 받지 않고 하강하면 황명 거역죄로 처벌받기에 임의대로는 절대로 하강하지 않는다.

신가물을 해결하려고 목사, 신부, 수녀, 승려, 보살, 무당, 도인의 길을 가고 있는 사람들이 참으로 많은데 자신들은 최선의 길을 가고 있다고 생각하겠지만 가장 잘못 선택한 길이란 것을 알아야 한다. 천상세계와 신명세계의 지엄한 법도에 대해서 알지 못하여 잘못된 종교인의 길을 가고 있을 것인데 종교가 잘못되었다는 자체를 아무도 모른다.

영매 체질들은 환청, 환시, 환촉, 환각, 귀접, 가위눌림을 겪을 때가 많다. 이들은 비정상적인 언어, 행동, 사고력이 부정확하고 신경정신계 질환이 나타나는 사람들이다. 이제는 신의 기운 때문에 고민 갈등하지 않아도 되고 천신국에 들어와서 하늘이 내리시는 명을 받들면 된다.

자신의 조상과 부모, 형제, 배우자, 자녀들이 질병으로 죽으면 가족들이 죽은 사람이 앓던 질병을 똑같이 앓는 경우가 많은데 이것은 죽은 망자가 몸으로 들어와서 그런 것이니, 돌아가신 조상들을 천상으로 보내주는 입천의 명을 받아야 하고,

아수라와 악귀잡귀들은 퇴치해야 한다.

자살귀의 정체는 누구인가? 자살 충동을 느껴 시도하는 사람들은 이미 자살로 죽은 귀신들이 자신 몸에 들어왔음을 알리는 신호이기에 시간 지체하지 말고 아수라들과 악귀잡귀들을 속히 퇴치해야만 자살로 죽는 것을 예방할 수 있고, 죽어서 원혼귀가 되지 않는다.

지구는 악들의 세상이란 진실이 밝혀졌다. 악신, 악령, 악마, 요괴들은 천상에서 역모 반란을 일으키다가 실패하여 도망친 역천자 신들이 아수라들인데 지구에 온통 여러 가지 종교를 세워놓고 마구잡이로 구원과 영생, 사랑을 내세우며 사람들을 끌어들이고 있다.

천국, 천당, 극락, 선경세상으로 보내준다고 하는 말들이 모두 아수라들이 사람, 영혼, 신, 조상들을 현혹하고 회유하기 위해서 만들어놓은 아수라들의 세상이다. 종교인이나 교리와 이론에 빠진 신도들은 인정하기 싫겠지만 지구상의 모든 종교란 자체가 하늘의 뜻과는 정반대의 상극의 길이고, 구원과는 정반대의 지옥행이란 진실이 최근에 밝혀졌다.

내가 가짜, 사이비라고 비난하고 험담할 사람들도 상당히 많으리라. 각자 죽어보면 천국, 천당, 극락, 선경세상이 있는지 없는지 알 것인데 그것을 죽어서 확인할 때는 이미 늦었기에 다시 돌이킬 수 있는 그 어떤 방법도 없다. 여러분 독자들이 살아서 자신의 죽음 이후 사후세계 모습이 어떻게 열리는지 자세하게 미리 보여주고 들려줄 수 있는 인류 최초의 신비스럽고 대단한 하늘의 천지대능력을 갖고 천상의 북극성에서 내려왔는데 황당하고 공상 같지만 현실이다.

나를 가짜, 사이비라 비난하고 험담하는 사람들의 사후세계는 어떻게 될까? 나를 배신하고 떠난 자, 욕설과 비방으로 욕되게 하는 자들이 가는 지옥이 "암흑천도 생멸지옥"이란 곳인데, 엎드려서 꼼짝없이 죄를 비는 자세로 몇조 년까지 죄를 용서 빌다가 또다시 수만 번의 윤회 과정을 거쳐야 한다. 살아생전 나를 모르고 알아보지 못한 채 죽으면 참혹하고도 장구한 사후세상의 "업보생환 지옥세상"이 기다린다.

그 어떤 종교든지 종교를 믿는 자체가 하늘께 죄가 된다는 것은 난생처음 들어볼 것이다. 인류에게 하느님, 하나님으로 대우받았던 천상의 절대자 주인의 후궁이었던 '하누(하누님)'가 지구로 도망쳐 와서 하느님, 하나님이란 이름으로 퍼뜨렸는데 그의 아들 '표경(서자)'과 함께 추포되어 8대 지옥으로 압송당하여 모진 고문형벌을 받고 있는 중이다.

더불어 종교의 구심점 역할을 하고 세상에 종교의 뿌리를 내린 석가, 예수, 마리아, 여호와, 마호메트, 상제, 공자, 노자와 그의 제자들도 몽땅 추포되어 8대 지옥으로 압송당하여 하늘이 내리신 준엄한 심판을 받고 있다. 종교를 믿는 것도 죄가 되고, 나를 몰라보고 찾아오지 않는 것이 죄가 된다는 경이로운 천상의 진실이 밝혀졌다. 나에 대한 비난과 험담, 욕설의 말과 글은 신들이 천상장부에 실시간으로 기록하고 있음이 확인되었고, 그래서 각자가 행하고 뿌린 대로 벌을 받는다.

자신이 누구인지 신명을 찾아야

살아서 자신이 누구인지 못 찾으면 영원히 미궁에 빠진다. 자기 자신이 누구인지 빨리 찾아서 하늘의 명을 받아 함께해야 한다. 사람들 몸에는 수억에 이르는 무수히 많은 영적 존재들이 들어와서 함께 동고동락하며 살아가고 있다.

하지만 확인할 길이 없어서 그냥저냥 살아가고 있는데 이들의 존재가 모두 질병과 인생 풍파로 나타나기에 자신의 삶을 찬찬히 돌이켜보면 정상적이지 않은 수많은 변화를 감지하여 찾아낼 수 있다. 인생의 모든 아픔과 슬픔, 고통과 불행, 사기와 배신, 고소 고발, 재산 탕진, 투자 실패, 사업 부진, 우울증, 불면증, 이혼과 별거가 대표적인 증상들이다.

여러분의 마음조차 믿을 수 없다. 몸 안에 있는 수억에 이르는 영적 존재들 중에서 어느 누구의 메시지를 받아서 말을 하고 글을 쓰고, 인생을 살아가는지 알지 못한다. 조상의 인생을 살고 있는 것인지, 아수라와 잡귀신들의 인생을 살고 있는 것인지 아무도 알지 못한 채로 살아간다.

이것을 자세히 밝힐 수 있는 곳은 지구상에서 천신국 하나뿐이다. 몸 안에 영적 대청소를 해야 하는데 방법은 구원해야 할 대상과 쫓아버려야 할 대상으로 나뉜다. 여러분 내면에 있는 신과 영, 조상은 구원 대상이고, 아수라와 악귀잡귀 잡귀신들은 쫓아내야만 인생이 편안해진다.

조상은 천상입천식으로 구원하고, 영혼은 천인합체식으로 구원하고, 신은 신인합체식으로 구원해야 한다. 여러분의 사후세계를 보장받을 수 있는 것이 천인합체식이다. 나는 누구인가 신명의 존재를 밝히고, 공식적으로 천상의 고차원적 신명과 하나가 될 수 있는 행사가 위대하신 하늘의 명을 받는 신인합체식이다.

조상들을 위한 천상입천식은 일평생 한 번만 하면 되고, 천상에서 신선과 선녀로 살아가므로 제사와 차례가 일절 필요없어지고 산소도 필요치 않으나 전통 풍습을 없애기 어려우면 그대로 지내도 상관은 없다. 그런데 천상으로 이미 올라가신 조상들에게 제사와 차례, 성묘를 지내면 다른 귀신들이 받아먹는다는 것은 알고 지내야 할 것이다.

나는 누구인가?

내 신명이 누구인지 찾아보려고 난다 긴다 하는 전국의 내로라하는 도인, 신명제자, 승려들을 37년간 찾아다녔지만 아무도 알아보지 못했고, 작년 초에 북두칠성 신명이 하강해서 천상의 태상천궁의 주인이시자 대우주 창조주이신 태상천황 폐하의 외아들인 천자이자 황태자란 사실을 밝혀주었다.

다섯 살 때부터 풍운조화 신장들인 구름을 주관하는 운사 운룡, 비를 주관하는 우사 우룡, 바람을 주관하는 풍사 풍룡의 용들과 함께 천상의 3,333개 제후국을 돌면서 구름, 바람, 비를 내리게 하며 천상유희를 즐겼던 일화를 알려주었고, 11세 때 황태자로 책봉되었고, 19세에 아바마마의 특명을 받고 소풍을 가장하여 지구로 내려온 과정들을 소상히 알려주었다.

인류에 대한 심판과 구원을 동시에 집행하면서 하늘이 내리신 황위 계승 수업 과정을 완수하기 위해서 교과서(경전)도 없는 황무지 길을 혼자서 개척하며 현재에 이르렀다. 사막에 혼자 떨어져서 창조의 신으로 모진 고난의 길을 걸으며 수많은 시험 과정을 이겨내고 현재에 이르렀다.

천상에서 역모 반란을 일으키다가 지구의 인간 육신 몸으로 도망쳐 숨어 있는 역천자 신들인 아수라(악신, 악령, 악마) 죄인들을 추포하고 심판해서 고통받는 사람들을 구해 주고, 하늘의 고귀한 뜻과 진실을 세상에 전하는 역할이다. 지구에서 사명을 완수하고 천상으로 돌아가면 황위를 계승하여 천상의 주인 자리에 앉기에 미래의 절대자 하늘 신분이다.

하늘은 스스로 돕는 자를 돕는다고 하였다. 내 자신이 누구인지 찾는 것을 끊임없이 도전하지 않았으면 내가 누구인지 모르고 세상 사람들처럼 한세상 살다가 아무런 자취도 남기지 못하고 떠나갔을 것이다.

내가 누구인지 전혀 모르는 상태에서 하늘의 모진 시험을 통과하였다고 판단되시자 하늘께서 내가 누구인지 북두칠성 제5별의 천상문서 기록담당 염정성 성주(대신)를 내려보내서 자세히 알려주게 하시었다. 내가 천상의 천자이자 황태자라는 것을 세상 사람들은 아무도 알아보지 못했다.

내가 천자이자 황태자란 진실이 일찍 밝혀졌다면 자만, 교만, 거만으로 타락했을지도 모른다. 그런데 모진 시험을 통과하자 마침내 나의 존재를 밝히게 윤허해 주신 것이다. 그동안 내가 누구인지 몰라서 몹시도 궁금하였는데 시험 과정이 끝나자 적나라하게 모든 진실들을 밝혀주시었다.

나의 경우처럼 나는 누구인가를 찾아다니는 사람들이 많을 것인데 정답을 찾지 못하고 헤매고 있을 것이다. 내로라하는 종교인들 찾아가 봐야 자신의 신명도 누구인지 모르는데 남의 몸 안에 있는 숨은 신명들을 어떻게 찾아낼 수 있겠는가?

이번 생에 자신이 누구인지 천신국에 들어와서 찾지 못하면 천상으로 올라갈 수 없다. 여러분이 사람으로 태어난 것은 사후세계를 보장받기 위함이지 한세상 잘 먹고 잘살다가 죽기 위한 것이 아니다.

나를 돕기 위해서 천상에서 내려온 신명들이 극히 소수이기는 하나 인간 몸 안에 내려와 있는데 수많은 세월 동안 윤회하면서 천상의 기억을 모두 잊고 있음이 밝혀졌기에 천신국에 들어와서 자신이 누구인지 밝혀내는 것이 급선무이다.

귀신이 되어서 추위와 배고픔에 슬피 울면서 허공중천을 떠돌아다닐 것인가? 만생만물로 윤회할 것인가? 지옥세계로 떨어질 것인가? 아니면 천상의 신분을 회복하여 천상궁전 태상천궁으로 돌아갈 것인가 결정해야 한다. 여러분의 영혼과 조상, 신들은 천신국을 통해서만 천상으로 올라갈 수 있다.

천수장생, 세포와 대화 나누어

하늘, 땅, 신, 조상, 생령, 사령은 물론 벌과 나비, 곤충류, 조류, 어류, 쥐, 소, 범, 토끼, 용, 뱀, 말, 양, 원숭이, 닭, 개, 돼지 등등 모든 짐승의 영(영혼)과 대화할 수 있는 나의 신비능력도 독자들 눈높이에서는 너무나 신기하고 놀라운 일이다.

천지만생만물과 실시간으로 대화가 가능한 것은 나의 몸으로 대우주와 삼라만상을 창조하신 천지인의 세 하늘이시자 천상의 3천황 폐하이신 태상천황 폐하, 도솔천황 폐하, 옥황천황 폐하께서 함께해 주시고 계시기 때문에 가능한 일이다.

인류가 찾아내지 못한 천상의 3천황 폐하의 존재와 인류의 유아회춘 천수장생식과 육신의 영생을 이루어줄 120조에 이르는 세포들 대표와 인류 최초로 대화를 시도하는 경이로운 날이 천기 18년 8월 12일 천상도법주문회 행사 날이다.

인류 최초로 유아회춘 천수장생식을 의뢰한 화제의 주인공은 올해 46세 남자 최○호이다. 2008년 7월 6일 조상 벼슬 입천식을 행하면서 나와 첫 만남을 맺었으니 벌써 만 11년의 세월이 흘렀다. 울산○○중공업에 다니다가 사표를 내고 5월에 아예 서울 송파구로 이사를 왔다.

인간 육신 체내의 세포와의 대화, 그리고 암을 유발하는 세포 바이러스와 대화도 가능하다. 인류가 이 땅에 태어나고 처음으로 시도하는 일이기에 경천동지, 상상 초월, 기절초풍, 경악, 무소불위, 공상, 가상, SF, 이적, 기적 등의 모든 수식어가 따라붙어도 모자란다.

유아회춘 천수장생식은 영적 세계의 줄기세포 발견과 같은 파격적인 일이고, 인류 그 어느 누구도 상상조차 못했던 경천동지할 경이로운 일이다. 늙지 않고 장생하며 살아갈 수 있는 하늘이 내려주신 비결이 유아회춘 천수장생식이다.

유아회춘 천수장생식이 정말 실현 가능한 일이냐고 의문을 가질 사람들이 전부일 텐데 결론적으로 말하면 가능하다. 인간 육신의 노화된 세포를 내보내고, 천상의 3천황 폐하께서 내려주시는 새로운 장생 세포로 교체하는 천지대공사가 천기 8년 8월 12일 처음으로 이루어졌다.

이미 2004년에 거꾸로 세어가는 나이에 대한 계시를 받았고, 2005년에 중풍을 맞아 평균 보폭이 10cm인 유○진에게 2013년도에 수많은 신하와 백성들이 참석한 천기회에서 명을 내려 정상인처럼 걷고 심지어 뛰게 하는 이적과 기적을 보여준 비공식 임상체험 사례를 갖고 있다.

또한 최근에는 보행이 정상적이지 않은 77세 김○진, 93세 최○국에게도 천상의 3천황 폐하로부터 천지기운을 받아 명을 내려서 정상인처럼 걷고 뛰게 하는 경천동지할 일들을 공개적으로 보여주었다.

천상의 3천황 폐하의 무소불위하신 신비의 천지기운을 이미 직접 체험해 보았는데, 이것은 그동안 3천황 폐하의 신비로운 능력을 보여주기 위한 맛보기였고, 천상의 3천황 폐하께서 함께하시는 공식적인 유아회춘 천수장생식을 행하는 것은 이번이 난생처음이다.

세포와의 첫 대화가 어떻게 이루어질까?

나 역시 처음 시도해 보는 일이라서 몹시 궁금하고, 과연 인체의 노화된 세포를 천상의 3천황 폐하께서 내려주시는 장생이나 영생이 가능한 새로운 인체 세포로 교체가 가능한 것인지 매우 궁금하고 기대가 되었다.

진시황의 불로초, 현대 생명공학의 줄기세포를 초월한 유아회춘 천수장생식이 현실로 이루어지는 날 인류의 새 역사가 나에 의해서 다시 쓰일 것이다. 인류의 영원한 욕망이 있다면 그것은 늙지 않고 장생이나 영생을 누리는 꿈을 현실로 실현하는 것이다.

상생과 영생에 대한 객관적이고 공식적인 임상실험 과정이 성공리에 끝나면 세계 인류는 환호성을 지르며 천신국 태상천궁으로 몰려 들어올 것으로 예상한다. 인간 육신들이 살아서 신선선녀처럼 영생을 누리며 살아가는 불가능의 세계를 현실로 이루어내면 인류의 문명에 천지대개벽이 일어난다.

장차 인류의 문명은 격변한다.
죽어야 하는 자와
죽지 않아도 되는 자로 양극화된다.

늙어야 하는 자와
늙지 않아도 되는 자로 양극화된다.

평범한 인간으로 살아갈 자와
신선선녀로 살아갈 자로 양극화된다.

죽어서 허공중천 떠돌며 춥고 배고픈 귀신으로 살아갈 자와
죽어서 천궁에 올라가 천인으로 살아갈 자로 양극화된다.

천상 태상천궁에는 실제로 영생이 이루어지고 있는데 여자들은 15~20세 미만이고, 남자들은 21~25세 전후의 젊은 나이로 영생을 누리며 살아간다. 천상 태상천궁의 기운을 지상의 인간 육신으로 내려주는 인류 최초의 유아회춘 천수장생식이 거행되었다.

천수장생식을 통해서 노후된 늙은 세포들을 천상으로 올려보내고 천상의 젊은 세포들을 지상의 인간 육신으로 내려오게 하여 인간의 몸을 송두리째 젊은 세포들로 변신하게 하는 꿈에서도 이루어질 수 없는 1,000년 이상을 생존하게 하는 천지개벽의 일들이 천상의 3천황 폐하와 3황후 폐하, 빛과 불의 도법천존 3천황의 명으로 일어나고 있다.

제2부

예언과 괴질 심판

탄허 승려와 기다노의 예언

탄허 승려의 예언이다. 세계 종교의 통일, 반드시 그러한 왕도정치가 세워질 것입니다. 누구의 덕으로 사는지 모를 세상이 펼쳐질 것입니다. 그런데 종교는 과연 어떻게 변모할 것인가가 궁금스러운 일이지만, 모든 껍데기를 벗어버리고 종교의 알몸이 세상으로 드러날 것입니다.

현재의 종교는 망해야 할 것입니다. 쓸어 없애버려야 할 것입니다. 신앙인끼리 반목질시하고 네 종교, 내 종교가 옳다고 하며 원수처럼 대하고, 이방인이라 해서 동물처럼 취급하는 천박한 종교의 벽이 무너진다는 뜻입니다. 그 장벽이 허물어지면 초종교가 될 것입니다.

일본의 기다노 대승정 충격 예언!

외계인의 전언이라고 한다. 지금부터 44년 전 1975년 7월 22일 밤 일본 불교계의 도승 기다노 대승정이 선통사라는 절에서 잠을 자고 있을 때였다. 갑자기 한밤중에 4~5명의 외계인들이 찾아와 기다노 대승정을 깨운 후 그에게 인류의 미래에 대한 충격적인 소식을 전해 주었는데, 외계인들은 기다노 대승정에게 이렇게 말했다 한다.

“우주인은 다른 천체에도 살고 있습니다. 생활의식, 사고방식, 기후, 그리고 정밀도 등이 제각기 다르며 문명의 차이가 있을 뿐이지요. 우리 우주인이 살고 있는 행성은 친구가 살고 있는 지구 행성보다 문명이 월등하게 발달하였습니다.

대단히 살기 좋은 낙원이며 큰 이상세계를 이루고 있습니다. 지구 성인이 다 같이 그리워하고 선망하며 갈망하는 천당이라고 하는 한 행성입니다. 내가 이렇게 말한다고 조금이라도 실망하거나 부러워할 것은 없습니다. 지구도 우리가 살고 있는 행성과 동등하게 된다는 사실을 예고합니다.

그러나 그렇게 되기까지는 불원한 장래에 일대 환란을 겪어야 할 것입니다. 이 지구에는 큰 변동이 있을 터인데 지각이 신축되어 일어나는 현상으로 해저였던 곳이 해면으로 돌출하고, 있던 섬이 물속으로 침몰되어 없어지기도 하며 없던 곳이 생겨나서 지금의 세계 지도는 완전히 달라집니다.

외계인이 "해저였던 곳이 해면으로 돌출하기도 하고, 있던 섬이 물속으로 침몰되어 없어지기도 하며"라고 한 것은 어쩌면 일본 열도의 섬이 바닷속으로 침몰하게 될 것을 예언한 것인지도 모른다.

외계인은 또 이렇게 말했다고 한다. 또한, 이렇게 된다고 해서 사람이 다 죽는 것은 아니고 일본의 경우는 약 20만이 살아남을 것이다. 일본이 얼마나 처절하게 멸망하는지 알 수 있다. 일본이 '하늘님의 나라' 조선을 괴롭히고 집어삼켰던 것에 대한 징벌이라고 할 수 있다. 외계인들은 한국에 대해서는 '특별히 명심 사항'이라고 하면서 이런 놀라운 예언을 해주었다고 한다. 일본의 우방인 한국은 앞으로 지구상의 전체 나라 중 종주국이 될 것이며 절대적인 핵심국가가 될 것이다.

그곳에서 성현군자가 부지기수 출세하여 사해만방을 지배할 것이며 세계에서 가장 많은 숫자인 425만 명이 구원받는 나라가 된다. 개벽의 때에 한국은 425만 명이 생존한다는 것이다. 한국은 후천 문명의 종주국이기 때문이라는 것이고, 지구상 어느 국가도 400만 명 넘게 사는 나라가 없다.

한편, 외계인의 모습으로 나타나서 미래에 관한 메시지를 전해 준 신인(神人)은 다음과 같은 내용도 함께 남기고 홀연히 떠났다고 한다. "불원(不遠)한 장래에 친구가 살고 있는 지구(地球)가 지상낙원(樂園)화 될 것이니, 그때 다시 만나자!"

외계인의 전언에 대해 사람들은 신기해하면서도 과연 그런 일이 일어날까? 의아심을 품고 있다. 일본은 생존자가 20만 명이니 500명 중에 1명이 살아남는 것이고, 한국은 425만 명이 생존한다고 말하니 12명 중에 1명이 살아남는 숫자이다.

일본의 침몰을 영상으로 생생하게 보았다

"나는 일본 열도의 침몰이 느껴지고 영상으로도 보인다. 일본 열도 전체가 바닷물 위에서 지표면이 물러진 뒤에 롤링하듯 땅이 일렁이다가 부서져 바닷속으로 사라지는 장면을 보았다. 그 시기는 먼 훗날이 아닌 불원간 일어나는 것으로 보였다. 하늘과 신의 응징을 받아 일본 열도가 침몰하는 것이다."

현재 수출규제로 한국을 압박하고 경제 보복을 가하여 전국적으로 일어나고 있는 반일 감정에 불을 붙여 일본 열도의 침몰을 앞당기게 되는 촉매제가 될 것 같다. 천손의 민족정기를 말살시키려고 36년간 식민지 통치를 자행했던 일본이 바닷속으로 가라앉는 망국의 길을 걸으려고 자충수를 두고 있다.

하늘의 피가 흐르고 있는 천손민족을 탄압하고 있는데 천상 3천궁의 3천황 폐하와 3황후 폐하께서도 분노하시며 일본인들의 만행을 더 이상 두고 볼 수 없다 하시며 일본 열도를 지진과 화산 폭발, 쓰나미, 폭우, 태풍 등의 천재지변으로 일본 열도 침몰을 천상과 지상의 신명들에게 명하시었다.

토네이도, 허리케인, 사이클론, 태풍, 폭우, 폭설, 가뭄, 홍수, 지진, 쓰나미, 화산 폭발, 천둥, 번개, 뇌성벽력, 벼락, 혹한, 혹서, 화재, 천재지변이 일어나면 사람들 모두가 자연현상으로 알고 있는데 이를 주관하는 신명들이 따로 있음이 천신국에서 처음으로 밝혀졌다.

괴질과 천재지변을 일으키는 신명들이 모두 황룡, 청룡, 적룡, 백룡, 흑룡들이고 천옥도, 지옥도, 적화도, 한빙도, 도산도, 흑해도의 6대 지옥으로 죄인들을 압송해 가는 역할도 모두가 용들이 맡고 있음도 밝혀졌다.

일본의 만행을 바라보며 울분을 삼키며 분해하고만 있을 것이 아니라 천신국으로 함께하여 일본을 응징하거나 수장시켜 버리는 천지대공사에 독자들이 함께 동참하는 것이 보다 나은 방법이 될 것 같다. 일본제품 불매운동하고, 말로 아무리 성토하며 시위해 봐야 일본 놈들은 눈 하나 까딱하지 않는다.

대한민국의 서러움과 울분을 풀 수 있는 유일한 길은 천상의 3천황 폐하와 3황후 폐하께 대한민국이 처해 있는 안타까운 현실을 고하여 일본을 응징하게 해달라고 수많은 사람들이 힘을 모아 수시로 주청을 올려드리면 일본의 응징이 더 앞당겨질 수 있고, 천재지변과 괴질로 일본 열도와 일본인을 심판하는 것만이 정답이다.

군사력으로 전쟁을 할 수도 없는 상황이고, 발을 동동 구르며 속만 태워봐야 별다른 뾰족한 묘수가 없고, 불매 운동을 해봐야 그 효과 역시 미미할 것이다. 러시아의 영공 침범, 중국의 팽창, 일본의 독도 영유권 주장과 경제보복 조치 만행, 북한의 핵무력 보유와 수시 미사일 발사는 우리나라 국가안보와 경제에 치명타를 입히고 있다.

일본과의 경제 갈등, 무역 갈등으로 울분을 토하고 규탄해서 해결될 문제는 아니다. 가장 효과적인 방법은 괴질신장들을 불러 약이 없는 괴질을 일본 전역에 퍼뜨리도록 하명하고, 천재지변 신장들을 불러서 화산 폭발, 지진, 쓰나미, 토네이도, 폭우, 홍수, 태풍, 혹한, 혹서로 일본 열도를 심판해서 바닷속으로 침몰시키는 것이다.

1차 심판은 일본이고, 2차 심판은 중국과 러시아 및 기타 국가이고, 3차 심판은 북한이다. 천상과 지상의 신명들을 움직여서 주변 국가들을 응징하는 것이 가장 좋은 방법이다. 천변만화의 무소불위한 천지조화를 부리는 신명(용)들로 하여금 일본부터 응징하여 본보기로 세상에 보여줄 것이다. 일본 열도 침몰은 국가 멸망으로 이어질 수 있는 충격적 심판이다.

악신, 악령, 악마의 나라 일본

일본 왕실- 일황 나루히토(레이와) 1960년 2월 23일생.

배우자 마사코, 딸 아이코, 아버지 아키히토, 어머니 미치코, 할아버지 히로히토, 동생 후미히토, 동생 구로다 사야코

명치신궁에 안치된 명치천황(메이지 덴노) 무쓰히토(睦仁 목인)는 1912년(메이지 45년) 7월 30일, 쇼켄 황후는 1914년(다이쇼 3년) 4월 9일에 각각 사망했다. 일본 황실의 조상신들 전원 추포령 하명,

일본 열도 침몰 및 일본인 멸살 천지대공사

일본, 독일, 이탈리아, 이스라엘, 사우디아라비아, 인도, 인도네시아, 중국, 러시아, 프랑스, 영국, 스페인, 스웨덴, 이집트, 그리스가 아수라들의 은신처이다.

일본 본토 거주 일본인 전원과 한국과 전 세계에 체류하여 거주하고 있는 일본인들 전체와 전 세계로 여행 중인 여행자들, 잠수함에 승선하여 잠행 중인 자위대원, 운항 중인 여객기와 전투기 조종사들의 몸에 숨어 들어와 있는 아수라와 신, 영, 혼, 정신, 조상신들과 일본인들 전체 인구 뇌와 골수 제거하여 무뇌아로 만들어 기억을 삭제하고 6대 지옥도로 압송하여 9,000해 년씩 고문형벌 집행 후에 소멸을 명한다.

아마테라스 오미카미(천조대신)는 일본의 최고신으로 태양신이며 800만 신을 다스린다. 아마테라스 오미카미는 이세신궁(伊勢神宮)의 내궁에 봉안되어 있는 황족의 선조신이다. 국가의 최고신으로서 조정의 엄숙한 제사를 받으며, 일본의 800만 신을 지배하는 여신으로 숭앙되고 있다.

그리고 이 여신은 태양신으로도 알려져 있다. 태양은 기후를 주관하고, 벼 수확에 커다란 영향을 끼쳤기 때문에 에도(江戶) 시대에는 이세신궁 외궁(外宮)의 도요우케 노오카미(豊受大神 풍수대신)와 함께 농민들 사이에서 널리 숭배되었다.

최고신의 탄생

일본 『고사기』에는 아마테라스 오미카미의 탄생에 대해 다음과 같은 기록이 있다. 황천의 나라라는 죽음의 세계에서 도망쳐 나온 이자나기 노미코토(남편)는 황천의 더러움을 깨끗이 씻어내기 위해 일향국(日向國 : 지금의 미야자키현)의 아와기하라(阿波岐原 아피기원)에서 목욕재계를 했다.

그때 그의 왼쪽 눈에서 아마테라스 오미카미, 오른쪽 눈에서 쓰쿠요미 노미코토(月讀命 월독명), 코에서는 스사노오 노미코토(須佐之男命 수좌지남명)가 각각 태어났다. 이 세 신은 다른 신보다 강력한 힘을 가지고 있으며, 삼귀자(三貴子)라고 불린다. 하지만 『일본서기』에는 삼귀자가 창조신 이자나미 노미코토(부인)의 자식으로 태어나는 것으로 되어 있다.

스사노오 노미코토의 맹세

이자나기 노미코토는 자신의 몸에서 탄생한 삼귀자에게 각각 그들이 다스릴 지역을 정해 주었다. 아마테라스 오미카미는 천상계인 다카마가하라를, 쓰쿠요미 노미코토에게는 밤[夜]의 세계를, 그리고 스사노오 노미코토에게는 바다를 다스리라는 명을 내렸다.

하지만 스사노오 노미코토는 어머니인 이자나미 노미코토를 사랑하여 계속 눈물만 흘릴 뿐이었다. 이에 노한 이자나기 노미코토는 "네가 원한다면 이자나미 노미코토가 있는 황천으로 가도 좋다"고 말했다.

그 말에 몹시 기뻐한 스사노오 노미코토는 황천으로 가기 전에 누나인 아마테라스 오미카미에게 작별을 고하려고 다카마가하라에 올라갔다. 스사노오 노미코토는 난폭한 신으로 알려져 있어 아마테라스 오미카미는 동생이 다카마가하라를 빼앗으러 온 것이 아닌가 의심하여 무장한 채로 그를 맞았다. 스사노오 노미코토는 자신의 결백을 맹세하고, 그것을 증명하기 위해 서약이라는 의식을 행했다.

아마테라스 오미카미와 스사노오 노미코토는 각자 자신이 가진 것을 교환한 다음 입에 넣고 잘게 씹어서 뱉어냈다. 그러자 거기에서 존귀한 신들이 태어났다. 이렇게 하여 탄생한 신들의 이름은 책에 따라 다르지만, 그중 천황의 선조인 아마노오 시호미 노미코토(天忍穗耳尊 천인수이존)도 들어 있었다. 이리하여 아마테라스 오미카미는 황족의 조상신이 되었고, 한 가지 덧붙이면, 아마테라스 오미카미는 성스러운 처녀 신으로 다른 신과 관계를 맺어 자식을 낳았다는 언급은 없다.

하늘의 바위굴

서약에 따라 존귀한 신들이 나타난 것은 스사노오 노미코토의 몸이 결백하다는 것을 증명해 주었다. 그는 오해가 풀린 것을 기뻐하며 다카마가하라를 둘러보았다. 하지만 스사노오 노미코토가 시녀를 죽이는 등 난폭한 행동을 하자 그에 대한 항의로 아마테라스 오미카미는 '하늘의 바위굴'이라 불리는 동굴 속에 들어가 나오지 않았다.

태양신이 숨어버리자 암흑으로 뒤덮이고 말았다. 곤란해진 800만 신들이 모여서 회의를 한 결과, 동굴 속에 들어가 있는 아마테라스 오미카미를 밖으로 끌어내기 위해 작전을 펴기로 했다. 우선 아마노 우즈메 노미코토(天鈿女命)로 하여금 동굴 앞에서 춤을 추게 하고 신들은 밖에서 큰 잔치를 벌였다.

밖에서 흥겨운 소리가 들리자 아마테라스 오미카미는 세상이 어두운데도 이처럼 즐겁게 잔치를 벌이는 신들이 있는가 하고 불가사의하게 생각했다. 그래서 살며시 동굴 문을 열고 그 앞에서 춤을 추고 있는 아마노 우즈메 노미코토에게 왜 이렇게 시끄러운지 물었다.

아마노 우즈메 노미코토는 "태양신보다 더 화려하게 빛나는 여신이 있기 때문입니다"라고 대답했다. 그러자 아마테라스 오미카미는 어떤 여신인지 궁금하여 문을 조금 열었다. 그런데 바로 동굴 앞에 신들이 거울을 갖다 놓은 것도 모르고 여신의 얼굴, 즉 자신의 얼굴을 본 아마테라스 오미카미는 좀 더 잘 보려고 몸을 앞으로 내밀었다. 그때 동굴의 어둠 속에 숨어 있던 다지카라오 노미코토(手力雄命)가 동굴 문을 열어젖히고 태양신을 밖으로 끌어냈다. 이렇게 해서 세상은 다시 빛을 찾을 수 있게 되었다고 한다.

아마테라스 오미카미의 신기(神器)

이세신궁에는 '하늘의 바위굴 사건' 때 아마테라스 오미카미의 모습을 비추었던 거울이 있다. 흔히 '야타노 카가미(八咫鏡 팔지경)'라고 하는데, 아마테라스 오미카미의 마음이 머물렀던 신성한 거울로 알려져 있다.

야타노 카가미는 아마테라스 오미카미의 손자로, 황족의 조상신이 된 니니기 노미코토(邇邇杵尊 이이처존)가 다카마가하라에서 '천손강림(天孫降臨)'을 할 때 지상에 가지고 온 것이라고 한다. 그후 이 거울은 궁중에서 보관했지만, 스이진(垂仁 수인) 천황 시대에 신탁을 받아 밖으로 가지고 나갔다. 야마토히메 노미코토(倭姬命 왜희명)가 궁중에서 나가 제사드릴 만한 장소를 찾아 각지를 헤맨 끝에 결국 이세 땅에 자리를 잡고 그곳에 신궁을 지었다고 한다.

이세신궁의 외궁에는 곡식의 여신인 도요우케 오미카미(豊受大神)를 모시고 있다. 일본을 통일하고 에도막부[江戶幕府] 시대를 연 도쿠가와 이에야스[德川家康 덕천가강]를 동조궁 사당(신사)에 모셨다. 이들 외 조상신까지 전원 추포령 하명.

일본을 세운 부부신 이자나기 노미코토(남편)와 이자나미 노미코토(부인) 그리고 삼귀자(三貴子)라고 불리는 아마테라스 오미카미, 쓰쿠요미 노미코토, 스사노오 노미코토, 일본의 800만 신들과 야스쿠니 신사에 안치되어 참배를 받고 있는

246만 명의 전범들인 일본 조상신들 전원 추포령 하명.

초대통감부 총독 이토 히로부미 [伊藤博文 이등박문], 배우자 이토 우메코(伊藤梅子 이등매자) 부 : 하야시 주조(林十藏 임십장), 모 : 고토코(琴子 금자) 외 이토 가문 조상신 몽땅 추포령 하명.

조선총독 초대 데라우치 마사타케(寺內正毅 시내정의), 제2대 하세가와 요시미치(長谷川好道 장곡천호도), 제3대와 제5대 사이토 마코토(齋藤實 재등실), 제4대 야마나시 한조(山梨半造 산리반조), 제6대 우가키 가즈시게(宇垣一成 우원일성), 제7대 미나미 지로(南次郎 남차랑), 제8대 고이소 구니아키(小磯國昭 소기국소), 제9대 아베 노부유키(阿部信行 아부신행) 외 조상신들까지 전원 추포령 하명.

영화로 상영된 일본 열도 침몰, 대지진은 이미 천상에서 계획하고 있었던 일인데 영성이 강한 시나리오 작가들의 메시지를 받아 영화로 만든 것이었다. 타이타닉 호 침몰을 주제로 쓴 저자 역시 영감을 받아서 쓴 것인데 현실이 되었다.

일본도 이제 바닷속으로 침몰되는 그날이 이번 대한민국에 대한 수출규제, 백색국가 지정, 경제 보복 조치, 독도 영유권 주장 사태로 상당히 앞당겨지게 될 것인데 이것이 철천지원수 악랄한 일본의 숙명이자 일본 영토에 마침표가 찍어져서 국가 존속 자체가 불가능할 것이다.

신명들은 일본의 최고 신인 태양의 신 아마테라스 오미카미

여신과 일본 황실의 조상신들 일체와 일본의 800만 신을 추포하여 비서실장 보라신왕 이○율 몸으로 잡아들이라.

아수라 데레만수타야 : 아마테라스 오미카미 신의 이름은 다 틀렸어. 내가 태양신 '데레만수타야'. 아마테라스 오미카미 그건 인간 세상의 이름이고. 난 하누 폐하를 위해 내려왔어.

폐하 : 아베신조 총리가 한국을 못 잡아서 수출규제로 괴롭히는 게 너를 밝혀내라고 하는 것이었어?

아수라 데레만수타야 : 황태자 ○ 폐하께서 하누 폐하를 잡아가셨지만 하누 폐하의 기운이 남아 있어. 6대 지옥도에서 소멸되었어도 기운으로 남아 계시기 때문이야. 인간들이 숭배하는 신들을 다 무시하는 일이잖아요?

폐하 : 이 땅에 내려온 신들이 모두 다 배신자들이다.

아수라 데레만수타야 : 폐하께서도 일본을 다녀가신 적이 있으시죠. 그때 붙어온 귀신들이 엄청 많네요. 좀 세요. 일본 여행 가서 귀신 붙어오면 어디 무속 가서 떼내지 못해서 죽는 자들이 많아요.

폐하 : 아마테라스 오미카미가 황실의 시조인데, 그 밑의 시조 조상들까지 싸그리 다 추포해 오라.

아수라 데레만수타야 : 그들이 다 와서도 그들이 다 역천자들인데?

폐하 : 천상에서 심판하라는 때가 되어서 한국에 대해 경제

보복 조치를 일본이 취해서 너희들의 존재가 적나라하게 몽땅 밝혀진 것이지. 오늘도 일본에 대한 심판을 방해하려고 무릎을 못 쓰게 하려고 들어왔었구나.

아수라 데레만수타야 : 일본이 1위, 2위가 이탈리아. 하누 폐하께서는 지옥에 가셔도 영성으로 존재하고 계시기 때문에 하누 폐하의 기운을 받고 있어요.

폐하 : 하누와 표경, 수하들의 기억을 삭제하고 기운을 잘라버릴 것이다. 하누와 표경이 너희들을 못 알아보고, 너희도 하누와 표경을 못 알아보게 할 것이다. 그것이 너희들에게 가장 무서운 심판이겠지. 마지막을 고하게 될 것이다.

아수라 데레만수타야 : 표경님의 절규가 들리세요? 마지막으로 저에게는 들리는 것 같아요. 적화도로 보내셨나 봐요? 지금 천장에 적룡들이 엄청나게 내려오고 있네요. 온통 불투성이에요.

폐하 : 표경이 여기서 자미인황으로 얼마나 무시하고 멸시했어? 하늘의 뜻인 줄 알고 내가 참았어. 그런데 역천자들 파면하고 천상신명들에 의해 다 밝혀졌는데 천상공무였었지!

아수라 데레만수타야 : 전 세계 종교가 하누 폐하의 기운으로 세워졌습니다.

폐하 : 나는 지구의 주인이자, 인류의 주인으로서 아수라와 역천자 모두를 잡아들여 기억을 삭제시켜 종교를 멸할 것이야! 이제 공포의 대왕으로서 지구촌 인류를

심판하노라. 너희들 신과 영, 혼, 귀신, 아수라, 동물령까지 모두를 심판할 것이다. 너희들은 숨을 곳도 도망갈 곳도 없느니라.

아수라 데레만수타야 : 적룡이 내 몸을 감싸고 있어요!

폐하 : 몇 명 왔느냐?

아수라 데레만수타야 : 잠시만 풀어주세요! 오늘만 같이 온 자들이 74억입니다.

폐하 : 아수라들만 74억이냐?

아수라 데레만수타야 : 그렇습니다.

폐하 : 74억 아수라는 지옥 압송 대기하라.

아수라 데레만수타야 : 모든 게 소설 속의 얘기일 뿐이에요.

폐하 : 아수라들이 그들의 몸속에서 소설을 쓴 것이잖아. 일본의 태양신, 일본의 황실, 야스쿠니 신사. 추포해 와야 할 신들이 더 많이 있다.

아수라 데레만수타야 : 한국의 역사도 마찬가지 아닙니까? 하누 폐하께서 영성으로 존재하시기 때문에 쉽게 사라지지 않을 것이다.

폐하 : 너희들이 숨어 있을 곳이 있느냐?

아수라 데레만수타야 : 역천자에게 목숨을 바친 자들도 하누 폐하의 씨가 남아 있다.

폐하 : 너희들을 심판하기 위해서 북극성에서 이 지옥별 지

구로 내가 내려왔어.

아수라 데레만수타야 : 폐하께서 지옥의 화신이시네요!

폐하 : 너희들을 잡아들이니 지옥의 화신이기도 하겠구나! 나는 하늘의 화신이다!

아수라 데레만수타야 : 하누 폐하께서는 영성으로 존재하시기에 끝도 없을 것이겠네요. 또 다른 역천자가 나오겠군요. 피의 맹세를 했다고 순천자가 아닙니다.

폐하 : 알고 있어.

아수라 데레만수타야 : 한 번 역천자 앞에 섰는데 그 기운이 쉽게 사라집니까? 벌을 받아서 따라나간 자도 있습니다. 역천자에게 마음을 향한 자도 있단 말입니다. 그런데 제가 볼 때 말이죠. 역천자 방에 기운이 많이 남아 있거든요. 기운은 그렇게 쉽게 사라지지 않습니다.

폐하 : 그래? 역천자의 방에 있던 기운 소멸을 명한다. 역천자 기운 멸살.

아수라 데레만수타야 : 문을 열면 2개의 문이 있지 않습니까? 보이는 것만이 다가 아닙니다. 악의 씨가 자라고 있다고.

폐하 : 악의 씨가 자라고 있더라도 다 잡아서 멸살하라. 무뇌아로 만들라.

아수라 데레만수타야 : 한 번 배신자는 영원한 배신자인데. 역천자에게 마음을 줬다는 것은 그에게 목숨까지 바치겠다는 뜻인데. 아직도 역천자의 기운이 남아 있다는 게 느껴집니다.

폐하 : 영성으로 존재한다는 거 다 멸살을 명한다. 신명들은 집행하라. 넌 잠시 대기하고. 나루히토 일본 천황의 신과 영, 혼, 정신 잡아들이라.

아수라 : 나루히토 천황 이름은 틀렸어. '순사여춘'이 그 몸 안에 있는 나의 이름이고 표경의 수하였습니다.

폐하 : 일본 천황 황궁의 문을 닫고 일본 영토를 수장하도록 신명들에게 명하노라. 영화 속에 이미 다 나왔던 내용이야. 일본 침몰, 일본 대지진, 모두 영감을 받고 쓴 것이야. 한국 보복으로 그날이 앞당겨진 것이니라.

역천자 아수라는 방관할 수 없느니라. 지구상 각 나라들, 그 안에 있는 아수라들. 하늘의 명을 거역하는 역천자들을 몽땅 추포하여 6대 지옥으로 압송할 것을 모든 신들에게 명하노라!

전 세계 550만 개 종교 안의 종교인 몸에 있는 아수라들인 악신, 악령, 악마들을 전원 추포해서 6대 지옥으로 함께 압송하라. 이 땅의 종교들은 종속할 수 없느니라.

기억삭제 : 전 세계 일본인들의 모든 악귀잡귀 아수라와 신과 영과 종교 종사자들의 아수라들인 악신, 악령, 악마, 신과 영, 혼, 정신을 뇌와 골수를 빼내 기운과 계시, 메시지를 뿌리지 못하게 차단하고 서로를 알아보지 못하게 하라.

판결주문 : 전 세계 일본인들의 모든 아수라와 악귀잡귀, 신, 영, 종교 종사자의 몸에 숨어 있는 아수라들인 악신,

악령, 악마, 신, 영, 혼, 정신을 6대 지옥인 천옥도, 지옥도, 한빙도, 적화도, 도산도, 흑해도에 압송해서 각각 9천해 년씩 고문형벌을 집행 후 소멸을 명하고, 일본 영토에 대해 바닷속으로 침몰시키는 준엄한 명을 내리노라.

제 1의 아수라들인 악신, 악령, 악마의 나라가 일본이었다

일제 침략에 대한 반성은커녕 재침의 기회를 노리려고 군비 확장하고, 남의 나라 전쟁에 개입할 수 있게 헌법을 개정하여 언제든지 다시 한반도를 침략할 수 있기에 하늘과 나의 명으로 일본 침몰을 천상과 지상의 신명들에게 하명하느니라.

약이 없는 괴질을 퍼뜨리고, 화산 폭발, 진도 10의 지진, 쓰나미, 태풍, 폭우, 홍수, 폭설로 1차 심판하고 2차 심판은 일본 열도를 바닷속으로 침몰시켜 수장할 것을 명하노라!

꿈속에서도 원수 같은 나라가 일본이고 일본인들인데 천손민족의 가슴에 응어리로 영원히 남아 있을 것이다. 침략과 약탈, 억압, 핍박, 위안부 강제 동원, 창씨개명, 독도 영유권 주장, 경제보복 조치에 이르기까지 일본은 이 나라를 삼키려고 호시탐탐 노리고 있으니 민족정신을 결집시켜야 한다.

일본인들에게 재침략당하여 그들의 식민지가 되어서 또다시 종과 노예로 살아갈 순 없다. 일본 놈들은 지금 한국을 침략하기 위한 전쟁 명분 쌓기 수순을 밟고 있다. 독도 영공 침범, 영해 침범하여 근접비행으로 우리나라 함정을 위협하며 약올리며 도발을 일삼는 일본 자위대 공군기와 함정들의 모습을 방송화면을 통해서 보아왔다. 이대로 두어서는 안 되기에 고코타로 외무상과 아베신조 총리의 만행을 보고 일본 열도 침몰과 일본의 신과 조상신, 일본인의 신, 영, 혼, 정신을 추포하여 6대 지옥으로 압송하는 심판의 명을 내렸다. -이상-

빛과 불이신 도법천존 3천황 폐하!

86차 천상도법주문회에 소신 참석할 수 있어서 대영광이었사옵나이다. 너무나 대단하사고 위대하신 빛과 불의 도법천존 3천황 폐하께옵서 열어주시는 천상도법주문회였사옵나이다.

일본인들이 추앙하고 받드는 최고라고 하는 신과 조상신들을 빛과 불로 심판하실 때 소신은 속이 시원하였으며, 요즘 일본인들이 하는 행동들을 보면 속에 천불이 날 정도인데 폐하께옵서 일본 신들을 심판하실 때 기분이 좋았사옵나이다.

한국을 얕잡아보고 기고만장해 있는 일본 놈들을 때려잡을 수 있으신 분은 오직 도법천존 3천황 폐하뿐이심을 86차 천상도법주문회에서 확실하게 보여주셨사옵나이다. 대한민국 땅이 일본으로 인해서 임칭난 피해를 입고 당하고 있는데 정치인들이 무엇 하나 해결하지도 못하고 있사옵나이다.

문재인 대통령도 속 시원한 답을 내놓지 못하고 미국 트럼프 대통령만 믿고 있는 것 같아서 국민들은 속이 터지고 미칠 지경인데 폐하께옵서 속 시원하게 해주셨사옵나이다. 86차 천상도법주문회에서 아수라, 악귀잡귀, 악령, 악신들 그리고 일본의 최고라고 하는 신과 조상신들을 빛과 불로 심판하시어 소신들은 더없이 통쾌하였사옵나이다.

대한민국의 한 많은 조상님들께서 빛과 불로 일본 조상신들을 심판하시는 모습을 보았다면 얼마나 속이 시원하실까! 쌓이고 쌓인 원과 한이 풀리는 순간의 감동을 다 보고 계시지 않았을까? 심판을 보고 계셨다면 대한민국의 조상님들 모두가 환호의 박수를 치면서 통쾌하였을 것이사옵나이다.

이 땅에 빛과 불이신 도법천존 3천황 폐하께옵서 계시니 온 국민들은 든든할 것이사옵나이다. 이 나라를 지켜주실 수 있는 분은 오직 한 분뿐이신 도법천존 3천황 폐하이사옵나이다.

이 글을 쓰고 있는 순간에도 감격이 되어 눈물이 핑 돌고 있사옵나이다. 이렇게 대단하신 폐하를 천신국 태상천궁 가족들만 알고 있다는 사실이 안타깝기만 하사옵나이다. 천신의 나라 천신국 태상천궁을 대한민국 땅에 우뚝 세우시고 개국하셨사온데 대한민국 국민들은 모르고 있사옵나이다.

나라가 이렇게 어려울 때 내로라하는 정치인들은 무엇을 하고 있나이까? 폐하께옵서는 임진왜란을 일으키고 한국을 식민지로 만들어 약탈하여 일본을 부강하게 만든 일본인들과 일본열도를 심판하시어 대한민국의 원과 한을 풀어주고 계시니 이 얼마나 감사하고 대단하신 천지대공사를 보고 계신지 소신은 실감하고 있사옵나이다.

이제는 대한민국 국민들이 하루빨리 깨달아서 드높이 받들어 모셔야 할 도법천존 3천황 폐하이사옵나이다. 이렇게 위대하시고 대단하신 도법천존 3천황 폐하의 신하로 살아갈 수 있는 소신은 대천운아 대행운아이사옵나이다.

대한민국 국민들 모두가 기쁜 마음으로 도법천존 3천황 폐하의 천신국 태상천궁 개국을 축하드리는 날이 오기를 간절히 바라사옵나이다.

- 이○순 올리사옵나이다

일본의 잘 나가던 기운은 모두 천신국으로 거두어들이고, 일본의 모든 신들은 폐하의 명에 따라 6대 지옥으로 압송하며, 일본의 인간과 돈의 기운은 모두 도법천존 3천황 폐하께서 거두어들이시길 바라사옵나이다.

최근 NASA의 연구에 따르면 2100년까지 해수면이 63cm 높아질 것이라 하사옵나이다. 지구 대기의 열이 높아져서 생기는 일이니 그사이에 수많은 태풍과 해일이 동반될 것이사옵고, 지구가 열을 해소하지 못하면 더욱 빠른 속도로 그린란드와 남극의 얼음이 녹을 것이사옵나이다.

바다는 올라오고, 지진으로 일본 동경처럼 매립지의 액화현상으로 수몰하면 일본의 주요 기관의 기능을 상실하게 되어 국가로서의 기능을 상실할 것이사옵나이다.

- 장○혁 올려드리사옵나이다

이제 일본이 폐하의 황명으로 사라지는 지구상의 제 1순위 국가로 떠올랐으며 탄허의 예언도 이미 일본은 죄로 인하여 망하고, 한국에 복속된다고 하였사온데, 아베신조 총리와 고노타로 외무상이 날뛰다가 국가 침몰과 패망을 앞당겼사옵나이다. 이리되면 꿈해몽 예언가 주세리노의 예언보다 10년 더 빨라질 것 같고, 폐하의 황명이 곧 하늘의 명이사옵나이다!

- 강○숙 올려드리사옵나이다

일본 멸망의 황명을 내려주시오니 너무도 기쁘사옵나이다. 기고만장하고, 자신의 잘못은 인정 못하는 일본인 정말 아수라의 표본이사옵나이다. 하늘에 역천하고도 자신의 잘못을 뉘우치지 못하는 아수라와 너무도 똑같사옵나이다.

그 어느 나라보다 일본인만큼 자신의 잘못을 숨기고 끝까지 잘못이 없다고 자신을 세뇌시키는 자들도 없을 것이며 끝까지 저항하는 아수라와 너무도 똑같사옵나이다. 그러하사옵기에 폐하의 황명으로 멸하는 수밖에는 없을 것이라고 생각하사오며 너무도 통쾌하고 기쁘사옵나이다.

- 최○호 올리사옵나이다

일본은 일제 침략으로 너무나도 많은 죄악을 범하였사옵고, 우리나라를 식민통치하여 36년간 씻을 수 없는 치욕을 안겨주었사옵나이다. 우리 국민들은 결코 역사적으로 잊을 수 없는 분노의 마음이 가슴 깊이 새겨져 있사옵나이다.

일본은 반성을 모르는 후안무치의 국가입니다. 요즈음 아베 신조 총리는 정권 장악을 목적으로 우리나라에 무역보복을 가하여 침략자의 근성을 여지없이 보여주고 있사오며 이제는 때가 되었사옵나이다. 일본 열도 침몰, 바닷속으로 모두 수장시켜야 한이 풀릴 것 같사옵고 일본 패망, 일본 침몰 조기 실현되기를 바라사옵나이다.

- 신○우 올리사옵나이다

빛과 불이신 도법천존 3천황 폐하께옵서 일본을 세우고 섬김을 받는 모든 신과 그 조상들까지, 현재 일본을 이끄는 아베 신조 총리와 그 조상들, 일본인들 전체와 살아 있는 일본인들 속에 존재하는 아수라, 신, 영, 혼, 정신, 조상들까지 모두 심판하시는 명을 내려주사심에 기쁘고 통쾌하사옵나이다.

그들이 살고 있는 땅까지 바닷속에 가라앉도록 명을 내려주시니 속이 시원하사옵나이다. 빛과 불이신 도법천존 3천황 폐하를 뜻하시는 태양과 황금색 별을 사용하는 대가를 톡톡히 받을 것이사옵나이다. 국기에 태양을, 군복 모자에 별을 달고 사는 족속들이니 도법천존 3천황 폐하께 멸문지화의 심판을 받을 대상들이 죽여 달라고 스스로 표식을 하고 이날이 오기를 기다린 듯하사옵나이다.

현생에 빛과 불이신 도법천존 3천황 폐하의 황명으로 일본이 몰락하는 모습을 보게 되었사옵나이다. 후지산이 폭발하면서 진도 10의 대지진이 동시에 일어나 쓰나미가 덮쳐 싸그리 바닷속으로 물청소를 하였으면 좋겠사옵나이다. 도법천존 3천황 폐하께옵서 내리신 명으로 인해 곧 멸망하게 될 것을 믿사옵나이다.

– 김○석 올리사옵나이다

빛과 불이신 도법천존 3천황 폐하께서 쩌렁쩌렁 울리는 천상의 목소리로 일본의 멸망을 선포하실 때 이 소신은 일본의 침몰이라는 영화가 머리에 확 떠올라왔사옵나이다. 화산에, 해일에, 지진에 온통 불바다가 된 일본… 제 1호 악의 소굴이었다는 일본인데 몰살당할 때가 드디어 앞당겨졌다는 폐하의 말씀에 참으로 통쾌 상쾌했사옵나이다.

폐하께서 이제 신의 대통령 신제 폐하로 등극했사온데 폐하의 말씀이 곧 황명으로 일본 열도가 바다에 수장되는 날이 곧 현실로 다가오고 있음을 느끼고 있사옵나이다. 얼마나 지독하고 또 표독스런 일본 놈들… 일본의 진실을 알고 보니 두 주먹이 불끈 쥐어지고 개박살내고 싶은 생각이 막 솟구치고 있사옵나이다!!

– 이○숙 올리사옵나이다

도법천존 3천황 폐하께오서 일본의 전 조상까지 모두 잡아들여 무뇌아로 만들고 6대 지옥으로 9,000해 년씩 고문형벌을 받고 소멸의 명을 내려 너무도 시원 통쾌하며 신이 나사옵나이다. 얼마나 잔인한 족속들인지 대한민국이 일본과 경기를 하오면 우리나라 국민이라면 필사적으로 이겨야 한다는 그것만큼은 똘똘 뭉쳐져 하나 된 민족임을 자랑하옵나이다.

지금에야 폐하께오서 일본의 진실을 속속들이 밝혀주사와 지들이 스스로 태양이라 하며 폐하께서 만이 사용하실 수 있는 별을 함부로 사용하고 아수라들의 기질을 그대로 사용하고 있사옵나이다. 이들이 역사에서 저지른 죄의 대가를 톡톡히 치러야 하오며, 더 큰 하늘에 대적한 역천 무뢰배들이오니 처절하게 몰살시켜도 이놈의 족발이 놈들은 분이 풀리지 않을 것이사옵나이다.

대한민국에 아베가 간 크게 도전장을 내밀어 게임을 하려는 자체가 용납할 수 없는 일이사옵나이다. 이것이야말로 자충수를 둔 것이오니 하늘께 대적하려고 스스로 나섰사오니 빨리 죽여 달라고 매달리는 것이사옵나이다. 스스로 숨통이 조여드는 상상을 하오니 너무도 통쾌하사옵나이다.

– 송○란 올리사옵나이다

일본 명치신궁에 안치된 명치천황을 비롯해 조상신들 전원과 일본 신화의 최고신이라고 불리는 태양신 아마테라스 오미카미 외 전 세계에 분포되어 일본인 몸에 들어가 있는 아수라신, 영, 혼, 정신, 조상신들 전원 추포하여 무뇌아로 만들어 기억을 삭제하고 6대 지옥으로 압송해서 각각 9,000해 년씩 고문형벌을 받도록 하는 황명을 내리셨사옵나이다.

일본 열도 침몰 및 일본인 멸살 천지대공사를 집행하시고 계시옵는 빛과 불이신 도법천존 3천황 폐하께옵서 또한, 아수라들의 은신처를 일본, 독일, 이탈리아, 이스라엘, 사우디아라비아, 인도, 인도네시아라고 밝혀주셨사옵나이다.

빛과 불이신 도법천존 3천황 폐하께옵서 집행하시고 계시는 천지대공사가 이루이져 인류의 절대지존이시며 인존천황 폐하의 세상이 펼쳐지사옵기를 바라사옵나이다.

– 박○규 올리사옵나이다

잘못을 인정하지 않는 일본의 뿌리 깊은 열등감은 어디서 오는 것인지? 이해할 수가 없으며 종교 귀신들 덩어리인 일본이 받들어 모시는 최고의 신이 하누의 명을 받드는 아수라였다니 태생부터 역천자의 나라 자체임을 알게 되었사옵나이다.

조금의 반성도 없고 전쟁을 할 수 있는 나라를 합법화하기 위하여 헌법을 개정하고 또 다른 역사를 꾸미는 일본의 행태가 하늘의 진노를 재촉한 것이라 생각하사옵나이다. 폐하께오서 잠수함에 있는 일본인까지 추포하시어 심판의 명을 내리셨으니 역천의 끝이 어떻게 되는지 지엄하신 끝을 보여주셨사오니 바로 멸살이사옵나이다.

이탈리아, 인도, 사우디아라비아 등의 모든 나라의 종교를 멸살하시어 종교 없는 세상, 천신국의 빛나는 위엄만이 존재하게 해주시옵소서! 이 세상에 모든 종교가 멸살될 때까지 힘차게 친지대공사를 집행하시는 도법천존 3천황 폐하의 옥체 강녕하시옵심을 바라사옵나이다.

– 이○선 올리사옵나이다

삼국시대 때부터 지금까지 일본은 우리나라를 수없이 침략해 왔고 일제시대 때 강제 징용과 어린 소녀를 끌고 가 위안부로 이용한 과거의 반성을 안 하는 일본에게 우리나라는 많은 아픈 기억이 있사옵나이다.

빛과 불이신 도법천존 3천황 폐하께옵서 일본에 있는 아수라들과 800만 신을 심판하시오니 통쾌하사옵나이다. 일본이 우리나라에 경제제재를 가하니 그들의 일본 열도가 침몰하는 것은 당연한 결과이사옵나이다. 일본의 대지진과 일본 열도의 침몰이 현실로 다가오니 통쾌하사옵나이다.

– 임○민 올리사옵나이다

이제껏 일본이 몹쓸 짓들을 골라서 했고 그럼에도 작금에 이르도록 그 누가, 어느 나라가 일본을 제대로 응징에 성공하지 못하였사옵나이다. 그와 같은 측면에는 최근 천신국에서 천지대공사로 폐하께옵서 밝히신 내용에 근거하고 있었던 일장기 때문인 것 같사옵나이다.

다름이 아니오라 폐하의 상징을 내세워 그 표방의 위력으로 지탱하며 범죄하였으나, 이제 6대 지옥으로 압송되어 종막을 고하게 되었사옵나이다. 향후에는 더 이상의 일장기를 제대로 활용치 못할 것으로 사료되사옵나이다.

이는 주인 앞에 가짜가 있어 설칠 수 없다는 뜻이기도 하사옵나이다. 폐하께오서는 이미 이들 일본국의 보잘것없는 황족과 총리 및 자위대 그리고 난잡하게 구는 일본인들의 신, 영, 혼, 정신 일체에 대하여 무뇌아로 만드시었사옵나이다.

서로를 알아보지 못하게 하는 극형과 더불어 6대 지옥에 각 9.000해 년씩 고통의 도가니 속으로 압송하였사옵나이다. 이들은 어차피 죄인이고 천상의 3천황 폐하께와 도법천존 3천황 폐하께옵서 강림하실 대한민국에 무수한 침략과 약탈을 자행한 사실이 있었사옵나이다.

\- 간○경 올리사옵나이다

일본 열도가 하루속히 바닷속으로 수장되었으면 속이 후련하겠사옵나이다. 과거에 일본인들이 저지른 죄가 크고 많아서 이제야 죗값을 치르는가 보사옵나이다 일본 놈들은 우리 선조들을 악랄하게 36년간이나 압박과 핍박, 고통으로 노예처럼 지배해 왔음에도 불구하고 미안한 마음도 없이 무역전쟁을 일삼고 있으며 일본의 아베신조 총리의 목숨을 끊어놔야 되사옵나이다. 빛과 불이신 도법천존 3천황 폐하! 천신의 나라 천신국 개국을 선포함과 동시에 일본은 지금부터 바닷속으로 침몰하는 멸망의 날을 앞당기고 있으니 통쾌하사옵나이다.

– 정○지 올리사옵나이다

일본, 독일, 이탈리아, 이스라엘, 사우디아라비아, 인도, 인도네시아가 아수라들의 은신처라는 것을 도법천존 3천황 폐하께옵서 가르쳐주옵시어 알게 되었사옵나이다. 일본이 저지른 만행을 생각하면 울분과 분노가 치솟아 오르사옵나이다. 독립운동은 그 시절에 태어나지 않아 못했어도 일본제품 불매운동에는 동참하고 있사옵나이다.

빛과 불이신 도법천존 3천황 폐하께옵서 일본을 심판하옵시어 일본인들을 전체 무뇌아로 만들어 기억을 삭제하고 6대 지옥도로 압송하여 9.000해 년씩 고문형벌과 소멸의 명을 내려주옵시니 너무나 통쾌하사옵나이다.

– 손○희 올리사옵나이다

역사적으로도 우리나라를 비롯하여 이웃 나라를 숱하게 침략하여 온갖 만행을 저질러놓고도 반성은커녕 도리어 기고만장하고, 남에게 덮어씌우는 아주 악질적이고 저질스러운 일본놈들의 아수라와 악귀잡귀들을 심판하시니 너무나도 통쾌하고 기쁘사옵나이다.

일본 열도를 수장하라 명하시는 도법천존 3천황 폐하의 지엄하신 대심판의 황명이 내려졌사오니, 일본 열도에 엄청난 일들이 일어날 것이오며 멸망의 날이 멀지 않았사옵나이다.

- 권○관 올리사옵나이다

일본의 시조 조상신과 역사에 대해서 자세하게 밝혀주사옵시어 놀라웠사옵나이다. 이렇게 방대한 일본 신들의 역사를 다 밝혀내시는 위대하시고 대단하신 빛과 불의 도법천존 3천황 폐하께옵서 대한민국의 원과 한을 다 풀어주시는 일본 열도 침몰의 명과 일본인들의 신, 영, 혼, 정신을 무뇌아로 만들어 6대 지옥으로 압송하시어 심판하심에 통쾌하사옵나이다. 일본은 지구에서 사라져야 하오며 빨리 앞당겨주셔서 기쁘사옵나이다. 대한민국의 원수 일본을 심판하신 도법천존 3천황 폐하 최고이사옵나이다.

- 이○순 올리사옵나이다

도교의 S회 임원에 대한 심판

도교의 S회 임원 정○○ 몸에 아수라와 신과 영, 혼, 정신, 직계와 처가 조상, 양 외가 조상 모두 몽땅 잡아들이라.

나는 '푼산하경'이다.

하누의 명을 받들고 있는 '푼산하경'인데 천상에서 도솔천궁에 있었고, 황태자궁에도 드나들었었어. 도솔천궁 대신이고 황태자 ○ 폐하께서 지구로 내려오고 많은 일들이 있었지.

황태자 ○ 폐하가 지구로 떠나고 정확히 3년 뒤에 내려왔다. 술 한잔하고 싶구나. 지상의 술도 천상에서 내려온 것이고, 지구의 모든 첨단 과학, 의학 문명과 문화예술, 놀이문화들이 모두 천상의 3천궁에서 내려왔다.

주군 하누를 위해서 모든 것을 할 수 있다. 왜 종교를 세웠을까? 하누가 아무것도 모르고 종교를 세웠을까? 마음의 위안, 외롭고 지친 마음, 신께 의지하고 싶은 마음 때문에 생긴 것이다. 하누의 기운이 들어가서 벗어나지 못한다. 신도들의 마음에 하누의 기운이 들어가 있기 때문에 안 된다.

종교가 아무리 가짜라고 외쳐도 하누의 기운이 들어간 자들은 힘들다. 흑해도를 황태자 ○ 네가 만들었느냐? 온갖 고생다 했네. 아수라들이 6대 지옥으로 끌려가지 않으려고 발버둥치는 것은 너무나 참혹하기 때문이다.

네 배 안에 황금색 여의주가 있고, 오른쪽으로는 검은색 용과 붉은색 용, 흰색 용이 들어가 있다. 왼쪽으로는 붉은색 용 15마리가 들어가 있구나. 가운데는 흰색 여의주가 들어 있다.

“생살멸진”이란 빨강 글씨가 보여. 황태자 ○가 원하는 것이 다 이루어진다. 여의주로 황금빛이 마구 들어가고 있구나. 다시 용이 빠져나가고 흰색 여의주만 남았구나. 여의주 주위로는 976개 흰색 별이 찬란히 빛나고 있다.

천상의 도솔천황 폐하께서 주시는 기운이구나. 황태자 ○~ 이제 너의 세상이 펼쳐지는 것 같구나. 황태자 ○의 세상! 창문 밖으로 흰색 별들이 온갖 하늘 가득히 빛나고 있도다. 신의 눈으로 보니 흰색 별들이구나. 어허~허~허

하늘과 땅과 신과 온 우주 만생만물을 창조하신 너의 아바마마 태상천황 폐하께서 내려주시는 “인우사유진도” 기운도 느껴진다. 의미가 크다. 황태자 ○가 풀어야 한다. 어떤 징조가 느껴진다. 적룡들이 어마어마하게 날아가고 있다.

창문 밖 적룡들이 9,777마리가 보인다. 황위 계승 수업 과정을 완수하기 위하여 종교를 세운 우리 아수라들을 무수히 잡아다가 심판하네. 하지만 종교를 하누가 만든 것도 다 이유가 있는 법, 하누의 기운이 이미 들어가 있었기에 종교에 들어갔으니 그들 나름대로 역할을 하고 있는 것이지.

그들은 충성하고 있는 것이다. 천상에서 하누와 약속을 한 것이겠지. 마음의 위안을 얻으려고 있는 종교를 너무 나쁘게 생각하지 마라. 내가 4살 때 정○○ 몸에 들어갔다. 그래서 도를 닦게 만들었다. 인간의 몸 안에서 하누의 명을 받은 대로 잘하고 있는데 황태자 ○가 나타나서 방해하고 있구나.

내가 하누를 대신하여 고통을 짊어지고 싶구나. 나를 하누에게 보내다오, 하누에게 모든 것을 바쳐 충성하겠다. 같이 온 아수라 수하들은 87억, 조상과 잡귀신들 3억 7천 600명. 정○○의 몸도 박수무당의 끼를 받고 태어났다. 그 위에 조상 줄이 강하게 내려오고 있었다. 박수무당으로 갔어야 하는데, 자손들과 후손들 볼 만하겠구나.

황태자 ○는 하늘의 아들, 신의 아들이기도 하다. 하늘과 신께서 평범한 삶을 살게 안 둔다. 신의 분노, 어마어마하다. 그 당시에는 하누의 기운 따라 보고 있었다. 하늘의 아들이지만 신의 아들이기에 어마어마한 천신들이 무지 많다.

이 세상에서 신들의 원과 한을 풀어줄 분은 황태자 ○ 폐하뿐이다. 악신도 신이다. 주군을 위해 살고 있는 것이다. 제 기억이 사라진다 하여도 하누뿐이다. 왜 역천자의 길로 들어섰는지. 하느님, 하나님, 한얼님, 한울님, 하눌님, 철학관 하는 사람들도 하누의 기운을 받은 것이지. 푼산하경은 6대 지옥행 잠시 대기하라. 그리고 S회 임원 정○○의 신과 영을 비서실장 보라신왕 이○율 몸으로 잡아들이라.

괴질 발병을 예언하였다

아이구~ 추워, 아이구~ 추워! 흰색 용들이 저를 잡아갈 겁니까? 빨간 종기가 가려워서 피고름이 납니다. 얼굴이 빨개졌어요, 가려워 미치겠네. 괴질신장으로 빨간 모래 위에 억이 넘는 사람들이 죽어간다.

시체가 산처럼 쌓여가나 병원에서 거둘 수가 없다. 장례식도 못 치른다. 사람들이 밖에 나오지도 못한다. 의사와 간호사들도 죽어간다. 창문 밖에 천조일손, 만조일손이란 빨간 글씨가 보인다. 전쟁터 같습니다. 아비규환입니다.

소 울음소리 나는 곳, 신축 일주를 타고난 을미생 진인을 찾아야 한다. 나는 살고 싶어도 육신이 안 움직인다. 살려주세요. 울고불고 난리이다. 천신의 아들, 소 울음소리, 천신의 아들이십니까? 집에서도 마구 죽어간다. 병원에 갈 수가 없다. 도법주문이 보인다. 생존도법주문을 외워야 살 수 있다. 천신국에 들어갈 수가 없다.

종교의 악에 빙의되어 기회를 놓쳤나. 사나리를 타고 천신국 창문으로 올라가려는데 떨어져 올라갈 수가 없다. 내 가족이 죽어가는 데도 속수무책이고 아무 소용이 없다. 교통마비가 왔다. 서울시 일대, 소 울음소리 나는 천신국으로 가야 하는데… 괴질 전염병으로 인해 차 안에서도 죽어갑니다.

소 울음소리 나는 천신국으로 가야 하는데 어찌할 방도가 없다. 길거리에서도 수많은 사람들이 죽어 나간다. 흑룡들이 엄청 많이 보인다. 검은 구름이 보이십니까. 검은 구슬, 죽음의 구슬. 천신의 아들 몸으로 들어갑니다. 검은 사신들이 들어온다. 검은 사신들이 명을 집행한다.

검은 용들이 하나씩 물어 검은 바다에 빠뜨린다. 아비규환 그 자체이다. 예언이 현실로 다가온다. 동방의 등불, 코리아에서 소 울음소리 나는 천신국을 찾아가라 했습니까? 계속 죽어가고 지옥의 문이 활짝 열렸습니다.

천신의 아들이 마음고생한 거 원수 갚을 날이 온다. 살려면 천신의 아들을 찾아야 한다. 조금 지나 보면 예언이 이루어지고 검은 피로 뒤덮인다. 심판이 무섭습니다. 종교에서 구원은 헛것이다. 노스트라다무스가 말한 공포의 대왕은 평범한 인간으로 보였지만 그것이 아니었습니다.

강○○는 눈이 빠지고, 저 몸에서도 피고름이 쏟아지고 있다. 조○○는 팔다리 다 잘렸다. 도산도 칼지옥에서 목, 귀 잘리고 빨간 망치로 온몸을 두들겨 팬다. 붙였다가 다시 자른다. 박○○ 모습 보거라. 얼음 지옥에서 너무 추워서 몸이 터져 나가고 있다가 다시 붙었다가 다시 터져 나간다. 지옥세계가 훤히 보이고 괴질로 죽어간다.

괴질신장이나 괴질에 대해서는 도가의 예언에 많이 회자되어 왔는데 그날이 현실로 도래할 것 같다. 모 도교에서는 말세에 괴질이 발병하면 주문수행으로 살릴 거라 믿고 있는데 정반대의 현상이 나타날 것이고 더 급속하게 퍼져나간다.

왜냐하면 괴질신장들은 인류의 심판을 담당하는 신들이기에 황태자이자 도법천존 3천황, 지구의 주인 지존천황, 인류의 주인 인존천황, 신의 대통령 신제, 차기 황위 계승자인 미래의 하늘이 내리는 명만 받들게 되어 있기 때문이다.

도교에서 태을주 주문으로 괴질을 다스린다 하고 있는데 주문 아무리 외워봐야 효력이 없다는 것을 그때 가면 알게 될 것이다. 이미 말했듯이 지구상에 세워진 종교 자체가 아수라들인 악신, 악령, 악마들이 세운 것이기에 천상에서 천신국이 아닌 종교로는 살리는 기운을 내려줄 수가 없다.

빛과 불이신 도법천존 3천황 폐하!

S회 정○○ 몸에 있던 아수라가 전한 말들을 어디까지 받아들여야 할지 모르겠사오나, 만약 괴질이 퍼진다면 소 울음소리 나는 곳, 신축 일주를 타고난 진인을 찾아야 한다는 말은 당연히 빛과 불이신 도법천존 3천황 폐하를 뜻하사옵나이다.

예로부터 내려오는 동서양 예언들의 공통점은 동방 땅 코리아에서 진인이 출세한다고 하였사온데, 천신국을 모르는 자들은 각자가 믿고 있는 종교에서 찾으려고 할 것이사옵니이다. 대역천자 하누의 기운을 받아 파멸의 길을 가는 줄도 모르고 종교에서 구원을 받으려고 하니 그것도 본인들이 뿌리고 행한 대로 받게 될 것이사옵나이다.

하늘의 황태자이옵신 도법천존 3천황 폐하께옵서 하늘의 원과 한을 풀어드리기 위한 숭고하옵신 열정과 뜨거운 집념에 소신, 진심으로 고개 숙여 경의를 표하사옵나이다!!!

– 이○율 올리사옵나이다

폐하의 황명으로 종교인들 몸에 괴질을 퍼뜨려 지옥세계 문을 활짝 열리게 해주시니 참으로 통쾌하사옵나이다. 역시 하누의 기운은 악랄하기만 하사옵나이다. 죽을 때까지 하누에게 바치는 충성이 이만저만이 아님을 알 수 있사옵나이다. 이 지구에서 하누의 기운을 싸그리 몰살시켜 주사옵소서! 이런 심판은 오직 황태자이시고 신의 대통령이신 신제 폐하만이 할 수 있사옵나이다.

종교의 기운이 싸그리 없어지면 이 세상은 도법세상이 될 것임을 확신하며, 이놈의 역천자들이 무더기로 턱턱 죽어나가야 폐하의 위대함이 만천하에 퍼져나갈 것 같사옵나이다. 인간 세상의 대청소가 폐하의 황명으로 공식 시작되었으니 참으로 도법주문을 외우지 않으면 죽음이 기다리고 있다는 진리를 실제 현실로 전파되리라 믿사옵나이다!!

– 이○숙 올리시옵나이다

그동안 폐하께서 지구의 인류에게 보내신 경고는 차고도 넘치사옵나이다. 수많은 책을 펴내셨고, 수많은 천기기도회 및 천상도법주문회를 개최해 주셨사옵고, 수많은 경천동지할 천지기운조화를 인류에게 보여주셨사옵나이다.

또한, 수시로 일간신문사 광고란에 책과 천신국에 대한 홍보를 하셨고, 심지어 사람들에게 직접 홍보명함이나 전단지까지 뿌리셨사옵나이다. 한때는 역천 반란자들까지 포용하시어 천상의 진실을 밤낮으로 열정과 집념을 가지시고 인류에게 전달하셨사옵나이다.

폐하의 신하 백성들에게는 한없는 천상기운, 천지기운을 내려주셨고 엄청난 하늘의 천지조화를 수없이 보여주셨사옵나이다. 그러함에도 불구하고 인류가 알아듣지를 못하사오니 2019년부터 시작되어 2043년까지 이어질 인류의 씨를 다시 추리는 인류 멸망 시기에 괴질의 습격은 당연한 수순이라는 생각까지 드사옵나이다.

말이 통하지 않는다면 하늘의 원과 한을 풀어내시고 계신 도법천존 3천황 폐하께서 인류에게 보여주신 것은 노스트라다무스의 예언대로 '공포의 대왕'으로 강림하시어 진정한 공포를 선물하시는 일이라 믿어 의심치 않사옵나이다.

– 윤○규 올리사옵나이다

그리도 기다리시는 그날이 코앞에 다가온 것 같아 너무도 기쁘사옵나이다. 하늘의 원과 한이 말끔히 풀릴 수 있는 날이 하루빨리 왔으면 좋겠사옵나이다. 그 많은 기회를 놓친 자들이 후회하는 모습과 심판받는 모습을 보고 싶사옵나이다.

하늘의 심판이 얼마나 무서우며, 오로지 황태자이신 도법천존 3천황 폐하께서만 구해 주실 수 있다는 진실을 살아서든 죽어서든 역천자들이 알게 되기를 바라사옵나이다. 뉴스를 보더라도 온갖 말세의 징조가 보이는 듯하사옵나이다. 진정한 하늘의 심판이 내리실 때가 다가오는 것 같고, 폐하께오서 바라시는 세상이 다가오는 것 같아 감개무량하사옵나이다.

– 최○호 올리사옵나이다

S회 정○○ 몸 안의 아수라, 그의 신과 영을 추포하시어 밝혀진 진실! 먼저 하누의 수하 '푼산하경'은 도솔천궁의 대신이었던 자로 악신도 신이라며 지기 주군 하누를 위해서 모든 것을 바쳐 충성하겠다고 하는데 그 충성심만은 소신도 본받겠사옵나이다.

수하 87억에 조상과 잡귀신이 3억 7천 600명이니, 참으로 어마어마한 숫자에 놀랐사옵나이다. 그자는 신들의 원과 한을 풀어줄 분은 황태자 ○ 폐하뿐이라고 하며, 이제 폐하의 세상이 펼쳐진다고 하여 기뻤사옵나이다. 한편 S회 정○○ 신과 영이 괴질신장을 말하며 스스로 종교 악에 빙의되어 기회를 놓쳤다고 하며, 천조일손, 만조일손, 아비규환을 얘기하며 〈생존 도법주문〉을 외워야 살 수 있다고 하였사옵나이다.

이제 예언이 현실로 전 세계 인간들이 동방의 등불 코리아에서 소 울음소리가 나는 곳으로 몰리니 서울 교통이 마비되는 현실을 말했사옵나이다! 드디어 폐하께옵서 천기 19년 7월 23일부터 S회 정○○을 매개체로 괴질을 퍼뜨리라는 명을 괴질신장님에게 내리셨사옵나이다.

하늘의 원과 한을 풀어드리시는 빛과 불이신 도법천존 3천황 폐하!! 지구의 주인 지존천황 폐하!! 인류의 주인 인존천황 폐하!! 신의 대통령 신제 폐하!! 최고! 최고!!이시옵나이다!! 감축드리사옵나이다!!☆☆☆

– 강○숙 올리사옵나이다

괴질이 온 세상에 퍼진다.

이 제목을 보는 순간 "와~ 신난다"라고 외쳤사옵나이다. 폐하의 말씀이 곧 법이자 현실로 이루어지는 말법시대, 도법시대에 폐하께오서 내려주오시는 도법을 외우지 않고서는 인간의 목숨이 저승세계 문 앞에서 촌각을 다투고 있사옵나이다.

소 울음소리 나는 신축 일주를 가진 진인을 찾아야 한다. 칼의 심판을 내리실 분은 빛과 불이신 도법천존 3천황 폐하뿐이사옵나이다. 하누와 표경이 세운 가짜 종교가 괴질에 물들어 서서히 백신도 없이 인간의 숨통을 조이고 아비규환 세상으로 다가오고 있으니 살고 싶으면 하늘의 황태자께오서 계신 천신국으로 와서 죄를 빌어야 할 것이사옵나이다.

이미 하누와 표경의 수하들은 세상은 벌써 도법천존 3천황 신제 폐하께오서 지배하고 있다는 사실을 하나같이 보여주고 있사옵나이다. 죽으면서도 절대로 굴복하지 않는 저들의 개충성도 대단하사옵나이다.

폐하께오서 온 세상 종교들과 인간들에세 괴질을 발병하라고 명 내렸사오니 너무너무 통쾌하사오며, 하늘의 무서움을 이제는 자기들이 먼저 받아 표본으로 보여주어야 할 때가 도래했사옵고, 폐하의 도법세상이 창대하게 펼쳐져서 천신이 계시는 천신국이 인산인해로 세상에서 우뚝 서실 날이 멀지 않은 것 같사옵나이다.

– 송○란 올리사옵나이다

예언서에 기록된 예언이 드디어 빛을 발하고, 종교가 여태껏 버티고 있는 이유가 종교인들 몸에 하누의 기운이 들어가 있어, 종교인들을 세뇌시키고 종으로 만들었사옵나이다. 미친개는 몽둥이가 약이라 했사옵나이다.

말로는 안 되고 죽음을 현실로 보여주어야, 비로소 정신을 차릴 것이사옵나이다. 천조일손, 만조일손이 빈말이 아님을 보여주어야 예언서의 무서움을 알 것이사옵나이다. 그동안 많은 무시를 당했사옵나이다. 할 일이 없어 예언서가 나온 것이 아님을 알아야 할 것이사옵나이다.

오직 살길은 천신의 나라 천신국을 찾아 생존도법주문을 외우는 길밖에 없고 지옥세상이 활짝 열렸기에 죽느냐? 사느냐? 이것이 문제로다. 이 사실을 모든 사람들이 알아야 할 것이며 아비규환의 세상은 참으로 끔찍하사옵나이다.

괴질이 온 세상에 퍼지면 의사와 간호사도 죽어나가고 병원도 소용없고, 시체가 산을 이루면 지옥세상이 따로 없으니 끔찍한 세상이 현실로 다가오고 있사옵나이다.

- 신○우 올리사옵나이다

S회 정○○이는 아수라의 기운이 들어가 있어 천상반란의 버릇을 지상에서도 써먹는 배은망덕한 역천자는 죽어서도 영원한 역천자이사옵나이다. 또한, 소 울음소리 나는 곳이 그들이 말한 S회이고 도통을 받아서 괴질에서 살아남는다고 혹세무민으로 많은 신도들을 농락한 자들이사옵나이다.

S회 정○○을 시발점으로 여러 사람들 몸에 동시다발적으로 괴질이 발생할 것이니 역천자들의 비참한 최후의 모습인가 하사옵나이다. 빛과 불이신 도법천존 3천황 폐하의 도법 시대가 전 세계로 열리게 되사옵나이다.

– 조○복 올리사옵나이다

이제 전 세계가 괴질과 그로 인한 공포로 세상은 지옥으로 바뀌게 되니 속이 후련하사옵나이다. 인간들이 속수무책으로 팍팍 숙어나가야 도법전손 3전황 폐하를 찾게 되겠사옵나이다. 종교인들은 아무리 알려주어도 안 되는 이유를 알게 되었사오며 전 세계 종교인들이 모두 멸살되고 종교가 사라지는 날이 빨리 왔으면 좋겠사옵나이다.

– 홍○환 올리사옵나이다

인류를 멸망시킬 바이러스 H5N1

펌글- 2차 대유행이 우려되는 상황에서 서상희 충남대 수의학교 교수를 만나 인플루엔자 판데믹의 위험성에 대해 들어봤다. 서 교수는 신종플루의 위험성을 지적한 것은 물론 앞으로 고병원성 조류인플루엔자(AI)가 대유행할 경우 인류는 종말로 치닫는다고 경고했다.

▶ 신종플루는 어떻게 출현한 것인가?

바이러스는 기존의 숙주는 버리고 계속 변이하며 인간을 찾아온다. 사람이 마지막 숙주이기 때문이다. 대유행이 한 번 오고 나서 다음 대유행이 일어날 경우 기존 대유행 바이러스가 자연 도태되는 것은 이 때문이다. 1957년에 유행했던 아시아독감 바이러스도 그렇게 없어졌다.

하지만 1918년 스페인독감 대유행 후 1977년 소련 실험실에서 바이러스가 반출됐고, 1977년도에 다시 유행하면서 어린아이들이 많이 죽었다. 만일 소련에서 바이러스를 유출하는 실수를 안 했다면 지금 H1N1은 사람에게 없을 것이다.

▶ 신종플루가 나타날 것은 예상했었는가?

역사적으로 보면 지난 20세기 즉, 100년을 기준으로 했을 때 3~4번 정도는 반드시 찾아오는 것이 인플루엔자 대유행이다. 20세기에 3번 크게 오고 한 번은 조그만 것이 왔는데 큰 것으로는 마지막 대유행이 1968~1969년이기 때문에 40년째 되는 2009년은 대유행이 나타날 만한 시기임이 분명했다.

전문가들은 고병원성 조류인플루엔자가 유행할 것이라고 생각했지만 아무도 예상하지 못했던 신종플루가 먼저 왔다. 학자들은 'H1N1 바이러스가 다시 대유행할 것이라고 생각하지 못했다. 아닌 밤중에 홍두깨 같은 일이며 미스터리 중의 미스터리다. 현대 과학이 발달했지만 이런 바이러스가 전 세계적으로 유행할 줄은 전혀 예측하지 못했다.

신종플루는 대유행에 대한 교과서적인 법칙을 많이 벗어나고 있다. 신종플루와 스페인독감은 모두 H1N1형이다. 신종플루는 스페인독감의 단백질형(H1)을 그대로 가지고 있다. 그런데 대유행의 첫 번째 조건은 H타입이 달라야 한다는 것이다.

오랜 기간 변이가 되었다고 해도 이미 대유행이 지나간 스페인독감에 대해 사람들은 기본적으로 면역을 가지고 있다. 그런데도 같은 타입으로 대유행이 오는 것은 신종플루가 처음이다. 그래서 아주 특이한 바이러스인 것이다.

결국 인류는 이번 신종플루를 겪으면서 역사를 다시 쓰고 있다. 즉, 같은 단백질 타입이라고 해도 유전적으로 멀 경우 대유행이 온다는 것이다. 스페인독감과 신종플루는 단백질 타입은 같지만 유전적으로 약 27% 정도 다르다.

이번 신종플루는 스페인독감이 돼지에게 가서 90년 동안 있다가 유전적 변이를 일으킨 후 사람에게로 다시 와서 대유행을 일으킨 경우다. 어찌 보면 사람이 기여한 면이 없지 않다. 1918년 많은 사람이 스페인독감으로 죽은 이후 돼지에게서 이 바이러스를 퇴치했어야 했지만 그러지 않았다. 왜냐하면 이것이 다시 대유행이 될 것이라고 아무도 예측하지 못했기 때문이다.

▶ 멕시코에서 신종플루가 처음 시작했을 때 이렇게 전 세계에 퍼질 것을 예측했는가? 멕시코에서 시작된 신종플루에 대해 과학자들은 이미 5월에 사람 손을 떠났다고 했다. 과학자들은 H1N1형에 대해 알고 있었기 때문에 준비해야 한다고 말한 것이다. H1N1은 기본적으로 사람의 상부기도를 직접 감염시킬 수 있는 바이러스다.

게다가 신종플루는 사람 간의 전파력이 빨라서 무작위로 사람을 죽이는 대유행을 일으킬 것이라고 예측했다. 그래서 과학자들은 5월에 이 바이러스를 확인하고서는 이미 사람 손을 떠난 문제라고 말했던 것이다. 전문가들은 과학적인 사실을 근거로 대유행을 미리 경고했지만 보건당국에서는 "없어지는 바이러스"라고 하며 안일하게 대응했다.

▶ 인류를 무자비하게 살상하는 인플루엔자 대유행은 어떻게 오나? 엄밀하게 말하면 지금의 신종플루도 근원은 조류인플루엔자에서 온 것이다. 모든 인플루엔자 바이러스는 철새를 통해 이동한다. 모든 인플루엔자 바이러스는 조류인플루엔자에서 변이된 것이다.

철새와 친화성이 있는 인플루엔자 바이러스는 철새를 감염시켜 번식하다가 닭이나 오리와 같은 가금류, 돼지와 같은 가축에 옮겨지고 마지막으로 사람에게 전염된다. 최종적으로 사람에게 온 바이러스는 사람을 떠나서는 살 수가 없게 된다. 그렇게 될 경우 진화를 해서 변화를 일으키는데 여기까지 이르면 결국 인플루엔자 대유행이 오는 것이다.

모든 인플루엔자 대유행은 조류인플루엔자에서 왔다. 조류인플루엔자가 대유행으로 발전하려면 1차 조건으로 바이러스가 폐가 아닌 상부기도를 감염시켜야 한다는 것이다. 현재 조류인플루엔자 바이러스에 감염된 사람들은 폐에 감염돼 사망한 경우만 나왔기 때문에 아직은 대유행이 아닌 것이다. 조류인플루엔자가 사람의 상부기도를 감염시킬 수 있다면 어떤 종류든 대유행을 일으킨다. 그럼 결코 막을 수가 없다.

▶ 대유행에 대해 우리 국민이 잘 모르는 부분은 무엇인가?

조류인플루엔자가 유행하려면 가금류가 조류인플루엔자에 걸려야 한다고 잘못 생각하고 있지만 발생 근원지가 어디인지는 상관이 없다. 동남아에서 발병할 경우에도 우리 생명과 직결된다. 베트남이나 인도네시아에서 조류독감 환자가 발생하면 조사를 위해 세계보건기구를 비롯해 미국이 거기에 돈을 쏟아붓는다. 인도적인 차원이라고 생각한다면 오판이다.

모두 자신들의 생명을 지키기 위해서다. 인도네시아 등이 사실은 우리의 목숨 줄을 쥐고 있다고 해도 과언이 아니다. 그곳에서 사람 간 감염이 일어난다면 우리 목숨도 위험하다. 네 번의 대유행 모두 발생지는 달라도 전 세계를 강타했다. 우리

나라도 1957년도에 사람들이 많이 죽었는데 그 당시 기록이 없을 뿐이다.

▶ 대유행은 막을 수 없는 것인가?

대유행은 손 씻어서 예방할 수 있는 일이 아니다. 인플루엔자 판데믹은 철새가 있는 한, 가축을 기르는 한 올 수밖에 없다. 혹 돼지가 없다면 물론 대유행 가능성은 90% 이상 낮아지지만 스페인독감처럼 조류에서 바로 사람으로 올 수도 있기 때문에 돼지가 없어도 대유행은 온다.

대유행은 어떤 면에서 자연이 주는 시험이다. 결국 사람의 힘이 보이지 않는 킬러를 막을 수 없다. 대유행이 왔는데 결코 사망자 없이 지나갈 수 없다. 바이러스는 생각보다 영리하다. 의학기술이라는 것이 개개인 치료는 가능하지만 대량 확산이 왔을 때는 없는 것이나 마찬가지다.

지금은 환자가 적게 나와서 의료시스템이 돌아가지만 지난 대유행의 사례처럼 10, 11월에 대유행이 와서 인구의 20~50%가 걸린다고 생각해 보면 그때는 의료시스템은 없는 것이나 마찬가지가 된다. 병원 가봐야 의사가 환자를 볼 수가 없고 입원도 불가능한데 몇 사람이나 살리겠나?

물론 스페인독감처럼 큰 피해가 날지는 모르겠지만 1957년 아시아독감 정도의 피해는 난다고 봐야 한다. 그때 당시 200만 명이 죽었는데 지금 인구대비 계산하면 700만 명 정도 죽지 않겠는가 보고 있다.

▶ 인류를 멸망시킬 바이러스가 온다면 어떤 바이러스인가?

신종플루도 무서운 것은 사실이지만 조류인플루엔자 H5N1은 현재진행형이고 지금 상황에서는 대유행으로 갈 가능성이 가장 높다. 따라서 인류를 멸망시킬 바이러스는 H5N1이다.

이 바이러스는 5년 내로 판데믹을 일으킬 것이고 그렇게 되면 인류는 멸망으로 갈지 모른다. 지금의 신종플루나 스페인독감(둘 다 H1N1)은 폐나 호흡기만 감염시킨다. 그러나 H5N1은 호흡기에 감염되면 폐는 물론 간, 신장, 뇌 등 모든 장기에 퍼져서 증식할 수 있는 유일한 바이러스이기 때문이다.

특히 H5N1 고병원성 조류인플루엔자는 돼지에게 안 가고 있다. 그래서 조류독감에서 바로 사람에게 옮겨갔던 스페인독감처럼 지금 H5N1 독감이 바로 사람에게 대유행할 수 있다고 본다. 지금 이 바이러스는 사람의 상부기도 감염 능력만 얻으면 되는 상태인데 얼마 안 남았다. 그래서 겨울이 무섭다. 독감이 아닌 2차 감염도 동시에 일어나기 때문에 더 무섭다.

아무 준비도 없는 지금 상황에서 신종플루가 아닌 고병원성 조류인플루엔자 대유행이 지금 왔다고 생각하면 이미 우리 국민의 몇천 명이 죽은 상태일 것이며 나라는 공황상태에 빠질지도 모른다. 사실 끝났다고 봐야 한다. 인류의 종말로 간다고 보면 된다.

직접 (바이러스의 실체를 실험을 통해) 눈으로 보고 연구하는 입장에서 진짜 무서운 바이러스가 아닐 수 없다. 워낙 맹독성 바이러스라서 백신을 맞아도 완전한 면역을 갖지 못하는 이상 죽을 수밖에 없다. (준비도 부족한 현재) 우리나라는 하늘이 보살피지 않으면 (위기를 넘기기) 힘들다. 지금 상태는 기도밖에 없다.

▶ 현대 의학기술로도 대유행이 오면 어쩔 수 없다는 말인가? 스페인독감 당시 백신이나 치료제가 없어서 많은 사람이 죽었다고 하지만 지금 우리 상황도 크게 다르지 않다. 아무리 의학이 발달해도 백신을 적기에 준비하지 못했지 않은가. 말하자면 독감 대유행은 피할 수 없다. 인류의 영원한 화두다.

대유행은 갑자기 오고 시간은 4~5개월 정도의 여유밖에 없다. 그래서 힘들다. 획기적인 치료제가 개발되지 않는 한 백신은 한계가 있어 현대 의학기술로도 대유행을 막기는 힘들다. 진짜 예방은 대유행이 되기 전에 전 국민이 백신을 맞는 것이다. 하지만 그것도 현실적으로 불가능하다. 계산적으로 죽도록 백신을 만들어 접종시킨다고 해도 전 세계 인구 1/4에 불과하다.

제3부

사후세계 미리 보기

신○우 사후세계 미리 보기

빛과 불이신 도법천존 3천황 폐하! 그동안 강녕하셨사옵나이까? 폐하께옵서 불철주야 쉴 사이 없이 천지대공사를 집행하사옵시어 노고가 너무 많으시옵나이다.

도법천존 3천황 폐하께옵서 천기 19년 7월 14일 제 85차 천상도법주문회를 열어주사옵시고, 미천한 소신을 불러주사와 참석토록 윤허하여 주옵시어 황은이 망극하사옵나이다. 감사드리사옵나이다.

금번 천상도법주문회에서도 폐하의 신하와 백성들의 아수라, 악귀잡귀 퇴치 및 사후세계 미리 보기를 통하여, 현실의 삶에서 고통받고 있는 폐하의 신하와 백성들을 살려주사옵시고, 내생의 삶에 대하여 확신을 내려주셨사옵나이다.

소신이 제 85차 천상도법주문회를 통하여 하늘로부터 천인으로 명을 받은 소신 내생의 삶, 즉 사후세계 미리 보기를 통하여 살아서 확인할 수 있었사옵나이다. 소신이 죄인들의 유배지인 지구의 삶에서 인생을 끝내고, 죽음을 시작으로 일어나는 사후세계를 폐하의 비서실장님이시자 영매사(신인이자 보라신왕의 신분) 역할을 하시는 이○율 씨의 생생한 라이브 연출로 듣고 보았사옵나이다.

황태자이사옵신 도법천존 3천황 폐하께옵서 소신의 신과 영, 혼, 정신을 영매사 역할을 하시는 보라신왕님의 육신으로 들어가도록 명을 내리시어 실어주셔서 소신의 신과 영, 혼, 정신이 직접 본 것이사온데, 너무나도 상상 초월이고 경천동지할 일이사오니 인류에게 천지대개벽 세상이 열린 것과 같사오며 이 세상 그 어느 누가 이런 신비 조화를 부리겠사옵나이까?

소신이 인생의 삶을 살면서 평소 미래의 삶에 대하여 궁금증이 매우 많았사옵나이다. 우리나라의 미래가 궁금하고 소신의 미래 삶이 궁금하여, 역학 공부를 독학으로 흥미롭게 살펴보았사옵나이다. 그리하여 사주와 풍수지리, 성명학 등 어느 정도 지식을 쌓을 수가 있었사옵나이다.

그리하여 한때는 소신의 이름이 안 좋아 개명을 하였사옵고, 신○영이라는 이름으로 1~2년 부르다가 천신국에서 성명에 관한 진실의 말씀을 듣고, 소신의 조상님께 죄를 짓게 되었음을 알게 되어 조상님 전에 죄를 비는 심정으로, 부랴부랴 다시 원래 이름으로 재개명을 하였사옵나이다.

그 진실의 말씀은 이름이란 소신의 부모님이 자식에게 평생 입혀주는 옷인데, 개똥이라고 지어주면 어떻냐? 내려주옵시는 말씀을 듣고, 크게 깨달았사옵나이다. 소신은 아버님을 마음으로 존경했사옵나이다. 소신의 아버님이 인생을 고생스럽고 어렵고 힘들게 살았음을 잘 알고 있는 자식의 입장에서, 효도는 못 해도 불효를 저지르는 결과가 되어, 용서를 비는 마음으로 재개명을 하여 원래 이름을 되찾았사옵나이다.

평소에 소신은 아버님의 말씀을 무겁게 받아들이고 살고 있었사옵나이다. 그리하여 결혼하게 된 것도 소신 아버님의 한마디 "무조건 한다고 그래라" 말씀에 결혼을 하게 되었사옵나이다. 서울에서 학교를 다니고 서울특별시 지방공무원으로 재직하면서 결혼을 하게 되었사옵나이다.

서울에서 학교에 다닐 때 영화배우 "안성기"는 중학교 2학년 같은 반에 있었사옵고, 가수 "조용필"은 중고등학교 동기동창이었사오나 한 번도 같은 반은 아니었사옵나이다. 나중에 알았사옵나이다. 소신의 결혼도 부친의 한마디 말씀으로 서울의 아가씨들을 놔두고, 소신의 고향인 충남 공주로 내려가 뜻을 전하게 되었사옵나이다.

하옵고 인생을 살면서 미래가 궁금하여 평소에 많은 예언서를 탐독하였사옵고, 노스트라다무스의 대예언에 나오는 "공포의 대왕"이란 말도 알고는 있었사오나 정확한 의미는 몰랐사옵나이다. 그런데 지금은 폐하께옵서 인류의 심판과 구원을 위한 사명으로 천상에서 임무를 띠고 지구로 내려옵신 공포의 대왕이사옵나이다. 참으로 기절초풍이사옵나이다.

소신의 사후세계에 나오는 주작과 현무도 풍수지리에 나오는 용어이사옵나이다. 소신의 닉네임이 "청송"이사온데 "푸른 소나무"를 뜻하사옵나이다. 소신의 성이 "맑고 투명한 파란색의 성"의 성주이사옵고 이와 무관치 않사옵나이다. 참으로 묘하사옵고 너무나도 신기하사옵나이다.

소신의 사후세계는 주작과 현무 백룡의 호위를 받아 먼저 조상님의 하늘이신 도솔천황 폐하께 알현 드리는데, 그 전에 동쪽으로 170배, 남쪽으로 180배, 서쪽으로 67배, 북쪽으로 77배를 올리라는 메시지를 받사온데, 지상에서 말하는 숫자하고는 다르다고 하사옵나이다.

예를 다 올리면 옥황천궁으로 가는데 현무를 타고 간다고 하였사옵고, 현무를 타고 가는 도중에 백룡들 108마리와 적룡들 107마리가 함께 날아가고 있사옵나이다. 옥황천황 폐하께 예를 올리사옵나이다. 옥황천황 폐하께옵서 내려주사옵시는 돈과 재물의 기운으로 도법천존 3천황 폐하를 뫼실 수 있었사옵나이다. 이제 도법천존 3천황 폐하를 알현 드리려 가는데 봉황새를 타고 황태자 궁으로 가고 있사옵나이다.

황태자이사옵신 도법천존 3천황 폐하께옵서 20대의 위용을 갖추고 계시사옵고, 폐하께옵서 윤허하사옵시어 용안을 뵐 수 있었사옵나이다. 폐하께는 7번의 예를 갖추어 올려야 한다고 하였사오며, 뒤를 돌아보라고 하사옵시어 바라보니 흰색과 황금색의 둥그런 원이 보였사옵고, 현무가 물고 있던 구슬인데 반배만 올려야 한다고 하였사옵나이다.

지상 천신국에서 조상님 입천식과 천인합체식을 행하였는데, 그것은 도법천존 3천황 폐하의 기운을 뜻하는 것이라 하였사옵나이다. 그리고 왼편으로 105마리의 백룡이 있으며 백룡을 타고 성으로 가고 있으며, 소신이 성주라고 하였사오며, 맑고 투명한 파란색의 성이라고 하였사온데 성 자체가 꼭대기부터 색은 통일되어 있고, 성으로 들어서려 발을 내딛자 수십억 명의 백성들이 반겨주었사옵나이다.

주작과 현무가 소신을 향해 예를 올리는데, 소신의 오른팔, 왼팔이 된다고 하였사옵나이다. 천상의 소신 집무실에 빨간 구슬 17개가 놓여 있는데, 소신이 지구로 내려와 도법천존 3천황 폐하의 명을 받아야 하는데, 오로지 폐하에 대한 믿음을 천인합체식을 해야겠다는 의지에 옥황천황 폐하께옵서 내려주사옵신 기운으로 할 수 있었는데, 영원히 잊지 말라고 놓여 있다는 뜻을 알았사옵나이다.

또한 소신의 짝이 되실 분은 태상천궁의 대신 신분이사온데 뒤통수를 맞은 기분이사옵나이다. 소신의 현 아내가 소신보다 2살 아래인 용띠이사옵나이다. 하오나 가정의 평화를 유지하고자 소신이 아내에게 기를 죽이면서 살았는데, 천상에 태상천궁의 대신 신분의 여성이 소신의 짝이라는 사실에, 이제는 정말 죽었구나 생각하사옵나이다.

엄살은 결코 아니사옵나이다. 옛 고려시대에 최영 장군은 "황금 보기를 돌같이 하라" 하였사옵고, 현 사회는 "돈 보기를 신같이 하라", "돈은 피보다 진하다"라고 하사옵나이다. 요즈음 세상은 미투운동이 사회적으로 널리 퍼져 아름답고 아리따운 여성은 물론, 보통의 여성도 못 본 척하사옵나이다. 눈팅 잘못하면 남자들 신세 망치사옵나이다.

현 사회가 법적으로는 양성평등의 시대이지만, 실질적으로 보면 여성 상위 시대라 해도 과언이 아니사옵나이다. 남자들 신세가 참 딱하게 되었사옵나이다. 얼마 전 TV 뉴스에 "고○정"이라는 미모를 갖춘 여성이, 남편을 죽이고 시신까지 찾지 못하게 조치하였음은 만인이 알고 있는 사실이사옵나이다.

하옵고 소신이 천상에 올라가서 맡을 막중한 임무는 소신의 오른팔이 될 주작이 도솔천궁에서 소신만이 할 수 있는 임무가 있는데, 어느 대신님을 통해 임무를 받고 우주의 역천자 행성에 가서 교화시키고, 우주신의 전쟁이라는 타이틀을 앞세워 도솔천황 폐하께옵서 내려주사옵시는 기운으로 임무를 수행하게 된다고 하였사옵나이다.

지금 당장은 아니고 바로 99일이 지난 시간부터 진행하면 된다고 하였사옵나이다. 역천자가 너무나도 많다고 하였사옵나이다. 소신이 영혼의 부모님께 문후를 올리러 가야 하는데, 봉황새가 색이 바뀌고 입에 보라색의 구슬을 물고 있었사옵나이다. 소신이 영의 부모님께 예를 올리사옵나이다. 폐하의 비서실장님이신 이○율 씨의 실감나는 실제 모습으로, 소신 잘 듣고 보았사옵나이다.

그 모습을 보면 마치 군대식의 절도 있는 동작으로 군 의장대의 모습을 보는 것 같사옵나이다. 소신의 사후세계를 생각하사오면 소신의 막중한 임무는 천상에서 역천자들을 쳐부수는 전쟁에 참전하게 될 것이사옵고, 수십억 명의 백성늘을 다스리는 성주로서 책임이 막중함을 느끼사옵나이다.

소신이 군 복무 시절에 월남전 마지막 파병 참전용사로서(백마부대 제 9사단 30전투단) 천상의 임무가 연결되어 있음을 느끼사옵나이다. 제 85차(천기 19년 7월 14일) 천상도법주문회는 소신의 사후세계를 미리 알 수 있었사옵고, 알게 해주사옵신 도법천존 3천황 폐하의 은혜에 무한한 감사를 드리사오며 황은이 망극하사옵나이다. - 신○우 올리사옵나이다.

민○의 사후세계 미리 보기

천인 민○의 신과 영이 눈을 감게 되었습니다. 제가 눈을 감는 순간, 제 주위로 따뜻한 기운이 맴돌고 있습니다. 따뜻한 기운이 맴돌면서 제 손가락의 감각이 느껴지고 발, 얼굴 모든 것이 새롭게 태어난 그런 느낌입니다.

누군가가 와서 저를 일으켜 세운 것도 아닌데, 제 스스로 몸을 일으켜 세워지게 되는데, 제가 여성의 모습이 아닌 남성의 모습입니다. 제가 정장을 입고 있고 죽어서는 남자가 되었는데도 어색한 것이 아니라 당연하게 느껴집니다.

제 주위로 굉장히 큰 장정들이 도열해 있습니다. 그들 역시 정장을 입고 있고, 저를 데려가기 위해서 왔다고 합니다. 그리고 1,000마리 넘는 백룡 중에 대장용 등을 타고 밤하늘을 쏜살같이 어딘가를 가고 있습니다. 주위에 별과 달이 보이고 스쳐가며 통과해 가고 있습니다. 저 외에 다른 남자들은 다른 용들을 타고 있습니다.

어딘가에 도착했는데 흰빛이 강하게 보입니다. 문이 열리며, 너는 먼저 조상님을 구원해 주신 도솔천황 폐하께 문후를 올리러 가야 한다고 하는데. 도솔천황 폐하를 통해서 조상님의 진실을 알게 된 것만 해도 감지덕지인데 이렇게 직접 문후를 올리게 되니 가문의 큰 영광입니다.

제 앞에 계신 도솔천황 폐하의 용안에 근엄하신 분위기만 느껴지고, 용체를 바라볼 수 없을 정도로 빛나고 있습니다. 어느 분께서 도솔천황 폐하께서 기운을 내려줄 것이니 도솔천황 폐하 존영 앞으로 가라 하십니다.

"도솔천황 폐하께서도 내려주신 임무를 무사히 마치고 돌아오게 되었습니다. 소신의 조상님들을 천상 도솔천궁으로 입천 윤허하여 수시고, 저의 조상님들을 구원해 주신 은혜 영원히 잊지 않겠습니다."

이렇게 도솔천궁에 먼저 도착해서 도솔천황 폐하께 예법에 맞는 문후를 올려드린 후, 저의 영혼의 어버이이신 천상의 주인께 예를 올리러 가야 한다고 합니다. 제가 이 지구로 내려오기 전에 지은 죄. 사죄의식을 올렸지만 천상에 올라갔다고 죄를 안 비는 것이 아니라. 천상에 올라가서도 죄를 빌어야 하는 시간이 있다고 합니다.

한 시간 반 동안 부복 자세로 천상의 주인께 사죄를 진심으로 올려드리고 있습니다. 천상의 주인께서 어떻게 죄를 빌어야 하는지 기운으로 알려주시는 것 같습니다. 저는 이렇게 한 시간 반 동안 사죄의 예를 드리게 되었습니다.

사죄를 올렸다고 해서 천상의 주인 용안을 알현 드리거나 하는 일은 없습니다. 다음은 옥황천궁에 가야 한다고 합니다. 초록과 붉은색이 있는 용들 1500마리의 호위를 받으며 옥황천궁에 왔습니다. 기운을 내려주셔서 제가 살아서 그렇게 천공, 도공, 옥공, 조공 등을 끊임없이 낼 수 있었습니다.

용안은 알현 드릴 수는 없으나 같이 왔던 대신들과 함께 황후 폐하 전으로 갈 다른 용들이 지금 왔습니다. 몸 문양이 빨간 장미로 된 용들을 타고 황후 폐하 전으로 가고 있으며 지금도 천상에서 쓰는 언어로 예를 올려드려야 한다고 하십니다.

황후 폐하께 예를 올릴 때는 인존천황 폐하 존영 전으로 오라고 말씀 주셨습니다. "소신 민○. 지구에서 도법천존 3천황폐하를 알현하여 임무를 수행하였사옵나이다. 소신을 받아주시어 황은이 망극하사옵나이다. -이상 중략-

조○숙 사후세계 미리 보기

향기롭고 싱싱한 장미꽃들이 소신의 주위를 둘러싸고 있습니다. 지구에서 보던 장미랑 다르고 영원히 시들지 않는 그런 장미로 느껴집니다. 마음이 그렇게 편안하고 고요할 수가 없습니다. 붉은 장미, 핑크 장미, 나비들도 날아와 춤을 춥니다. 귓가에 들리는 가녀린 음성.

"조○숙 이제 일어나거라."

저는 장미꽃 사이에서 일어나 주위를 둘러보는데 공작새들이 저를 바라보고 있습니다. "이제 태상천궁으로 입궁하실 것입니다. 황태자궁에 가서 도법천존 3천황 폐하께 문후를 올려드릴 것입니다." 공작새 뒤로는 장미색의 용들이 500마리가 대기 중입니다. 용 뒤에 올라타고 공작새들의 호위를 받으며 태상천궁으로 갑니다.

제가 지구에서 태상천궁에 이르기까지 몇 차원이 흐르는 것을 보며 태상천궁에 도착하니 시녀로 느껴지는 여자분들이 와서 지상에서 도법천존 3천황 폐하를 알현하고 근본 도리를 이루었기에 도법천존 3천황 폐하께 감사함을 올리라 했습니다.

황태자궁에서 바로 황태자 폐하를 알현하고 "얼마나 고생하였사옵나이까?", "조○숙, 이렇게 재회해서 너무나 반갑다. 나의 모습도 많이 변했지? 그리고 신하들이 많이 안 온 것 같은데, 그래 지구에서 나를 만나 나의 명을 받드니 고향으로 돌아왔구나"라고 황태자 폐하께서 말씀하셨습니다. "소신은 자만하지 않고 충성을 다하겠사옵나이다."

그렇게 부복하고 있는데 "이제 너도 너의 성으로 돌아가야지. 너의 모습은 아직 보지 못했니? 너도 너의 자리로 가야지"라고 말씀하시기에 예를 올리고 용들을 타고 어디론가 갔습니다. 저희 성에 도착하는데 이곳은 꽃의 궁전입니다. 아름다운 꽃의 궁전입니다. 제가 마치 숲속의 공주가 된 느낌입니다.

공작새가 태상 폐하께 예를 올려야 한다고 해서 올리니, 영혼의 어머니께서 격려의 말씀을 내려주셨습니다. 왼쪽 귀와 오른쪽 귀로 각각 다른 분이 격려의 말씀을 내려주셨습니다.

천상에 오면 짝이 있는데, 드레스룸으로 가서 마음에 드는 드레스를 입고 만나러 가라고 하셨습니다. 거울에 비친 나의 모습을 보고 늘씬하고 키가 커진 모습에 놀랐습니다. 영화 속의 여주인공이나 동화 나라의 주인공이 된 것 같습니다. 18살이라고 합니다.

여자 대신들이 제가 지구에 왔을 때 있었던 일을 모두 지켜보셨다 하고, 옥황천궁에서 저를 기다리던 짝이 있었습니다. 아주 건장한 체격의 큰 키에 누가 봐도 멋진 남자분이신데, 제후의 용포를 갖추고 있었으며 저를 기다렸다 합니다. 연회가 열리는데 이렇게 큰 연회는 처음 봅니다. 천상의 기억들이 옥황천황 폐하의 기운으로 되돌아오고 있습니다. -이상 중략-

공○영 사후세계 미리 보기

천인 공○영이 이 지구에서 황명을 받든 후 이제 때가 되어 눈을 감게 되자 아주 찬란하고 영롱한 무지갯빛이 보입니다. 그 빛을 바라보고 있자니 어머니 생각이 납니다. 어머니 살아생전의 모습이 자꾸 생각이 나며 눈물이 흐릅니다.

"아, 이제 내가 지구와 이별하고 나의 고향으로 돌아가는구나." 그런 생각이 나는 순간, 내 귓가인지 마음인지 아주 굵고 굵은 웅장한 느낌의 음성이 깊은 곳에서부터 들려옵니다. "공○영, 수고했도다. 네가 왜 공씨가 되었는지는 천상에 오르면 가르쳐줄 것이고 오래전부터 들어와서 이렇게 폐하의 명을 받들고 보필하느라 수고가 많았도다."

그 음성이 누구이신지 모르겠지만, 자꾸 흰색 빛이 보입니다. 흰색 빛들이 분수대처럼 멋있게 아래서부터 위로 확 올라가면서 흰색 별들이 반짝반짝 빛이 나고 있습니다. "이게 어떻게 된 거지? 아직 내가 천상에 오르기 전인데…" 그렇게 생각하는 순간 흰색 정장을 입은 남자 15분이 저를 일으켜 세우시더니 제 앞에서 무릎을 꿇습니다. 그리고 어떤 얘기를 들려주는데 그것도 훗날 눈을 감은 후에 알려줄 것이라 합니다.

제가 앞을 보니 용도 아니고 비행접시도 아닌 UFO 같은 아주 거대한 함대가 있는데, 저는 그것을 타고 가야 한다고 합니다. 그 안에 들어가니 아주 하얗고 밝은 빛 속으로 빨려 들어가는데 문들이 차례대로 있고, 첫 번째 문을 열자 황금색 꽃이 저에게 인사를 하고, 두 번째 문을 열자 보랏빛 꽃이 인사를 하고, 세 번째 문을 열자 붉은색 꽃이 인사를 합니다.

저를 조종실로 데려갑니다. 저는 UFO 조종도 할 줄 모르는데 신기하게도 저절로 조종하고 있습니다. 창 너머로 별들과 행성들이 보입니다. 제가 내리자 그곳은 저의 성입니까? 아니라고 하며 도솔천궁의 입구라고 합니다. 저는 UFO에서 내려서 아까 꽃들이 신하로 변해서 저를 안내합니다. 조상님의 하늘이신 도솔천황 폐하께 문후를 올리게 되는 천상의 법칙이 있다고 합니다.

"도솔천황 폐하, 소신 공○영 지구에서 도법천존 3천황 폐하의 명을 받들고 현재 도솔천궁에 도착하여 도솔천황 폐하께 문후를 올리게 되었사옵나이다. 소신의 예를 받아주시옵소서 "저는 이렇게 도솔천황 폐하께 문후를 올려드린 후 뒤로 물러 자리에 앉게 되는데 제 마음속에서 아주 웅장하신 멋진 음성으로 어떤 말씀을 내려주십니다. "공○영, 잘했도다. 배신하지 않고 잘 돌아왔구나. 네가 지구에서 눈을 감게 되었을 때 들려온 나직한 음성이 바로 나였느니라."

소신은 너무나도 감격하여 눈에서는 눈물이 흐르는데 눈물을 보여드릴 수는 없고, 뒤의 남자 신하 3명이 이제 일어나서 황태자이신 도법천존 3천황 폐하께 문후를 올려드려야 한다고 말씀하십니다. 그리고 이동을 하는데 제가 타고 온 UFO를 타고 황태자궁으로 이동합니다.

제가 그렇게 이동하자 그 수많은 별들 속에서 백룡들이 따라오고 백룡들의 수는 헤아릴 수 없을 정도고, UFO의 속도로 엄청난데 같은 속도로 따라오고 있습니다. 저는 황태자궁에 도착하였고, 저의 목숨도 다 버리고 도법천존 3천황 폐하를 알현 드리게 되어서 어떤 말부터 올려야 될지 모르겠습니다.

황태자 폐하께서도 지금의 모습이 아니시라 천상의 모습으로 변하셨사옵나이다. 지구에서 만나기보다 이곳에 올라와 만나니 말로 표현할 수 없구나. 이곳의 모습이 내 진정한 모습이야. 5배의 예를 올려드리자, "공○영, 이곳 태상천궁 말고 태상천궁 밖에 저 우주 행성들은 감히 여기를 넘보지도 못하는데 말이야.

저 끝에 있는 우주 행성에서도 자기들끼리도 싸움을 벌이고 있어. 스타워즈 영화 본 적 있어? 그것을 상상해 봐. 네가 타고 온 UFO를 타고 가서 교화시켜야 할 의무도 있어. 이곳 천상에 올라와서 대신의 역할을 한다. 너도 너의 성이 있어."

제가 천상에 올라와 이런 역할을 하게 될 줄은 꿈에도 상상하지 못했습니다. 저는 제 뒤에 있는 3명의 신하들 안내로 성으로 가게 되는데. 우주 행성 비슷한 성처럼 생겼는데, 롯데타워처럼 생긴 것이 저의 성이라고 합니다. 제 성에 들어가자 멋진 인테리어에 감탄을 하는데 영화 '맨 인 블랙'의 한 장면이라 생각하면 됩니다.

제 모습은 22살의 청년의 모습으로 변해 있습니다. 키가 매우 큽니다. 저는 폐하께 감사함을 올립니다. 영혼의 부모님께 문후를 올려드립니다. 제 성 안에 황금색 용 문양이 새겨진 곳이 있습니다. 태상폐하께 문후를 올리고 옥황천황 폐하께 문후를 올리게 됩니다.

천상의 연인이자 배필을 만나라고 명을 내려주시니 뒤를 돌아보는 순간, 어느 여성분께서 미리 와계십니다. 머리가 아주 길고 두 눈은 마치 초롱초롱 빛나고 피부가 백옥 같은 아주 아름다운 여성분께서 수줍게 미소를 짓고 계십니다. 그 여성분은 "제가 기억나지 않으시겠지만 폐하를 도우러 지구로 내려가신 이후부터 계속 기다리고 있었습니다." 그리고 저는 여성분과 함께 성으로 돌아가고 있습니다. -이상 중략-

윤○규의 사후세계 미리 보기

천인 윤○규가 지구에 내려와 도법천존 3천황 폐하의 황명을 받든 후, 인간 세상에서의 마지막 삶을 다하는 순간이 느껴집니다. 숨을 거두고 눈을 감는 순간 사람들이 웅성거리는 소리가 메아리처럼 울려 퍼지고 있습니다.

서서히 아무 소리도 들리지 않고, 내가 인간으로서의 삶이 끝이 났구나 느껴지는 순간에 아주 맑고 청초하고 그런 향기가 느껴지면서 제 귀에 누가 이어폰을 꽂아줍니다. 그리고 저는 그 노래를 누군가와 함께 듣게 됩니다.

너에게 전화를 하려다 수화기를 놓았네…
내 마음 깊은 곳의 너(신해철의 곡. 1991년)
너에게 전화를 하려다 수화기를 놓았네
잠시 잊고 있었나 봐 이미 그곳에는

넌 있지 않은 걸 내 마음 깊은 곳의 너
마지막 작별의 순간에 너의 눈 속에 담긴
내게 듣고 싶어 한 그 말을
난 알고 있었어 말하진 못했지

내 마음 깊은 곳의 너 너에게 내 불안한

미래를 함께하자고 말하긴 미안했기에
내게로 돌아올 너를 또다시 혼자이게
하지는 않을 거야 내 품에 안기어

눈을 감을 때 널 지켜줄 거야
언제까지나 너를 기다려
내 마음 깊은 곳의 너 너에게 내 불안한
미래를 함께하자고 말하긴 미안했기에

내게로 돌아올 너를 또다시 혼자이게
하지는 않을 거야 내 품에 안기어
눈을 감을 때 널 지켜줄 거야
언제까지나 너를 기다려

내 마음 깊은 곳의 너
내게로 돌아올 너를 또다시 혼자이게
하지는 않을 거야 내 품에 안기어
눈을 감을 때 널 지켜줄 거야
언제까지나 너를 기다려
내 마음 깊은 곳의 너

저는 이 노래를 들으며 눈을 뜨게 됩니다. 저에게 이 노래를 들려준 분이 누구신지. 옆을 바라보니 아, 이분이셨군요. 저를 그렇게 그리워하고 기다리던 천상의 여인분이시고 폐하께서 맺어주신 인연인데 저를 보고 웃어주십니다.

너무나 알고 보니 너무나 싱그러운 미소로 그 여자분의 한쪽 귀에 이어폰이 꽂혀 있었고, 한쪽은 저의 귀에 꽂혀 있었습니다. 그렇게 노래를 들은 후 태상천궁으로 가게 되었습니다. 그 여성분은 제가 생각했던 모습보다 더 아름답습니다.

그 여성분께서 자신의 손에 끼어 있던 반지와 액자를 저에게 보여주시는데, 얼굴은 지상의 얼굴과 다릅니다. 제가 원래 이런 모습이었군요. 키가 굉장히 큽니다. 아주 영화배우 같은 모습으로 변해 있고, 천상의 연인과 손을 잡게 되는데, 그 순간 제 주위로 흰색과 반은 황금색, 반은 붉은색의 용들 수천 마리가 날아와 저와 제 옆의 연인을 대우고 날아갑니다.

그리고 밤하늘을 보니 황금색 달이 떠 있는데, 그 황금색 달을 제가 손으로 안을 수 있습니다. 여자분이 말합니다. 천상에 있을 때도 저의 것이었다고 합니다. 황금색 달이 저의 말을 알아들을 수 있다고 합니다. 황금색 달이 저의 비서 역할을 하기도 하고 장군이나 불사조, 용의 모습으로 변하여 내 자신이 원할 때 언제든지 타고 다닐 수 있다고 합니다.

그 황금 달은 도법천존 3천황 폐하께옵서 지구로 내려가시기 전에 근심 걱정 없던 시절에 저에게 하사하여 주신 것이라고 하십니다. 그 달을 보고 너무나 감격스러워 도법천존 3천황 폐하 감사하사옵나이다란 말과 함께 으리으리한 궁전에 도착하게 되는데 옥황천궁입니다.

옥황천궁에 먼저 온 이유는 알지 못하지만, 거기에 저를 반겨주는 대신과 용들의 인사를 받으며 붉은색 카펫 위에 서서 문후를 올려드리고 있습니다. 물론 옥황천황 폐하, 옥황황후 폐하께 문후를 올려드리고 있습니다.

그다음 저는 흰색으로 빛나는 슈트를 입은 남자분의 안내를 받으며 백룡 위에 연인과 타게 됩니다. 순식간에 도솔천궁인데, 먼저 저의 인사를 올리는 것이 예법에 맞는 것이라 하십니다. 저의 조상님들의 모습은 20대 청춘의 모습입니다. 싱그러운 젊음의 모습으로 계시는데 너무나 놀랍습니다.

조상님은 맞는데 제 나이 또래의 모습입니다. 제가 예를 갖추어 올리자 저의 시조 조상님께서 "너는 이제 도솔천황 폐하와 도솔황후 폐하께 문후를 올려드릴 것이다." 감히 두 분의 용안은 뵐 수가 없고 문후를 올려드립니다.

그다음 도법천존 3천황 폐하께 문후를 올려드리러 가는데, 도법천존 3천황 폐하께서 이미 도솔천황 폐하의 명을 받고 도솔천궁에 도착하셨다고 합니다. "빛과 불이신 도법천존 3천황 폐하! 소신 윤○규, 지구에서 모든 임무를 마치고, 천상으로 올라와 이렇게 폐하를 알현 드리게 되었사옵나이다. 소신 5배의 예를 올려드리겠사옵나이다."

5배의 예를 올리는 순간, 그곳이 도솔천궁이 아니라 황태자궁으로 변해 있습니다. 조화를 통해 1초 만에 황태자궁에 들어가게 된 것입니다. 폐하의 덕담을 들으며 일어나게 되었고, 이제 너의 영을 창조하여 주신 태상폐하께 문후를 올려드려야 한다고 말씀하셨습니다.

"윤○규, 태상천궁에 다시 돌아왔구나. 지구 땅에서 나의 아들 황태자 ○를 보필하느라. 너도 고생이 참 많았구나. 나는 천상의 어머니이니라.” 제 마음으로 이런 음성이 들려오고 있습니다. 감히 천상의 어머니를 뵌 것이 아니지만 기억이 느껴져 부복하며 눈물을 흘리며 감복해하고 있습니다.

너무나도 그립고 그리운 천상의 어머니 음성을 소신의 마음 안으로 들려주시다니 감회가 새롭습니다. “너도 이제 너의 성으로 돌아가 너의 신하들에게 인사를 받아야지” 하며 도법천존 3천황 폐하께서 말씀을 내려주십니다.

도법천존 3천황 폐하께 예를 올린 후 연인과 함께 저의 성으로 가게 됩니다. 화이트와 골드 색으로 이루어진 정말 황홀하고도 웅장한 성입니다. 황금 달에게 “이제 나는 이곳에서 무얼 해야 하지”라고 물으니 달이 용으로 변해 문서를 전달해 줍니다. 황태자궁을 왕래하며 6대 지옥세계 탐방도 합니다.

그리고 저는 황태자 폐하를 보좌하는 큰 역할을 하게 된다고 하사옵나이다. 성에서 16일이 지나면 아리따운 연인과 결혼식을 올리게 되는데 날짜도 황태자 폐하께서 내려주십니다. 윤○규! 네가 지상에 내려가기 전에 천상에서 너무나 슬픈 일이 일어났고, 너도 휩싸인 적이 있었지만… -이상 중략-

홍○환 사후세계 미리 보기

천인 홍○환이 땅에서 눈을 감게 되자, 눈에 보이는 것은 아주 붉은빛과 아주 밝은 흰색이 빛이 환하게 보이고, 중앙에는 찬란한 보랏빛 오로라가 마치 분수대처럼 황홀하게 뿜어져 오르고 있습니다. 붉은빛은 옥황천궁을 뜻하고, 흰빛은 도솔천궁을 뜻하고, 가운데 보랏빛은 태상천궁을 뜻한다고 합니다.

그걸 육신이 깨닫는 순간, 반은 보랏빛, 반은 흰빛, 가운데는 붉은 보석이 박힌 큰 별이 내려와 몸 안으로 들어오고 있습니다. 그것은 태상천궁에서 하게 될 역할을 상징하는 별이라고 하며 그 역할은 천기누설이라고 합니다. 몸 안에 들어온 별이 홍○환을 이끌고 금세 태상천궁으로 도착했습니다.

홍○환의 주위에 천상에서 같이 근무했던 동기들과 친구들인 여러 대신들이 와서 반겨주고 있습니다. 21살의 멋진 청년의 모습으로 변했고 키가 굉장히 큽니다. 얼굴은 영화 속 배우처럼 정말 멋지고 누가 봐도 감탄할 만한 그런 얼굴로 바뀌었는데 옷은 검은색 슈트 차림으로 변했습니다.

친구들과 동기들 모두 멋있다고 칭찬하며 서로 반갑게 재회하는 순간, 옥황천궁에서 커다란 적룡, 도솔천궁에서 커다란 백룡, 반은 보랏빛 반은 황금빛 용이 앞에 엎드려 있습니다.

홍○환은 태상천궁에 올라와 천상의 주인이신 태초의 하늘께 감사의 인사를 올려야 한다고 하자, 세 용들이 자리를 내어주어 붉은색 카페 위에서 아주 커다란 황금색 여의주를 향해 5배의 예를 올려드립니다. 홍○환은 너무나 감격스러워 눈물을 흘리고 태상천궁에서 큰 역할을 하게 된다고 합니다.

태초의 하늘께 문후를 올린 다음, 도솔천궁을 향해서 5배의 예를 올려드렸습니다. 도솔천궁에 5배의 예를 올리는 순간 흰색의 슈트로 갈아 입혀지고, 옥황천궁을 향해 예를 올릴 때는 반은 붉은색, 반은 흰색의 슈트로 갈아 입혀졌습니다. 친구들이 눈을 감아보라 한 뒤에 다시 눈을 떠보라 하니 그 순간 홍○환만을 바라보며 오매불망 기다리고 있던 연인과 드디어 재회를 하게 되었습니다.

그 여성분은 홍○환이 이 지구에 내려와 황태자 폐하를 알현드릴 때까지의 과정을 지켜보고 있었고 홍○환만을 기다리고 있었던 분이십니다. 동화 속 공주처럼 귀엽고 상큼 발랄한 여인입니다. 홍○환은 자신이 잃어버린 기억 때문에 조금은 민망해하면서도 너무나 감격스러워하고 있습니다.

옆에서 친구가 황태자궁에 가서 예를 올려야 한다고 합니다. 도법천존 3천황 폐하께서 계신 황태자궁. 그곳으로 가 이 지구땅에서 충성을 다했던 도법천존 3천황 폐하를 알현 드리게 됩니다. 황태자궁의 어마어마한 대신과 용들, 신하들이 부복하고 있고, 홍○환은 황금색 카펫을 걸으며 너무나 가슴이 벅차올라 눈물이 납니다.

지구에 내려와 하늘의 원과 한을 풀어드리려 했던 황태자 폐하를 알현 드리게 되었습니다. 도법천존 3천황 폐하 만세, 만세, 만만세를 외칩니다. 폐하께서는 "그래, 우리 천상에서 이렇게 재회하였구나. 너도 지구에서 고생 많았지? 너는 내 곁에서 임무를 수행하게 될 거야"라는 말씀을 전해 주십니다.

"폐하, 황은이 망극하사옵나이다. 소신, 영원히 폐하만을 위해 충성을 다하겠사옵나이다." 5배의 예를 올려드리는 순간, 수천 마리의 용들이 와서 엎드려 있고, 폐하께서는 어떤 문서를 홍○환에게 전달하는데 금색과 보라색이 뒤섞인 아름답고 오묘한 빛을 띠는 문서를 전해 주십니다. 홍○환은 부복한 자세로 그 문서를 받아들이는 순간 황금색 용으로 변했습니다. 용이 된 자신의 모습에 너무나 놀라면서도 폐하께 감사드리고 눈물을 흘리며 예를 올립니다.

"그래, 오늘은 이만 됐고 이제 너의 성으로 가보거라."

홍○환을 기다려온 여성분과 성으로 가게 됩니다. 성의 모습은 검은색과 황금색, 흰색이 조합된 멋지고 마치 영화 속에서나 본 궁전입니다. 홍○환은 그 성의 제후(왕)가 된 것이고, 아내가 될 여성분과 함께 살게 될 것이라고 하십니다.

홍○환의 성 안에는 아름다운 별들이 떠 있습니다. 지구에서 보던 별들이 허공에 떠 있고, 홍○환이 마음만 먹으면 낮도 되고 밤도 되는 신비한 능력이 생깁니다. 아름다운 선녀분과 성내를 거닐며, 맛있는 음식도 먹고 못다 한 이야기들도 하며 선녀분이 직접 만든 꽃차를 마시는데 이렇게 향긋한 꽃차는 처음 마셔봅니다.

선녀분이 지구에서 결혼하게 된 사연은 잘 이해하고 있다고 합니다. 사랑스럽고 예쁜 18살의 선녀분과 곧 성대한 결혼식을 올리게 될 것이고 두 사람은 차를 마시며 얘기하다가 눈에서 하트가 나가니 주변에 하트가 마구 생겨납니다. 그리고 두 사람은 그동안 너무나 그리웠던 사랑의 키스를 나누고 밖으로 나와 성 주변에 있는 정원을 산책합니다.

수많은 용들과 호숫가의 잉어들, 홍학, 청학, 사슴, 기린, 황금색 코끼리도 보입니다. 이들이 정원에서 홍○환을 도와주는 신하늘인데, 홍○환이 얘기하면 사람의 모습으로 변한다고 합니다. 홍○환의 비서가 와서 일정을 보고 올립니다. 큰 상자를 전달하는데 그 상자 안에는 보라색과 황금색의 도장이 있습니다. 이 도장은 도법천존 3천황 폐하께서 하사해 주신 도장이라고 합니다.

권○자의 사후세계 미리 보기

천인의 명을 받은 권○자의 신과 영이 아뢰어 올리겠사옵나이다. 권○자가 이 지구에서 생을 마감하게 되면 권○자를 데려오는 신들이 지금 보이고 있사온데, 청색 용포를 입은 남자 한 명이 문서작성을 하는 것 같은데 권○자가 이 땅에 태어나서 생을 마감하는 순간의 기록을 가지고 계시고 그 옆에는 큰 창을 든 장군처럼 보이는 멋지고 기백이 대단하신 마치 영화 속에서 나오는 장군 같은 분께서 서 계시는데, 무려 5백 명이 도열하고 있습니다.

이분들은 권○자 오빠의 수하들이라고 합니다. 도솔천궁에 올라가신 오빠의 수하들이 권○자를 모시러 온 것입니다. 그 옆으로는 아주 예쁜 보랏빛의 선녀복을 입으신 분들이 150명이나 되어 보이는 선녀들이 시중을 들듯 권○자에게 옷을 입혀주고 머리를 손질해 주고 있습니다. 권○자가 이 지구에 태어나 오로지 도법천존 3천황 폐하를 알현 드리려 달려온 삶이었는데 힘들고 고난이 많았던 것은 그 모든 것이 천상의 계획이셨고, 조상님 입천식과 천인합체식을 이루어야 할 것이기에 힘들었다 합니다.

선녀 15명이 권○자에게 신발을 신겨주고 있습니다. 도솔천궁에서 내려온 선녀들이라고 합니다. 권○자의 오빠가 도솔천궁에서 도솔천황 폐하께 큰 역할을 하기 때문에 특혜를 받는 것이라 합니다. 붉은색 곤룡포인데 마치 왕비처럼 보이시는 분께서 인자한 미소를 띠우신 채 권○자에게 다가가 보라색 큰 구슬을 안겨주십니다.

황홀하고 경이로운 장면입니다. 권○자의 오빠 수하들이 부복하고 있고, 옆에 선녀들이 시중을 들고 있습니다. 권○자는 보라색 드레스와 반짝이는 구두를 신고 일어나 빛과 불이신 도법천존 3천황 폐하께 예를 올리고 있습니다.

천상 태상천궁으로 가기 전, 이 지구 땅에 하강하셨던 도법천존 3천황 폐하께 마지막으로 예를 올리고 있습니다. 권○자는 아름다운 여배우처럼 우윳빛처럼 뽀얀 피부. 눈은 수정처럼 맑고, 눈썹은 초승달 같으며 입술은 앵두처럼 빨갛고 너무나 귀여운 모습입니다.

권○자의 귀에는 다이아몬드 귀걸이가 걸려 있고 반지도 끼고 있습니다. 모두 보랏빛입니다. 보랏빛인 이유는 태상천궁에서 내려왔기 때문입니다. 권○자는 그리운 고향 태상천궁으로 입궁하게 됩니다.

권○자를 기다리고 있는 아주 멋진 남자분이 보입니다. 이 분이 누구일지 아직 말하면 안 된다고 하십니다. 제후 느낌도 납니다. 이 남자분이 권○자가 지구상에서 도법천존 3천황 폐하를 알현 드리는 날까지 지켜보셨다고 하십니다.

그리고 권○자는 그분과 함께 보랏빛 성으로 가게 됩니다.

권○자를 호위하는 용들이 보랏빛, 흰빛의 용들입니다. 권○자가 어디를 가든 호위하는 역할을 한다고 합니다. 그 성에 들어가자 수많은 신하들이 부복 자세로 권○자를 반기며 예를 갖추고 있습니다. 아름다운 보랏빛의 다이아몬드가 빛나고 자수정이 눈이 부셔 황홀함의 극치입니다.

아까 남자분과 자신의 성을 이리저리 둘러봅니다. 권○자를 얼마나 아끼시는지 권○자는 흰색의 드레스로 갈아입혀 있습니다. 권○자는 태초의 주인께 5배의 예를 올려드립니다. 예를 올리고 도솔천궁으로 이동을 합니다. 권○자의 오빠가 도솔천궁에서 도솔천황 폐하를 뫼시는 큰 역할을 하고 있기 때문입니다.

권○자는 드디어 그리웠던 오빠와 상봉하고 지구에서의 모습이 아니라 나의 오빠가 맞는지 모를 정도로 너무나 멋있고 기백이 넘치는 장군의 모습으로 변한 모습이 자랑스럽습니다. 권○자를 안아주며, 도솔천황 폐하를 알현 드리기 전에 갖춰야 할 예법을 가르쳐줍니다.

권○자는 도솔천황 폐하, 도솔황후 폐하 전에 가서 문후를 올려드리고 있습니다. 권○자 오빠가 큰 역할을 하고 있기에 권○자에게 내려진 큰 특혜라고 합니다. 너무나 감격스러워 눈물이 나는데 눈물조차 보랏빛이 나오는 희귀한 눈물을 흘리고 있습니다. 도솔황후 폐하께서 너무나도 인자하시고 아름다운 미소로 권○자에게 덕담을 내려주십니다. 권○자는 부복 자세로 다시 한 번 감사의 예를 올리고 있습니다. -이상 중략-

제4부

아수라와 악귀잡귀 퇴치

아수라(악신, 악령, 악마)의 증상

인간을 힘들게 하는 아수라들인 악신, 악령, 악마들이 몸에 들어와 있을 때 증상이다. 이들은 일반적인 잡귀신이나 조상들과 달라서 종교인들이 다루기가 매우 어려운 존재들이기에 매우 위험하여 암이나 사건 사고로 이어지는 경우가 많다.

몸 안에 들어와 있는 이들의 숫자가 상상을 초월하기에 종교인의 능력으로는 퇴치가 불가능하다. 천상의 신들이었다가 지구로 도망쳤거나 쫓겨난 신들이기에 지구상에서 아무도 건드리지 못하고 퇴치할 수가 없는 존재들이다.

종교인들의 능력으로는 존재 자체도 밝히지 못하지만 이곳에서는 아수라들의 천상세계 신분은 물론 이름까지도 밝혀내고 언제 무엇 때문에 사람 몸으로 들어와 괴롭히고 있는 것인지 알 수 있는데 천차만별로 사람마다 사연이 다르다.

아수라들 퇴치로 인생의 고통과 불행, 질병, 인생 풍파에서 벗어난 사람들이 엄청 많지만 그렇다고 이것을 조건으로 내걸면 안 된다. 신기(잡신) 소멸하면 신내림 안 받아도 된다.

01)갑갑하다
02)가위 눌린다

03)무기력해진다
04)잠이 쏟아진다
05)배우자와 다툰다
06)매사 부정적이다
07)돌아 미칠 것 같다
08)화가 치밀어 오른다
09)하루하루가 힘들다
10)갑자기 몸이 아프다
11)자살 충동이 일어난다
12)짜증이 계속 올라온다
13)매출이 계속 부진하다
14)화가 서서히 올라온다
15)악몽과 흉몽에 시달린다
16)가슴이 갈수록 답답하다
17)허리가 끊어질 듯 아프다
18)사람이 미워지기 시작한다
19)남을 비난 험담하며 욕한다
20)죽을 것만 같은 생각이 든다
21)살면 무엇하나 자괴감이 든다
22)짜증과 분노가 계속 올라온다
23)갑자기 숨이 콱 막히는 듯하다
24)숨이 차오르며 맥박이 빨라진다
25)등허리가 점점 굽어지는 듯하다
26)온통 만사가 귀찮고 죽고만 싶다
27)갑자기 몸이 가려워 미칠 지경이다
28)부정의 생각들로 머릿속에 꽉 차 있다
29)누군가가 안에서 숨통을 조이는 듯하다

30)환청, 환영, 악몽에 시달리며 욕설을 퍼붓는다
31)트림조차도 나오지 않아 정말 죽을 것만 같다
32)책을 부정하거나 비난 험담하려는 생각이 든다
33)살려주는 교화를 무시하고 잘 이행하지 않는다
34)거울을 보면 얼굴이 경색되어 굳어지는 듯하다
35)기억력이 급속하게 떨어지고 저승사자들이 보인다

아수라들은 악신, 악령, 악마이고, 조상이나 일반적 잡귀신들, 동물령과는 차원 자체가 다르기에 무속인, 퇴마사, 신부, 목사들이 퇴치하기가 불가능하다. 이들의 주군은 하누와 표경이고 천상의 도망자들이기에 여러분 인생에 절대로 도움이 안되고 인생을 파탄으로 몰고 가는 자들이다.

하늘과 가까워지려는 사람들의 몸에서 온갖 부정적인 생각과 나쁜 메시지를 뿌리며 종교로 끌어들이려고 혈안이 되어 하늘이 내리시는 명을 받지 못하게 방해하고 있다. 질병을 유발시키는 존재가 대부분 귀신들인데, 이들은 일반 귀신들보다 차원이 훨씬 높은 능력을 갖고 있기에 중병을 발생시킨다.

몸 안에 들어온 일반적인 잡귀신들을 거느리며 일단 몸에 들어온 귀신들을 밖으로 빠져나가지 못하게 결계를 쳐두고 자신의 수하로 삼아서 부린다. 그리고 병을 유발시켜 종교세계로 빠져들게 만든 것이 특징이다. 지금 종교에 빠져 있는 사람들이 모두 악신, 악령, 악마의 아수라들에 의해서 종교로 잡혀 들어가 가짜 하늘인 하누(하누님, 하느님, 하나님)와 그의 아들 표경(석가, 예수, 마리아, 상제 등등의 신앙적 숭배자)을 받들어 섬기게 하였다는 진실을 전한다.

사람 몸은 걸어 다니는 공동묘지

빛과 불이신 도법천존 3천황 폐하!

대단하옵신 도법천존 3천황 폐하께옵서 내려주시는 신비로운 대도력, 대천력, 대신력의 천지기운, 신명정기, 천상정기, 친령정기의 신비로운 친지조화로 매일 무탈하게 살아가고 있사와 황은이 망극하사옵나이다.

사람의 몸이 귀신의 집이고 걸어 다니는 무덤이고 온통 세상은 아수라, 악귀잡귀가 없는 곳이 없음을 도법천존 3천황 폐하께옵서 밝혀주셨사옵나이다. 사람을 만나 말을 주고받는 대화 속에서도 귀신들이 들어오기에 사람이 많은 곳을 가는 것을 피하게 되사옵고 되도록이면 말을 하지 않으려고 무척 노력하사옵나이다.

매주 천상지상 대법정이 열리는 천상도법주문회에서 추포되어 오는 아수라, 악귀잡귀, 병마들의 숫자는 어마어마하옵고 대단하옵신 도법천존 3천황 폐하께옵서 추포령을 내리시면 단 3초 만에 폐하의 신하 백성들, 가족들, 직장, 사업장, 차, 집에 있는 아수라와 악귀잡귀들이 어마어마한 숫자가 추포되어 오는 기적이 일어나고 있사옵나이다.

대단하옵신 도법천존 3천황 폐하께옵서 폐하의 신하 백성들을 지켜주시고 살려주시기 위해 생활 천상도법주문을 윤허 내려주사와 실시간으로 지켜주사옵고 살려주시고 계시옵나이다. 소신이 지난주에 시댁의 일로 시댁 식구들이 셋째 시누이 집에 모였사온데 이 시누이 또한 신기가 있사옵고 무당과 친하게 지내고 있사옵나이다.

셋째 시누이 집이 가까워지니 갑자기 소신의 몸이 이상하며 차멀미가 심하여 구토하고 배기 아프기 시작하여 몇 번이나 차를 세우고 쉬었다 도착하였사옵나이다. 속이 다 뒤집어지는 구토와 배 아픔에 몸에 힘이 쫙 빠져 길거리에 쓰러질 것만 같았사옵나이다. 정신을 차릴 수 없을 정도로 몽롱하게 만들고 다리에 힘이 풀려 바닥에 주저앉아 정신을 잃을 것 같고 괴로웠사옵나이다.

두 시간 거리인 셋째 시누이 집에 겨우 도착하여 문을 여는 순간 몸에 뭔가 확 치고 들어오는 것이 있었사옵고 다리에 힘이 풀리어 걸을 수가 없사오며 배가 아프고 속은 더욱 뒤집혀 구토가 나와 급하게 도법천존 3천황 폐하께 문자 올리고 싶어도 정신을 차릴 수가 없어 힘이 빠져 주저앉았사옵나이다.

이러다가 쓰러져 병원으로 실려 갈 수도 있다는 생각이 들어 간절히 마음속으로 도법천존 3천황 폐하의 존호를 부르자 잠시 후 주저앉은 몸에 힘이 생기고 정신이 차려지고 배가 아프던 것이 순간 사라졌사옵나이다. 위기의 순간마다 살려주시고 지켜주사와 황은이 망극하사옵나이다.

참으로 신비롭고 신기한 대단하옵신 도법천존 3천황 폐하께옵서 내려주시는 대도력, 대천력, 대신력의 천지기운, 신명정기, 천상정기, 천령정기는 그야말로 상상 초월이고 위기의 괴로운 순간에 도법천존 3천황 폐하의 존호를 마음속으로 간절하게 부르기만 하여도 바로 신비로운 천지조화를 내려주시어 오뚝이처럼 다시 일어서게 하시니 참으로 감사하사옵나이다.

소신의 몸이 너무 힘들어하니 소신의 몸에서 뭔가 잠시 나가 밖에서 소신을 바라보는 것 같았사옵고 도법천존 3천황 폐하의 존호를 간절하게 부르오니 정신이 돌아오는 것 같았사옵나이다. 시누이 집 거실에는 무당이 만든 달력이 걸려 있사옵고 부적들이 붙어 있었사옵나이다.

소신의 몸 안에 추포된 악귀, 잡귀들이 많이 있사옵나이다. 시댁에 갈 때 이번처럼 심한 경우는 처음이사옵나이다. 천신의 나라 천신국 개국 선포식과 신의 대통령 신제 폐하 즉위식에서 대단하옵신 도법천존 3천황 폐하께옵서 어수를 높이 드시고 "만세! 만세! 만만세!!" 외치시던 모습이 너무도 감동이었사옵고 소신의 마음에 여운으로 남아 있사옵나이다.

소신도 마지막까지 최후의 승리자가 되어 도법천존 3천황 폐하께 기쁨과 감사함의 만세 삼창을 올리도록 하겠사옵나이다. 천상도법주문회에 참석하여 만세 삼창을 많이 외쳐왔지만 천신국 개국 선포식과 신의 대통령 신제 폐하 즉위식에서 부른 만세 삼창의 의미는 다르게 생각되었사옵나이다.

대단하옵신 도법천존 3천황 폐하께옵서 폐하의 가족과 함께 하시는 영광의 자리에서 인류 최초이자 마지막인 대역사에 길이 남을 날에 도법천존 3천황 폐하께옵서 외치시는 만세 삼창의 의미는 만감이 교차하셨을 것 같사옵나이다.

대단하옵신 도법천존 3천황 폐하께옵서 걸어오신 길은 교과서도 없고, 앞에서 지도해 주고 이끌어주는 자도 없는 너무도 혹독한 고통과 아픔의 길, 하늘의 원과 한을 풀어드리고 하늘의 진실을 바르게 전하시옵고 천상에서 죄를 짓고 쫓겨나고 도망친 역천자, 배신자들과의 치열한 영적 대전쟁에서 드디어 대단하옵신 도법천존 3천황 폐하께옵서 최고로 멋지고 당당하게 승리하사와 귀신교가 몰락하고 있사옵고 천신의 나라 천신국이 개국하는 인류 역사에 처음이자 마지막인 대역사가 이루어졌사옵나이다.

대단하옵신 도법천존 3천황 폐하께옵서는 악과의 전쟁에서는 절대로 타협이란 있을 수 없사옵고 죽기를 각오하고 목숨걸고 가시옵고 아무리 힘들어도 피해 가고 뒤로 물러서지 않으사옵고 오직 정면돌파를 외치시며 끝까지 앞만 보고 달려오신 도법천존 3천황 폐하의 걸어오신 길을 폐하의 신하로서 따라야 함을 보여주셨사옵나이다.

최근 중부 남부지방은 마른장마이온데 어제는 갑자기 소나기가 폭우처럼 쏟아졌사옵나이다. 소신이 거래처에 간 사이에 남편이 금형을 가지러 외주업체에 갔사옵나이다. 소신이 먼저 공장에 도착하였고 잠시 후 남편이 트럭에 3톤 금형을 싣고 공장에 차를 대고 1분 후 금형을 내리려는 순간 갑자기 소나기가 폭우처럼 쏟아지는데 순간 아찔하였사옵나이다.

요즘 같은 장마철에는 거래처에 금형을 가지러 갈 때는 금형이 비를 맞지 않게 덮개를 가지고 가야 하는데 남편은 덮개를 싣지 않고 그냥 거래처를 다녀와 1분 차이로 3톤 금형이 비에 흠뻑 젖어 큰 손해를 입을 큰일이 날 뻔하였사온데 생각만 해도 아찔하사옵나이다.

"우두둑 우두둑" 폭우처럼 쏟아지는 빗소리에 남편도 하마터면 큰일 날 뻔했다고 하며 안도의 숨을 쉬었사옵나이다. 모든 것을 실시간으로 지켜보고 계시고 위기의 순간마다 지켜주시는 대단하옵신 도법천존 3천황 폐하의 하해와 같은 크고 높으신 성은임을 알기에 만세 삼창을 외쳤사옵나이다.

이렇듯 한 치 앞도 볼 줄 모르고 예상치도 못하는 위험천만한 귀신 천지 세상에 살고 있사옵나이다. 매일 아침 뉴스를 보면 밤새 많은 사건 사고로 죽고 다치고 화재와 재해로 인하여 재산을 날리는 아찔한 삶을 살아가고 있사옵나이다.

인간의 눈에 아수라, 악귀, 잡귀들이 눈에 보이지 않으니 제 정신으로 살아갈 수 있사옵나이다. 만약 눈에 보인다면 가족들, 주변 사람들, 집안의 물건들… 온통 귀신 천지인 세상에 단 몇 분도 못 살 것 같사옵나이다.

매일 이렇게 귀신 천지 세상에서 무탈하게 살아갈 수 있는 것은 모든 것이 대단하옵신 도법천존 3천황 폐하께옵서 내려주시는 천지기운, 신명정기, 천상정기, 천령정기로 실시간 시공간을 초월하여 항상 보살펴주시고 지켜주사와 무탈하게 살아가고 있사옵나이다.

매주 일요일마다 천상도법주문회에 추포된 아수라들의 극악무도한 악행을 보며 폐하의 신하 백성들이 지금껏 목숨 붙어있고 무탈하게 살아갈 수 있는 것이 도법천존 3천황 폐하의 크고 높으신 성은이사오며 황은이 망극하사옵나이다.

인간의 몸에 들어가 괴롭히고 죽이려 하고 시비 걸고 하며 고통을 주는 악신, 악령, 악마의 아수라, 악귀, 잡귀의 존재를 밝혀주셨사옵나이다.

도법천존 3천황 폐하의 추포령만 내려지면 3초도 안 걸려 수억 명의 아수라, 악귀, 잡귀가 잡혀오고 6대 지옥으로 보내는 판결을 내리사오면 바로 눈앞에서 신비로운 기적, 천지조화를 보여주사옵나이다.

막힌 일이 풀리고 아픈 몸이 좋아지고 마음이 편안하여지고 살 것 같으니 참으로 신비로운 도법천존 3천황 폐하의 내려주시는 천지기운, 신명정기, 천상정기, 천령정기의 기적에 대감동, 대감탄이사옵나이다.

빛과 불이신 도법천존 3천황 폐하! 만세! 만세! 만만세!!
빛과 불이신 도법천존 3천황 폐하! 최고이사옵나이다.

- 김○라 올리사옵나이다

신하들의 아수라와 악귀잡귀 퇴치

2019년 7월 14일 85차 천상도법주문회

오늘따라 백룡포로 정장하시옵신 도법천존 3천황 폐하와 색상을 통일한 것처럼, 하얀 슈트 차림으로 정장한 황실 근위단 경호실장 최○호 씨와 비서실장 정○혁 씨, 호위무사들의 복장이 특이하여 한참을 보았사온데, 참으로 멋져 보이면서도 낯익은 듯하여, 천상대법정의 모습을 실감하였사옵나이다.

《김○국 씨가 호출되었사옵나이다》

김○국 씨 : 차마 말씀드리기 죄송하사옵나이다. 불경스럽고, 쌍스러운 말이 나오고, 잠드는 순간 빼고는 온갖 참견까지 하니 소인의 힘으로는 불감당이라 정신과에 가서 약을 지어서 먹고 있사옵나이다. 보이스피싱 시기, 금전 문제, 천신국 못 오게 하는 악귀잡귀들이 무척 많습니다!

폐하 : 신명들은 김○국 몸과 집에 있는 아수라, 악귀잡귀 몽땅 비서실장 보라신왕 이○율 몸으로 잡아들이라!

아수라(이○율 씨) : (오자마자 우주 언어 사용) 킬스주아노의 죽음의 무도회에 오신 것을 환영합니다. 김○국 머리를 돌려 봐, 머리 돌려, 돌려, 돌려. 나 킬스주아노가 어디 있었게? 네 인생 꼬여서 미쳐버리겠지? 여기 등 쪽에 있었어. 나는 아주 먼 우주에서 왔는데, 김○국 윗대 조상과 연관이 있어.

폐하 : 그럼 김○국 몸에 언제 들어갔나?

아수라(이○율 씨) : 정확하게 15살 봄에 들어갔어. 그쪽 조상하고 웬수야. 무속과 절에선 나를 찾을 수도 없고 불러낼 수도 없어. 얘는 신 받을 팔자야, 정상적으로 살 수 없어. 너 글쓰기 싫지? 그것도 내가 그리했어!

폐하 : 네가 저 몸에서 나를 욕하고 그랬어?

아수라(이○율 씨) : 피곤하고 힘든 것 다들 똑같아.

김○국 씨 : 아수라, 시조 조상부터 너까지 모두 저주한다.

아수라(이○율 씨) : 욕설 퍼붓는 존재는 이마에! 얘야~!

폐하 : 얘가 그렇게 욕을 잘해?

아수라(이○율 씨) : 어때, 너 죽고 싶었지? 죽음의 무도회로~! 얘와 잡귀 귀신들이 다다닥 붙어 있어. 사람 몸 자체가 하나의 우주야. 아수라와 잡귀신이 총 7,865명이야, 얘는 여기 못 들어왔으면 신 받았어.

내가 영토 문제로 김○국 네 조상 때문에 들어왔지만, 내가 나간다고 크게 달라질 것도 없어. 아수라 탓하지 마라, 딴 사람과 비교하지 말고, 그냥 네 수준에 맞게 하면 되지. 내가 네 조상 때문에 칼을 갈았어.

폐하 : 자, 이제 떠날 시간 됐다.

아수라(이○율 씨) : 네 옆에 빨간 용이 나를 노려보네? 어디로 보낼 건데?

폐하 : 죽음의 무도회가 됐구나. 킬스주아노 아수라와 악귀잡귀 총 7,865명 무뇌아로 만들어 기억 삭제하고 천옥도, 지옥도, 적화도, 한빙도, 도산도, 흑해도 6대 지옥으로 압송! 각각 9천해 년씩 고문형벌 후 소멸을 명하노라.(땅, 땅, 땅!)

《이○규 씨가 호출되었사옵나이다》

폐하 : 신명들은 이○규 남편 몸과 집, 매장, 차에 있는 아수라, 악귀잡귀 몽땅 추포하여 비서실장 보라신왕 이○율 몸으로 잡아들이라!

아수라(이○율 씨) : 아우~! 힘이 없어, 왼쪽 다리가 잘렸습니다. 젊은 나이에 사고로 다리 절단 뒤 5년 후에 죽었습니다.

폐하 : 그러면 남편 몸에는 언제 들어갔어?

아수라(이○율 씨) : 그게 누군지 모르겠는데요? 여기 저와 술쟁이 할배, 총 698명입니다. 말하면 다리 고쳐줄 거예요?

폐하 : 조건 걸지 말고, 누가 이○규를 닦달하며 들볶냐?

아수라(이○율 씨) : 이 여자가 남편보다 다른 데 관심을 두니까, 그 술쟁이 할배 말로는 남편을 배신했다는 데요?

폐하 : 신명은 그 할배 잡아와라!

할배(이○율 씨) : 술~! 술 없어? 이 여자가 다른 데 눈 돌리는데, 눈꼴시럽네! 남편이 하늘이지, 어디다가 하늘이래?

폐하 : (이○규를 귀찮게 꼭 끌어안자) 팔부터 잘라라, 무르팍도 잘라라! 입이라고 함부로 말하는 거야?

할배(이○율 씨) : 남편이 하늘 아니야? 우리 때는 다 그랬어, 배고프고, 갈 데가 없어서 들어갔어. 아니, 생각해봐. 자기 남편이 하늘이지, 너를 보니까 내 마누라가 생각나더라구.

폐하 : 그래서 그 몸에 들어가서 이○규 닦달을 했어? 남편이 술은 좀 먹나?

할배(이○율 씨) : 아니, 남편을 배신하는 저런 며느리 들어올까 봐, 어떤 남편이 가만있겠나? 그래! 내가 그 몸에 들어가서 술 마시고, 그랬다, 남편하고 왜 살아? 계속 주절주절…!

폐하 : 자기 할 말은 다 하네! 모두 무뇌아로 만들어 기억 삭제, 천옥도, 지옥도, 적화도, 한빙도, 도산도, 흑해도, 6대 지옥으로 몽땅 압송! 각각 9천해 년씩 고문형벌 후 소멸을 명하노라!(땅, 땅, 땅!)

《손○희 씨가 호출되었사옵나이다》

폐하 : 잡귀신들이 얼마나 많으면 관등성명조차 못 대나?

사연 : 등이 결리고, 아프고, 오른손 마비, 머리 아프고, 발톱

무좀, 졸음이 쏟아지고, 골반 비뚤어짐, 화장실과 보일러실에 악귀잡귀 많은 것 같음, 시도 때도 없이 밥을 먹고, 과자도 자주 먹음, 금전 부르는 주문 생각나지 않음. 악귀잡귀 퇴치해야 돈도 해결될 것 같음.

폐하 : 신명들은 손○희 문제 일으키는 아수라와 악귀잡귀 몽땅 추포하여 비서실장 보라신왕 이○율 몸으로 잡아들이라!

아수라(이○율 씨) : 우주 언어로 지껄이며, 황태자 ○! 와우~! 오랜만이야, 아주 오랜만에, 황태자 ○! 예를 올려드리겠습니다. 그래도 되겠습니까?

폐하 : 생략해! 안 받는다.

아수라(이○율 씨) : 황태자 ○ 폐하! 저의 존재가 궁금하시죠? "데미온수쿨라" 기분 나쁘십니까? 내 친구 "보슈퓨마" 어디 갔어요?

폐하 : 6대 지옥으로 갔어! 가서 고문형벌 받고 있어, 저 몸엔 언세 들어갔나?

아수라(이○율 씨) : 손○희 41살 때, 머릿속에 들어가서 왔다 갔다 했어. 내 친구들 아수라 총 785명, 나는 보수퓨마 친구였는데, 지난주에 보슈퓨마 끌려갔다고 들었어…!

폐하 : 너도 손○희 사랑했어?

아수라(이○율 씨) : 나는 사랑보다 손○희를 정신없게 하려고!(여기가 진짜인가 아닌가 하는 생각 들게 하려고)

폐하 : 손○희가 기억력이 많이 감퇴되었는데 네가 그랬어?

아수라(이○율 씨) : 기억은 여기 할머니들, 잡귀신 엄청 많아, 891명. 할머니들이 많다, 나는 옥황천궁에서 멀리 떨어진 곳에서 왔어~!

폐하 : 그 먼 곳에서 뭐 하러 왔니?

아수라(이○율 씨) : 천상에서 소문났거든, 나는 황태자 ○ 찾으러 온 게 아니고, 손○희 방해하러 왔어. 애가 없는 게 다행이다. 인간이 태어날 때, 수백의 영체가 먼 차원으로 퍼져나가. 결국 수백 명의 손○희가 있지. 손○희 식탐은 109번째 차원에 있는 남자 요리사 손○희가 먹돌이라서 그래.

다른 영체에서는 결혼 없는 곳도 있어. 손○희는 태어날 때부터 신기가 있어. 몸이 무겁고 피곤한 거는 뭔가 보이는 게 있어서 그래! 메시지 받는 게 남다르다고!!

폐하 : 손○희가 처음 여기에 9년 전 올 때는 아주 죽을 지경이었는데, 그것은 누가 그랬냐?

아수라(이○율 씨) : 조상들이 천상입천해 달라고 그런 거야. 자궁 쪽에 낙태 영가 158명, 잠 오는 것도 붙었어, 손○희 너 보슈퓨마 말을 믿었어, 안 믿었어? 그것 진짜거든, 아수라 말은 다 거짓말이라고 생각하지 마!!

손○희 씨 : 복통이 심합니다, 잔뇨와 잔변도 있고요!

아수라(이○율 씨) : 잔변과 잔뇨는 할망구! 오로지 황태자

○ 폐하께서 여기에 계시기에 천상에 있는 것이 모두 이리로 온 것이야!! 천상에도 고속도로를 달리는 독일의 아우토반 같은 것도 있어!

천상에서는 차에 날개도 있어! 황태자 ○ 폐하께서 출발하시면 대신들, 제후들, 친구들 따라가니 카 레이스가 되는 것이야!! 스파이더맨, 슈퍼맨, 007 시리즈, 어벤져스, 히어로 영화들 모두 황태자 ○ 폐하 보시라고, 천상에서 보낸 것입니다.

모두들 천상에서 이런 모습 아니에요, 신○연 씨, 이○숙 씨, 유○숙 씨, 신○선 씨도 마찬가지로요! 안 믿었지? 내 눈엔 다 보이는데, 누구랑 썸씽 있었는지! 6대 지옥은 앞으로 지옥이 더 늘어날 것입니다. 지금 황룡이 죄인 주제에 말이 많다고 저에게 불을 뿜으려고~!

폐하 : 데미온수쿨라와 악귀잡귀 몽땅 무뇌아로 만들어 기억삭제하여 천옥도, 지옥도, 적화도, 한빙도, 도산도, 흑해도 6대 지옥으로 압송! 각각 9천해 년씩 고문형벌 후 소멸을 명하노라!(땅, 땅, 땅!)

아수라(이○율 씨) : 끌려가면서도 계속해서 ○희, 안 돼! 너무 뜨거워!

손○희 씨 : 배 아픈 것이 많이 좋아졌사옵나이다.

《차○옥 씨가 호출되었사옵나이다》

폐하 : 신명들은 차○옥 몸과 집안, 병원 등의 아수라, 악귀

잡귀 몽땅 비서실장 보라신왕 이○율 몸으로 잡아들이라!

아수라(이○율 씨) : (오자마자 방울 흔들고) 애가 천신 제자가 될 운명입니다. 반은 불사할미, 반은 대신할미 얼굴, 너는 천신 제자가 되어야 한다.

폐하 : 야! 여기가 천신국이야~!

아수라(이○율 씨) : 너는 잘못 들어왔어, 우리 줄이야.

폐하 : 너, 언제 차○옥 몸에 들어왔어?

아수라(이○율 씨) : 2살 때 들어왔어요, 폐하께서는 마치 염라대왕처럼 보여요. 거기도 줄이 강하시네요? 무속 우습게 알면 벌받아! 여태껏 왜 안 나왔을까? 여기 오면 좋은 데 갑니까?

폐하 : 여기선 무속세계 선전하지 마! 무속세계 멸살이다. 몇 명이나 들어 있어?

아수라(이○율 씨) : 애기 귀신, 동자 귀신, 다 합쳐 928명. 네 머리가 뺑뺑 도는 것은 나의 세계에서 너에게 얘기하는 거야. 누구는 신 받고 싶어 받나요? 그쪽 라인에서 약속했으니 받지! 내가 얘 무속세계 대모야, 대모! 정신없이 주절댄다.

폐하 : 네가 무속세계에서 말하는 신들은 다 역천자야, 야! 시끄럽다. 아, 시끄러! 참 말도 많다. 차○옥 몸에 있는 대신할미, 불사할미 아수라와 악귀잡귀 몽땅 무뇌아로 만들어 기억 삭제! 천옥도, 지옥도, 적화도, 한

빙도, 도산도, 흑해도 6대 지옥으로 압송! 각각 9천해 년씩 고문형벌 후 소멸을 명하노라!(땅, 땅, 땅!)

아수라(이○율 씨) : (끌려가면서도) 아이고~! 우리 제자야, 우리 제자! (울면서) 차○옥, 차○옥 ~! 앗 뜨거워!

폐하 : 모두들 무당 안 된 것 감사해라!

빛과 불이신 도법천존 3천황 폐하!!

김○국 씨 악귀잡귀 퇴치에서 죽음의 무도회에 온 것을 환영한다는 킬스주아노는 영토 문제로 윗대 조상님과 원한이 맺혀서 후손인 김○국 씨를 괴롭혔사옵고, 이○규 씨 남편 몸에 있던 술쟁이 할배는 지 남편이 하늘이지, 어디서 다른 하늘을 삼느냐고 끝까지 주절대었사옵나이다.

또한 손○희 씨 몸에 들어간 데미온수쿨라는 친구를 찾았으나, 손○희 씨를 방해하여, 천신국에서 떼어내려 한 자로, 손○희 씨가 신기를 타고났으며, 무조건 다 귀신 탓을 하지 말라고 하였사옵고, 차○옥 씨 몸의 대신할미, 불사할미는 차○옥 씨의 부속세계 대보라며, 미련을 버리지 못하었사옵나이다. 이들 모두가 어찌나 말들을 잘하는지 소신은 넋이 나갈 지경이었사옵나이다.

게다가 이들은 일반적인 귀신과 달라 무속, 성당, 교회 등에서는 찾아낼 수조차 없음에 놀랐사옵나이다. 그들 모두는 오직 천신국 태상천궁의 빛과 불이신 도법천존 3천황 폐하의 천지대공사에서만이 찾아내시고, 심판하실 수 있음을 알았사옵나이다. 아수라들이 폐하를 먼저 알아보니, 참으로 위대하시고 대단하옵신 하늘이시옵나이다!!

《이○순 씨가 호출되었사옵나이다》

사연 : 코에 문제가 있고, 어깨, 허리 디스크, 열이 나고, 등도 아프며, 배는 무겁고, 치질 등이 있으며, 가족들도 몸이 아픔. 남편, 딸, 아들, 사위 등등.

폐하 : 신명들은 이○순 사연의 모든 대상자들을 당장 추포해서 비서실장 보라신왕 이○율 몸으로 잡아들이라!

아수라(이○씨) : 황태자 ○ 폐하! 대단하십니다. 성공하셨네요? 오늘 여기 백룡들이 어마어마한데, 여의주를 물고 있네요? 오늘 승천하십니까? 폐하께서 도솔천궁에서 공부하실 때, ○ 폐하! 기운 받으려고 다녔는데, 도솔천궁 2차 반란 때 정보를 입수해서 퍼뜨려 페로마드라 행성에서 쫓겨났습니다. 사람의 몸이 소우주로 내가 이○순 조상대에 인연이 있었어요.

폐하 : 그럼, 언제 들어갔나?

아수라(이○율 씨) : 35살 때 들어갔지, 인생 안 풀린다고 점집 가봐야 나 못 찾지! 이○순! 너무 자식 자식 하지마, 천상 태상천궁 올라가면 자식 따로, 나 따로야. 천상에 올라가서도 공부 엄청합니다. 자식이고 뭐고 그게 문제가 아니에요! 계속 공부, 공부, 공부!

폐하 : 야~! 이○순의 집 못 팔리게 막는 게 누구냐?

아수라(이○율 씨) : 고양이가 막고 있어요. 이○순, 너와 네 자식은 별개야, 진화를 해야 해.

폐하 : 고양이가 왜 막아. 모두 몇이나 있어?

아수라(이○율 씨) : 이유가 있겠지. 아주 별의별 귀신이 많아요. 와! 2,650명. 고양이가 전생의 남편으로 이○순이 헤어지자고 해서 자살했습니다. 이○순은 내 거라고, 지금 남편을 못 잡아먹어서 안달입니다.

딸이 아기 없는 것은 원혼 귀신이 딸 몸에 있어서 그래. 자식들은 다들 지가 잘 나서 큰 줄 알아, 남편에 대한 미련도 버려. 그냥 사는 데까지 살아. 오늘부터 좀 마음 편하게 살아! 태상천궁 가봐. 나 살기 바빠!!

폐하 : 이제 이○순 관련된 아수라와 악귀잡귀들 몽땅 무뇌아로 만들어 기억 삭제! 6대 지옥으로 압송! 각각 9천해 년씩 고문형벌 후 소멸을 명하노라!(땅, 땅, 땅!)

이○순씨 : 허리 아픈 것이 지금 엄청 좋아졌사옵나이다. 감사드리사옵나이다.

《신○연 씨가 호출되었사옵나이다》

사연 : 무릎 관절, 혈압, 영체가 보임, 부정맥으로 응급실 감, 현기증, 머리 아픔, 귀에 이명, 소변 자주 봄, 왼쪽 얼굴 마비, 아들과 며느리 종교 다님, 죽고 싶은 마음, 굼벵이가 집에 떨어짐, 오른발이 저림.

폐하 : 참 사연도 종합병원이구나. 신명들은 저 사연에 관계된 존재들 모두 추포하여 비서실장 보라신왕 이○율 몸으로 잡아들이라!

아수라(이○율 씨) : (오자마자 울며) 신입니다. 저는 신○연을 수녀로 이끌려고 내려왔던 신입니다.

폐하 : 신○연, 성당 40년이냐?
신○연씨 : 성당이 아니고, 교회 40년입니다.

아수라(이○율 씨) : 그 넓은 우주에는 수녀들만 모여서 수행하는 곳도 있습니다. 사람이 태어날 때 다 지켜보다가, 자신에게 맞는 인간 몸 안에 들어갑니다. 수융민사진입니다.

폐하 : 몇 명이나 잡혀왔어?
아수라 수융민사진(이○율 씨) : 저와 남자아이 귀신들, 할머니, 처녀 귀신, 머릿속에는 낙태아 등 총 532명입니다. 저는 실패했습니다. 종교인들 몸 안에서 이끌어가는 역천자 행성이 아주 방대합니다.

폐하 : 신○연 몸에서 인생을 힘들게 하고, 아프게 했으니, 심판을 받아야지.
아수라 수융민사진(이○율 씨) : (흐느끼며) 예수를 찬양하는 행성도 있습니다. 그들은 인간 몸으로 들어가서 종교 지도자, 목사, 신부, 수녀 등등으로 이끌어갑니다. 역천자의 기운을 받는 자도~!!

폐하 : 수융민사진과 532명, 악귀잡귀 몽땅 무뇌아로 만들어 기억 삭제! 6대 지옥으로 압송! 각각 9천해 년씩 고문형벌 후 소멸을 명하노라!(땅, 땅, 땅!)
수융민사진(이○율 씨) : 울면서 발버둥 치며 끌려감.

《공○영 씨가 호출되었사옵나이다》

폐하 : 관등성명이 끊기니, 얼마나 일을 방해하는 아수라가 많으면! 신명들은 공○영의 몸과 집, 사무실, 차에 있는 부동산 매매 힘들게 하는 아수라, 악귀잡귀 몽땅 비서실장 보라신왕 이○율 몸으로 잡아들이라!

아수라(이○율 씨) : 어휴! 아우~! 내가 공○영 몸에 있던~! 나는 이름이 없는데.

폐하 : 네가 공○영 부동산 매매 계약 방해했어?

아수라(이○율 씨) : 저는 그런 것과 상관없이, 공○영이 인간으로 태어나기 직전에 들어갔어요. 제가 공○영을 조금씩 이끌어준 것도 있는데~!

폐하 : 이끌었는데 네가 왜 잡혀왔나?

아수라(이○율 씨) : 융합천체라는 그런 곳입니다.

공○영 씨 : 귀가 이명이 심하고, 여러 가지로 안 좋은데, 잡신이 들어온 것 같습니다.

폐하 : 잡신 잡아들여!

잡신(이○율 씨) : (손을 싹싹 빌고) 산신님? 아이구~! 산신님! 제가 공○영을 데려가려 했는데 실패했습니다. 제 눈엔 산신님으로, 폐하로? 공○영, 얘는 부동산이 아니고, 무당이 되어야 할 팔자인데 이러고 있으니!

폐하 : 너희 잡신들이 하는 것은 다 소멸하노라! 공○영 부동

산 매매 방해하는 상대방 이름 대라!

공○영 씨 : 석○○, 송○○, 이○○ 등 명의자가 있습니다.

폐하 : 그들 몸의 아수라, 악귀잡귀 몽땅 비서실장 보라신왕 이○율 몸으로 잡아들이라!

아수라(이○율 씨) : 조상이다. 내가 그 몸 안의 주인이었지!

폐하 : 매매계약 성사 방해했냐? 나머지는 몇 명이나 있냐?

아수라(이○율 씨) : 조상은 나 하나, 귀신들은 375명, 주로 사고로 죽은 자들. 그런데 너는 누구니? 왜 그 의자는 높니? 여기 용들은 뭐야? 용들이 왜 이렇게 많니?

폐하 : 너 잡아가려고, 용들이~!

아수라(이○율 씨) : 얘는 신의 제자로 가야 되는 애야, 내가 볼 때는 너도 그런 것 같은데? 너도 신의 제자니? 와우~! 별, 별이 엄청나! 너는 어디 쪽이니?

폐하 : 하늘 줄이다.

아수라(이○율 씨) : 어디 하늘 줄? 얘는 신 제자가 되면 돈 엄청 벌 건데, 엉뚱한 것 하니 돈이 안 벌리지! 어마어마하게 돈 벌 건데, 무당이라고! 신의 제자라고 해야지!

폐하 : 여기는 하늘의 제자다. 자, 오늘 추포된 조상과 아수라와 악귀잡귀를 몽땅 무뇌아로 만들어 6대 지옥으로 압송! 각각 9천해 년씩 고문형벌 후 소멸을 명하노라!(땅, 땅, 땅!)

《권○관 씨가 호출되었사옵나이다》

사연 : 눈이 침침, 화장실 자주, 가슴 통증, 속 쓰림, 생각이 안 남, 술과 담배를 다시 시작함, 건망증 심함, 팔다리 쥐가 남, 모친과 형님까지 여러 가지로 힘든 상황.

폐하 : 권○관 사연에 관계된 아수라, 악귀잡귀들을 비서실장 보라신왕 이○율 몸으로 싸그리 잡아들이라.

아수라(이○율 씨) : 여기, 제 남자(권○관) 친구예요! 제가 처녀인데 17살에 바닷물에 빠져 죽었어요. 그 전날엔 모닥불 피워놓고, 재미있었는데, 히히~(노래 시작 : ~밤하늘에 반짝이는 별빛도 아름답지만~)

폐하 : 언제 들어갔어?

아수라(이○율 씨) : 언제인지는 모르고, 빛을 따라 들어갔어요! 너무 좋더라구요.

권○관 씨 : 나는 죽겠더라!

폐하 : 그 몸에 몇이나 있나?

아수라(이○율 씨) : 여기 328명이요, 제가 너무 어린 나이에, 결혼도 못 하고, 바닷물에 빠져 죽었어요!

폐하 : 신명은 왜 17살에 죽었는지 가르쳐줘라!

아수라(이○율 씨) : 저는 천상이 아니라, 노긴사 별(행성)에서 왔대요. 공부하던 여학생인데, 데모해서 쫓겨났어요, 다른 곳에서 윤회하다 마지막에 지구에 태어나서 인간으로 살았는데, 죽기 전엔 교회 다녔대요.

폐하 : 교회 다녔는데, 왜 구원이 안 되었나?

아수라 처녀귀신(이○율 씨) : 예수 이름도 안 나와요, 너무 추워서, 제가 여기 몸에 있을 때, 진짜 진짜 편했거든요. 이제 어떡해요?

폐하 : 너는 어디서 물에 빠져 죽었냐?

아수라 처녀귀신(이○율 씨) : 삼척 해변에서 죽었어요.

폐하 : 이름은?

아수라 처녀귀신(이○율 씨) : 최○경이에요.

폐하 : 저 처녀 귀신과 권○관에 관계된 아수라, 악귀잡귀 모두 무뇌아로 만들어 기억 삭제! 6대 지옥으로 압송! 각각 9천해 년씩 고문형벌 후 소멸을 명하노라!(땅, 땅, 땅!)

아수라 처녀귀신(이○율 씨) : 안 돼~! 가기 싫어요! 안 돼, 뜨거워요!

폐하 : 권○관이 총각이니, 처녀 귀신이 들어왔네. 온통 귀신 투성이구나!

《김○석 씨가 호출되었사옵나이다》

폐하 : 신명들은 김기석에 관련된 아수라, 악귀잡귀 몽땅 비서실장 보라신왕 이○율 몸으로 잡아들이라!

아수라(이○율 씨) : 왓티노블락 어디 갔습니까?

폐하 : 6대 지옥으로 갔어, 넌 누구냐? 몇 명이냐?

아수라(이○율 씨) : 나는 뷔안드레용인데 왓티노블락이 내 친구였습니다. 더럽고 치사해서… 우리 김○석과 집에 엄청 많은데, 6억 4천 명, 엄청나지? 왜 많을까? 김○석 내면 안 심장 주변 그곳에 별이 있고, 행성도 있어! 사람의 몸이 소우주라고 보면 돼.

폐하 : 거기 왜 들어갔어?

아수라(이○율 씨) : 내 친구 왓티노블락이 그리로 가라 했지. 우리 황태자 ○ 폐하께서 아수라 빼는 것은 좋다구요. 빼도 인 좋으면 이떡합니까? 김○석은 무속 쪽 귀신, 애기 동자까지 많아요.

폐하 : 가게 매상은 누가 떨어뜨렸나?

아수라(이○율 씨) : 매상 문 앞에 2m가 넘는 키 큰 원귀가 있어, 죽기 전에 도를 닦았는데, 상급 임원한테 배신당해서 자살한 귀신이 막고 있어서 그래요.

폐하 : 그 원귀 잡아들이라! 네가 문 앞을 가로막았냐?

원귀(이○율 씨) : 김○석 몸에서 빛이 보이고, 별도 보이고, 나는 저런 인간은 처음 보아서, 얘를 내 거로 만들어서, 도 닦는 내 뜻을 이루려고!

폐하 : 김○석은 네 분신이 아니니라!

아수라(이○율 씨) : 나는 못 떠나요, 얘가 내 분신입니다.

폐하 : 김○석의 하지 정맥류는 누가 발생시켰니?

아수라(이○율 씨) : 그건 할머니와 50대 아줌마가요.

폐하 : 하지정맥류 발생시킨 할머니와 아줌마 귀신 잡아들이라. 너희들이 김○석 종아리에 들어가서 하지 정맥류를 발생시켰어?

할머니(이○율 씨) : 다리가 많이 아팠습니다. 애들한테 할 말도 못 하고, 미리 유서를 써놔야 됩니다.

폐하 : 김○석의 팔다리 땀나게 하는 귀신은 누구냐?

아수라(이○율 씨) : 그것도 할머니, 아줌마가 이것저것 문제 일으키고~! 저는 못 떠납니다. 김○석은 나의 분신입니다.

폐하 : 지금부터 뷔안드레용과 6억 4천 아수라, 악귀잡귀 무뇌아로 만들어 6대 지옥으로 압송하고 각각 9천해 년씩 고문형벌 후 소멸을 명하노라!(땡, 땅, 땅!)

이○순 씨 몸에는 집 매매를 방해하는 고양이가 있으면서, 이○순 씨가 전생의 아내라며 내 거라고 했사옵고, 신○연 씨 몸의 수융민사진은 그녀를 수녀로 만들려고 했사오며, 공○영 씨 몸에 있던 아수라는 그가 부동산 업종이 아니라 만신이 되면 떼돈을 번다고 지껄였사옵나이다.

또한 권○관 씨 몸에 있던 처녀 귀신 아수라는 우주별에서 데모하여 쫓겨나서 마지막에 지구로 왔으나, 물에 빠져 죽었으며, 총각 권○관 씨 몸속에 있으니 너무 좋다고 하여 어이가 없었사옵나이다. 한편 김○석 씨 몸에 있던 뷔안드레용은 김○석 씨 심장 쪽에 별도 있고 행성도 있다고 하였사옵고, 가게 매상을 떨어뜨리는 원혼 귀신은 그를 이용하여 도 닦는 꿈을 이루겠다고 하였사와 참으로 제각각 다른 사연으로 인간의 몸을 차지하고 있었사옵나이다.

이에 인간의 몸이 천상의 3천궁으로만 연계되는 것이 아니라, 우주의 여러 행성들과도 연결되며, 천상으로 올라가서도 끝없이 공부해야 함에 놀랐사옵나이다. 빛과 불이신 도법천존 3천황 폐하의 무소불위하옵신 대도력, 대천력, 대신력의 천지기운으로 밝혀지는 천상세계 진실은 참으로 무궁무진, 상상초월, 경천동지였사옵나이다!!

- 상○숙 올리사옵나이다

"아수라와 악귀잡귀들은 생전에 자신이 하고 싶었던 것, 못다 했던 것을 인간의 육신을 빌려 대리 만족을 하는 것이니라. 멀쩡한 사람이 하루아침에 이상한 행동을 하게 되는 것은 아수라와 악귀잡귀가 들어왔다는 신호이니라."

"정신이 멀쩡한 사람이 어느 날 갑자기 상식적으로 납득이 가지 않는 행동을 하게 되면 모두 인간이 저지른 행동이라고만 판단해 버리고 당사자는 사회적으로 매장되어 버리는 안타까운 일이 발생하여도 일반 사람들은 악귀잡귀의 짓인지, 원인도, 사전에 예방하는 방법도, 해법을 알 수 없느니라. 악귀잡귀들에게 빈틈을 보이지 말라."

심○영 아수라 군강치하혁 심판 퇴치

심○영 긴급 문자메시지

폐하! 소신 미칠 것 같사옵나이다. 가슴이 답답하고 화가 치밀어 오르며 짜증나고 부정의 생각들로 머릿속에 꽉 차 있사옵고, 비행기 타고 제주도로 오는 도중에 갑자기 몸이 가렵기 시작하더니 친정집에 도착하고 보니 온몸이 뭐에 물린 것처럼 가려워 미치겠사옵나이다.

가슴이 답답하고 짜증이 계속 올라오면서 좀처럼 가라앉질 않고 있사옵나이다. 걷잡을 수 없는 이 짜증과 분노가 소신을 미치게 만들 것 같사옵나이다. 제발 소신 살려주시옵소서! 오늘 도법주문회에서 폐하를 뵈올 때만 해도 너무 기분도 좋았사옵고 폐하를 향한 마음이 그지없이 충만했사온데 어찌 된 게 나중에는 폐하가 미워지기 시작했사옵나이다.

아수라와 악귀잡귀 추포해서 6대 지옥으로 압송 후 증상인데 가슴이 좀 편안해졌사옵나이다. 아까는 숨쉬기가 힘들었사온데, 기분도 밝아졌사옵나이다. 뭔가 가슴이 뻥 뚫린 것 같사옵나이다.

네… 폐하 감사드리사옵나이다. 소신을 살려주셨사옵나이다. 이제는 살 것 같사옵나이다. 지금 생각해 보사오면, 비행기에서부터 막 짜증이 올라온 것 같사옵나이다. 감사드리사옵나이다. 폐하! 항상 감사드리사옵나이다. 이 시간에도 천지공사로 인해 잠 못 들고 계시온데 송구하사옵나이다. 몇 시간 동안 힘들었던 마음이 신기하게도 눈 녹듯이 사라졌사옵나이다. 감사드리사옵나이다.

약을 바르긴 했사온데 미치도록 가렵던 증세는 없사옵나이다. 네, 폐하 감사하사옵나이다. 가려움이 피부 속에서 올라오는 것 같사와 너무 가려워 어찌해야 할지 난감했사온데 가라앉으니 살 것 같사옵나이다. 감사하사옵나이다. 소신 힘으로는 제어가 되지 않았사옵나이다. 역시 폐하의 능력은 최고이사옵나이다.

아수라와 악귀잡귀들은 사람 몸속으로 들어와서 온갖 나쁜 짓을 일삼으며 사람들이 아파하고 힘든 모습을 즐기고 기뻐하며 박수 치는 아주 악랄한 존재를 도법천존 3천황 폐하께오서 퇴치를 하오심은 천신국에 입문한 신하 백성들에겐 천운아 행운아이사옵나이다.

아수라와 악귀잡귀 퇴치는 도법천존 3천황 폐하께오서만 유일하사옵고, 종교 교주들은 퇴치할 수도 없고, 흉내조차 낼 수 없으며, 인류의 심판자와 구원자로 오신 도법천존 3천황 폐하의 천지대공사 집행으로 아수라들인 악신, 악령, 악마와 악귀잡귀를 퇴치하여 주시어 황은이 망극하사옵나이다.

남편의 아수라와 악귀잡귀 퇴치 후기

심○영 남편 몸에 아수라 블루탄준 외 아수라 총 2,891명/일반 잡귀신 670명 6대 지옥도로 압송하여 퇴치

아수라 블루탄준 : 붉은 빗물이 흐르는 것에 잡귀신들도 아주 재미있구나. 창문 밖으로 붉은 빗물이 흐르고 있는데 핏물이니라. 나는 그 몸에 들어 있던 악신이다. 저 붉은 빗물을 마셔보지 않겠느냐? 나의 기운이 들어가 있도다. 저 붉은 빗물은 피이다.

나는 인간의 마음을 이리 뺏다 저리 뺏다 약 올리는 것이 재미있어, 될 듯 하다가 마지막에 엎어버리지. 상대방을 약 올리는 것이 재미있다. 상대방을 약 올려 피눈물 나게 하고 하~하~ 재미있도다. 난 표경의 수하이다. 상대방의 눈에 피눈물 흘리는 것이 재미있어. 속이 뒤집히는 것이 재미있다.

폐하 : 언제 들어왔어?
아수라 블루탄준 : 오래전부터 있었다. 몇십 년 되었다.

폐하 : 남편에게 빵집도 네가 하라 시켜서 손해 보게 했어?
아수라 블루탄준 : 아주 약 올리는 거 재미있어. 잡귀신들도 내 명을 받들어. 내가 빵집 하라고 시켰어. 잡귀신들

이 나의 명을 받들었어. 손해 입히게 만들라고… 왜, 그랬을까? 나는 너무 재미있거든. 인간의 몸을 조정하고 머리를 어지럽히고 판단을 흐리게 하는 그것이 내 임무야. 약 올리는 것이 너무 재미있어. 남의 인생 망가뜨리는 것이 재미있어.

폐하 : 천상에서 뭐했어?

아수라 블루탄준 : 역천자가 되어버렸지. 원래는 충신이었었는데 충성파였거든. 내가 어찌 이리 되었나? 황태자 ○를 도우려 했었는네… 우리의 주군은 표경(자미인황=반란 괴수)이니라. 저 밖에 흐르는 붉은 빗물. 내 이름 궁금하지? 나의 이름은 악신 블루탄준이야.

표경의 명을 받들어 종교세계에 들어가 있었지. 주로 나는 무속 쪽에 있었어. 신도들 찾아오면 망가지는 기운을 뿌려대었어. 아주 그 인생 망가뜨리고 끝장 내버리고 싶었거든. 심○영과 남편 둘 사이를 갈라놓아 이혼시켜 파멸시키려는데 황태자 ○가 방해했어! 내 손아귀에 넣고 흔들려는데 방해해?

폐하 : 아수라 블루탄준 네가 피눈물 흘려야지?

아수라 블루탄준 : 백룡들이 왜 저리 많지? 아주 둘 사이를 망가뜨리려고 했는데 황태자 ○! 네가 나를 붙들어왔구나. 심○영과 남편 몸 둘 다 아프게 만들고… 내 작전을 황태자 ○가 방해하는 거야? 기가 막히도다. 얼음지옥 한빙도에서 출동한 백룡들은 불을 뿜으며 나를 노려보고 있구나. 백룡들이 총 6,444마리가 하강했네.

폐하 : 아수라들은 몇 명이냐? 남편 몸 안에 아수라들은 총 2,891명이고, 잡귀신들은 670명이다. 귀신 천지이고 악신 천지야. 부부싸움 일으키고 갈라지게 하는 게 재미있잖아? 불신하게 만들어 천신국에 못 가게 하려고 했다.

심○영도 천상 태상천궁으로 못 올라가게 하려고 방해했어. 인간으로 태어난 것이 죄야! 사람 몸에 귀신들이 엄청 많이 들어가 있어. 그런데 일반인들 몸에도 그렇게 많이 들어가는데 몸에서 빛이 나면 얼마나 더 많이 들어갈까?

재미있도다. 망가뜨리고, 망가뜨려서 분란 일으키게 하고 둘의 사이를 갈라놓아야 하겠구나. 내가 심○영과 남편 정신 돌아버리도록 만들었다. 아주 볼만해, 마음고생 좀 해봐라. 내가 그 몸 안에서 이리저리 흔들어대면서 나의 기운 들어간 붉은 빗물을 뿌리고 있었다.

저 붉은 빗물은 나의 정기와 천기가 들어가 있어. 무속세계에도 들어가 있고 우리 황태자 ○께서는 무속세계 천박하게 생각하지 마라. 악귀잡귀, 잡귀신들도 모두 다 인간의 삶을 망가뜨리려고 하지. 돈을 잃게 만들고 부부, 연인, 친구 사이도 갈라놓고, 형제, 자매도 싸움 일으키지.

어~허~허 인간들이여! 왜 사는가? 어리석도다. 신을 무시하면 안 되느니라. 무속인이 되는 것은 어찌 보면 살려주기 위한 길이다. 왜냐하면 무속인이 되는 이유는 윗대 조상에서 기운이 넘치고 있어서 그래. 그것을 거부하면 풍비박산 나! 한 가문 자체가 산을 거부한다는 것은 있을 수가 없다.

폐하 : 내가 말하는 신은 틀리니라. 네가 말하는 점 보고 굿하는 무속신은 죽음의 길로 가는 역천자의 길이고 자손대대로 무당 팔자가 내려간다. 나를 통해서 무속신의 기운을 끊어내지 못하면 신내림 받아서 무속인의 길을 가야 해. 남녀 모두 신기 때문에 신을 받아야 하나 말아야 하나 갈등하는 사람들이 참으로 많은데 천신국에 들어오면 신 안 받아도 돼.

아수라 블루탄준 : 왜 싸움 좀 일으켜 보고 돈도 잃게 만들어 정신 사납게 만들고 즐겨야지. 인간과 잡귀신들도 원과 한도 마찬가지이고 남 잘되는 꼴 못 보지. 우린 인간들의 정신을 빼려고 해. 잡귀신들도 그 몸 안에 들어가서 몸과 마음을 마구 흔들어대는 거야. 홀랑 뒤집어지게.

아침에는 이런 마음, 저녁에는 저런 마음, 왜 이렇게 혼돈스러울까? 몸 안의 귀신들 생각이겠지. 재미있다! 망가뜨리는 것이 너무 재미있고 돈 다 잃고 거지된 모습 재미있네. 추포된 아수라 블루탄준과 수하 아수라 2,891명과 일반 잡귀신 670명은 뇌와 골수를 제거하여 무뇌아로 만들어 기억을 삭제시켜 서로 알아보지 못하게 하라.

계시와 메시지, 기운을 인간들에게 뿌리지 못하게 완전 차단시켜서 6대 지옥인 천옥도, 지옥도, 적화도, 한빙도, 도산도, 흑해도로 압송하여 각각 9,000해 년씩 고문형벌 집행 후에 소멸을 명하노라!

도법천존 3천황 폐하께옵서 내려주옵신 소신의 남편 몸에 있던 아수라 악신 블루탄준 퇴치 과정을 읽어보았사옵나이다. 아수라들이 남편 몸에서 마음을 좌지우지 흔들었사와 괴롭히고 끝내는 막판 뒤집어지도록 만들었사옵고, 금전 손해를 끼치게 만들었다니 너무나 어처구니가 없사옵나이다.

계약까지 해놓은 상황에서 갑자기 안 한다고 우기더니 오히려 본인이 더 큰소리쳤사와 감을 잡을 수가 없었사옵나이다. 지금껏 이런 일이 한두 번이 아니었사옵나이다. 이 일 외에도 3년 전쯤에도 2번이나 가게를 우겨서 해놓고 못 한다고 하니 얼마나 당황스러웠고 분통이 터졌는지 모르사옵나이다.

다 원인이 아수라들의 간교한 계략이었다니 폐하께오서 퇴치하여 주시옵고 6대 지옥으로 9천해 년씩 돌고 돌아 소멸의 명을 내려주시어 통쾌하사옵고, 황은이 망극하사옵나이다.

아수라들인 악신, 악령, 악마들과 악귀잡귀, 귀신들을 퇴치하면서 확실히 알게 된 것은 인생을 뒤집어 엎어버리는 존재가 아수라들이었고, 질병을 유발시키는 존재가 악귀잡귀들이란 엄청 귀한 진실을 체험하였사옵나이다.

천신국에 들어오지 못한 세상 사람들은 인생이 힘들어지면 무속이나 절에 찾아가서 조상굿과 천도재를 하는 것이 일반적이고, 몸이 아프면 병원에 가거나 약국에서 약을 사 먹는데, 아수라와 악귀잡귀들을 빼내지 않는 이상 나아질 것이 하나도 없다는 사실을 알았사옵나이다.

심○영 아수라와 악귀잡귀 퇴치 후기

천신의 나라 천신국 태상천궁의 위대하옵신 도법천존 3천황 폐하께옵서 매주마다 천상도법주문회를 열어주시옵고, 폐하의 신하 백성들을 폐하의 보호막 속에서 지켜주시고 살려주려 하옵시는 폐하의 크신 사랑을 항상 느끼고 있사옵나이다.

천상의 3천황 폐하, 3황후 폐하, 도법천존 3천황 폐하의 천지기운, 신명정기, 천상정기, 천령정기의 맑고 깨끗한 청정 기운을 맘껏 받고 오사오면 더럽고 추한 기운들이 다 빠져나감을 느끼사옵나이다.

오직 도법천존 3천황 폐하를 향한 충만한 마음, 행복한 마음을 갖고 돌아오는 발걸음이 너무 가볍사옵나이다. 소신이 살면서 가장 잘한 일은 아무나 들어오지 못하는 천신국에서 폐하를 알현하올 수 있었던 소신은 태어나면서부터 정해진 운명이라 생각하사옵나이다.

절대적인 진인이옵신, 보이시는 하늘이옵신, 폐하를 영광스럽게 뫼실 수 있사옵는, 소신은 늘~ 이 길이 살길이사옴을 느끼사옵나이다. 부족하고 미천한 소신을 폐하께서 거두어주시옵고, 너무도 귀한 의식에 빠짐없이 참석하라는 문자를 주일마다 보내주시어 너무도 감사함을 갖고 살고 있사옵나이다.

주일마다 열리옵는 천상도법주문에서 새로운 진실들이 밝혀지고 있사오며, 폐하의 말씀 한마디에 광활한 우주세계, 천상의 진실, 아수라 세계, 보이지 않고, 들리지 않는 영적 세계의 모든 진실들이 파헤쳐지고 있사오니 가히 대단하옵시고, 위대하사옵나이다.

비서실장 보라신왕님 이○율 씨를 통하여 폐하의 무소불위하옵신 천지기운으로, 신명정기로, 천상정기로, 천령정기로, 보여주시옵는 표현은 상상 초월이사옵고, 경천동지하사옵나이다. 즉석에서 아무런 각본이나 시나리오도 없이 이루어지는 한 편의 드라마, SF 공상 영화를 보는 듯하사옵나이다.

도법주문회가 갈수록 흥미진진하사옵고, 재밌고, 웃음과 감동도 주사오며 다음 도법주문회가 기다려지는, 정말 기상천외한 진실들이 마구마구 쏟아지사옵나이다. 인간의 머릿속에서 생각해 왔던 기존의 모든 종교적인 고정관념들이 얼마나 허구였사옵고, 허상이었나를 절실히 느끼는 바가 컸사옵나이다.

폐하를 칭송하옵고, 경찬할 단어가 한계에 부딪친다는 것이 감히 죄송할 따름이사옵나이다. 이 모든 영적 세계의 진실들이 빛과 불이신 도법천존 3천황 폐하께옵서 밝히지 않았사오면 그대로 묻힐 뻔했사옵나이다.

지구상에 존재하는 현대문명, 첨단 의학, 문화예술, 영웅에 관한 영화나 음악 모든 것들이 천상에서 황태자이옵신 폐하를 위하여 만들어졌던 것임을 알았사옵고, 지금에 와서 사람들에게 영감을 주어 만들게 했다는 진실을 알았사옵나이다.

특히 삼성 TV QLED 8K 위대한 경험 편 광고가 주는 의미가 그리 큰 것임을 몰랐사옵나이다. 지금껏 수도 없는 광고를 무심히 봐왔사오나, 그 광고는 한동안 넋 놓고 바라보게 되는 광고 효과에 너무 멋있고 압도된다는 느낌을 받았사온데 그리 깊은 뜻이 담긴 줄 미천한 소신이 어찌 알았겠사옵나이까!!

삼성 TV QLED 8K 위대한 경험 1분짜리 영상에 등장하는
산양은 태초의 하늘이옵신 태상천황 폐하를 상징
하늘을 나는 거대한 올빼미는 옥황천황 폐하를 상징
남자 주인공은 도법천존 3천황 폐하를 상징
바다 거북이는 황태자 폐하의 윤회를 상징
흑표범은 도솔천황 폐하를 상징

천상의 이런 진실들을 밝혀주시오니 정말 놀랐사옵고, 신기했사옵나이다. 마지막 장면에서 흑표범의 푸른 눈이 강렬하게 인간을 바라보며 푸른 지구별에서 인간을 심판하고 구원하라는 의미는 실로 감동이었사옵나이다. 지금 이 시점에서 꼭 필요한 광고이사옵기에 광고가 주는 감동을 사람들이 느끼고 깨우쳤으면 하는 바람이 크사옵나이다.

황태자이사옵신 도법천존 3천황 폐하! 수많은 천지만생만물로 윤회를 돌고 돌아 너무도 운이 좋아 폐하께서 살고 계시는 이 지구로 동시대에 태어났음을 천운이란 생각밖에 없사옵나이다. 불안한 세상 속에서 최고로 믿음직한 폐하를 알현하올 수 있는 소신은 천복 만복 지복을 다 가졌사옵나이다.

86차(19년 7월 21일) 천상도법주문회 마치고 제주도로 돌아

오는 비행기에서 빛이 나는 소신의 몸속에 아수라와 악귀잡귀, 귀신들이 들어와 알 수 없는 짜증과 분노와 부정의 마음으로 머릿속을 어지럽게 만들었사옵나이다.

소신이 어떻게든 마음을 풀어보려고 애를 썼사오나 아무 소용이 없었사옵고, 급기야는 너무 짜증이 올라와 뭐든지 다 때려 부수고 싶은 충동이 일게 만드사옵고, 가슴이 꽉 조이는 듯하사와 숨을 편하게 쉴 수 없사와 미치는 줄 알았사옵나이다.

황태자이사옵신 도법천존 3천황 폐하께서 불철주야 바쁘신 상황이오라 너무 누가 되는 것 같사와 문자를 안 하고 참아보려 했사오나, 인력으로 절대 안 되는 것임을 절실히 느꼈사옵나이다. 참다 참다 못하여 밤 12시 넘은 늦은 시간임에도 폐하께 긴급 문자를 올리사오니 즉각 아수라와 잡귀신 일당들을 퇴치하여 주시오니, 미칠 것 같았던 피부 가려움증도 가라앉았사옵고, 꽉 막혔던 가슴속이 뻥 뚫렸사옵나이다.

신기해서 크게 심호흡을 여러 번 했사온데 가슴이 시원해졌사옵나이다. 부정적인 마음도 순식간에 사라지사옴을 몸으로 느꼈사옵나이다. 보이지 않는 영적 세계의 존재들을 폐하께서 단숨에 물리쳐주시오니 어찌 폐하의 능력에 감탄하지 않을 수 있겠사옵나이까!

소신의 아수라와 악귀잡귀 퇴치 문자를 올려드릴 때 소신의 친정어머니 허리 수술 잘되게 해주시옵는 문자를 폐하께 간청드렸사온데 4년 전에 수술받았사옵지만, 그 이후로도 계속 아픈 고통 속에 살았사옵나이다.

77세의 고령 나이임에도 불구하고 2번째 수술인데도 수술 결과가 좋게 나왔사옵나이다. 저리고 감각 없던 발끝이 풀어졌사오며, 걸을 때마다 허벅지가 심하게 아팠사온데 그 증상이 없어졌다 하사오니 너무 기뻤사옵나이다. 항상 얼굴을 찌푸리고 살았사온데 인상이 많이 밝아졌사옵나이다.

이 모든 것이 폐하의 덕분이사옵나이다. 폐하의 무소불위하옵신 천지기운으로 이루어진 것이라 굳게 믿고 있사옵나이다. 폐하를 떠나서는 죽은 목숨이라고 느끼며 살고 있사옵나이다. 오직 충직한 신하로 폐하께 향하는 마음으로 근본 도리 행하옵고, 황명을 거슬리는 일 없이 살아가겠사옵나이다. 유아회춘 천수장생식 황명을 꼭 행하여 받들고 싶사옵고, 사후세계 미리 보기를 꼭 신청할 수 있도록 노력하겠사옵나이다.

천상의 3천황 폐하 만세 만세 만만세!!!
천상의 3황후 폐하 만세 만세 만만세!!!
도법천존 3천황 폐하 만세 만세 만만세!!!

- 제주도에서 심○영 올리사옵나이다

장○혁 아수라와 악귀잡귀 퇴치 후기

아수라 워현수강. 수하 6억 명/ 잡귀신 698명

아수라 워현수강 : 표경의 명을 받드는 악신이다. 악신도 신이지. 황태자 ○, 네가 악의 씨를 말려버리겠다고? 흐흐~ 악의 씨들 지금도 새싹처럼 자라고 있는데 언제 악의 씨들을 다 뺄 것이냐? 어마어마한 표경의 기운을 안 되지. 안 돼, 악의 씨들은 새싹처럼 계속 자라나고 있어.

폐하 : 어디서 들어왔어?

아수라 워현수강 : 내 오른쪽 날개는 반은 붉은색, 반은 검은색. 외국 어디서든지 멀어도 이곳 천신국을 다 볼 수 있어. 미국에서 들어왔어. 다 보여. 표경의 명을 받고 미국에서 수행하고 있다가 사람의 몸을 통해서 들어왔어.

폐하 : 어느 사람?

아수라 워현수강 : 나는 이미 천상에서부터 알 수 있어. 마가금을 통해서 천신국 천지대공사 하는 모습 볼 수 있어. 나의 검고 붉은 날개, 마가금을 무너뜨리고 하는 기운을 흘렸지. 몸과 마음도 아프게 하고, 인생도 망가뜨리는 것이 내 목적이야.

폐하 : 천상에서 어떤 인연이 있었지?

아수라 워현수강 : 역모 반란과 관련이 있었지, 마가금이 내 비밀을 황실근위대에 일러바쳤지. 그래서 난 너에게 복수할 거야. 나의 비밀을 일러바친 마가금!

폐하 : 어떤 비밀?

아수라 워현수강 : 역모 반란과 관계있는 일들이 있는데, 복수의 칼날을 갈고 있었지. '장○혁이가 마가금이잖아? 표경의 명을 받고 나는 미국에서 나의 기운을 뿌려대고 있는데 장○혁의 몸에도 수시로 드나들고 있었다.

폐하 : 언제 들어왔어?

아수라 워현수강 : 어린 시절, 성인 때는 잠깐 빠져나갈 때도 있었다. 아주 재미있었고, 부모 몸에 들어가 장○혁하고 대화가 안 통하도록 만들었다. 나를 망가뜨렸으니 이제 내가 마가금을 망가뜨려야지.

못된 마가금! 잡귀신도 보냈어. 길거리에 귀신도 엄청 달라붙어. 여자 귀신들이 많이 붙어. 처녀 귀신은 몸을 무겁게 만들지. 여자 귀신들이 유독 많아. 아이 귀신, 여자 귀신 총 698명이 들어가 있지.

여자 귀신들한테 인기가 많고 아주 잘 보여. 어쩔 수 없지, 천상에서도 여자들에게 인기 많았잖아? 길거리만 가도 여자 귀신들이 다 달라붙어. 여자 귀신들은 옷을 빼앗겨서 옷이 없이 발가벗고 아래위 다 내놓고 다니는 귀신들이 너무 많아.

여자 귀신들은 몸을 무겁게 만들어. 손, 머리, 가슴, 다리, 종아리에도 붙어 있어. 이 세상에 말이야 귀신 천지야, 해외에는 얼마나 많을까? 천장, 창문에도 귀신들이 많고, 네 회사에 투자하는 투자자들 마음 내가 변심하게 만들어주었어.

여자 귀신들이 자기들 알아달라고 통사정하는 귀신. 인간 몸으로 태어난 걸 감수해야겠지. 마가금을 힘들게 한 것은 바로 나이다. 역모 반란에서 그 혼란스러웠던 나의 비밀을 일러바친 너에게 복수할 것이다. 마가금, 내가 너에게 한이 맺혔어! 내 양쪽 날개에서 나온 기운은 표경이 나에게 내려주었지. 여자와 못 만나게 방해하고, 하~하~하

나는 미국으로 금방 날아가면 미국에서도 너와 천신국이 보여. 황태자 ○ 폐하. 마가금과 말이 안 통하게 엄마의 마음도 흔들어댔지. 답답하게 만들어 각자 맡은 역할에 충실했지. 장○혁은 가족들하고 말이 안 통하도록 내가 이야기하고 있었지. 엄마와 장○혁이 싸움을 일으키도록 만들었어.

황태자 ○ 폐하께서 세상에 출세하신다고요? 그런데 밖에 붉은 용들이 왜 그리 많은가? 불을 마구 뿜어대고 있구나. 악신도 원과 한이 있도다. 붉은 용들아 불을 그만 뿜거라.

판결 : 추포되어 온 아수라 블루탄준과 수하 아수라 6억 명, 잡귀신 698명을 6대 지옥인 천옥도, 지옥도, 적화도, 한빙도, 도산도, 흑해도로 압송하여 각각 9,000해 년씩 고문형벌 집행 후에 소멸을 명하노라!

이○숙 아수라와 악귀잡귀 퇴치 후기

이 소신 현생에서 폐하의 신하로 폐하께 직접 문후를 올려드리고 마주할 수 있는 자체가 아직도 꿈만 같사옵나이다. 폐하께서 지옥별인 지구에 하강하시어 마지막 황위 계승 수업 과징이사옵신 공무수행을 마치시고 이 세상에서 또 다른 어미어마한 새로운 천지대공사를 집행하고 있사옵나이다.

사후세계 미리 보기와 진정한 악의 뿌리를 뽑는 천지대공사는 참으로 상상 초월 그 자체이사옵나이다. 하찮은 인간들이 어찌 폐하의 그 위대한 어심을 알 수 있겠사옵나이까? 오직 하늘의 원과 한을 풀어드리시기 위해 걸어오신 38년의 길은 참으로 거룩했사옵나이다.

제 86차 천상도법수분회에서 폐하께서 그 빛과 불의 위력으로 이 소신의 육신에 붙어 들어온 아수라 악귀잡귀들을 일망타진해서 소멸의 황명을 내렸사옵나이다. 이 소신의 육신으로 추포된 아수라들이 합쳐서 9억 5천 명이사옵고 악귀잡귀들도 수천 명이나 되었사옵나이다.

이 자그마한 육신을 통하여 이렇게 많은 아수라들을 추포해서 소멸하시니 폐하의 그 대단하시고 너무도 위대하신 천지대능력에 감탄밖에는 더 할 말이 없었사옵나이다. 퇴공을 올리어 아수라와 악귀잡귀들을 천상지상 대법정 심판대에 세워놓는 것이 진정으로 복받는 길이사오며 폐하의 신하와 백성들의 사명이기도 했사옵나이다.

황명을 내리시면 폐하의 신하와 백성들은 최전선에서 총칼 없는 아수라 악신, 악령 악마들과의 대전쟁을 벌리고 있었고, 역천자, 반란자, 배신자 신들도 죽기 전 본인들의 이름을 남기고 원과 한을 풀고 가는 것을 볼 수 있었사옵나이다.

소신이 아수라들인 악신, 악령, 악마와 악귀잡귀 퇴치하는 퇴공을 올린 사유는 1) 왼쪽 어깨가 너무 아프고 2) 양쪽 발목이 시리고 안 시리고를 반복했사옵고 3) 눈에 보이는 사물이 몇 개로 보이고 4) 집에 난데없는 작은 개미가 며칠 전부터 바글 바글거리며 5) 위장을 누가 빡빡 긁어내는 것처럼 아프며 구역질이 나고 6) 늘 피곤하여 잠이 쏟아지기를 반복했사옵고 7) 왼쪽 허벅지가 자꾸 쥐가 났사옵나이다.

폐하의 황명으로 수많은 아수라와 악귀잡귀들의 뇌와 골수 제거해서 아예 기억력이 없게 만들어 계시와 메시지, 기운을 인간들에게 못 뿌리게 하시고 6대 지옥인 천옥도, 지옥도, 적화도, 한빙도, 도산도, 흑해도로 압송하여 9천해 년씩 번갈아 가면서 고문형벌을 가하고 전원 소멸하게 했사옵나이다.

7월 22일 월요일 아침에 개미가 바글거리던 주방을 보니 참으로 신기하게 한 마리 개미도 보이지 않았사옵나이다. 약을 뿌리고 죽이기를 반복해도 없어지지 않던 개미 새끼들이 어디로 갔는지? 참으로 상상 초월이사옵나이다. 그리고 발목은 정상으로 돌아왔사옵고, 사물이 명확히 보이고, 허벅지는 개운해졌사옵나이다.

이번 제 86차 천상도법주문회를 통하여 폐하의 너무도 대단하옵신 천지기운, 신명정기, 천상정기, 천령정기로 이 소신은 저를 괴롭히던 또 하나의 나를 통하여 나의 정체를 조금이나마 알게 되었사옵나이다.

큰 우주가 있으면 작은 우주가 있듯이 인간 육신은 참으로 신비 신묘한 생눌체이었사옵나이다. 이 소신이 태어나는 순간 수많은 또다른 내가 우주 차원으로 튀어 나가서 수만 차원의 행성에서 살고 있다는 위대한 진실이 밝혀졌사옵나이다.

왜 이 소신의 성질이 남자 같은지? 왜 장군 되는 것이 이 소신의 꿈이 되었는지? 왜 이 소신의 혼인은 실패로 거듭했는지? 왜 이 소신은 요리하기 좋아했는지? 왜 소신의 눈에 보통 사람들은 하찮은 존재로 보이는지? 왜 이 소신은 인간사의 모든 인연을 끊게 되었는지???

그렇게 많던 "왜?"에 대한 해답을 제 86차 천상도법주문회에서 퇴공을 올린 과정을 통하여 모두 모두 찾게 되었사옵나이다. 그리고 다른 차원에 있던 한 남자가 이 소신을 그렇게 사랑했다는 것도 알게 되었사옵나이다. "천년의 사랑"이란 노래는 아마도 이 소신을 위해 작사 작곡했나 보사옵나이다.

다른 차원의 나는 장군도 있고, 대통령도 있고, 공주도 있는데 남자가 대부분이었사옵나이다. 그래서 남자와의 인연이 길

수가 없다니 이해가 되사옵나이다. 천신국에 오기 전에 이 소신은 결혼하면 후회부터 하게 되었사옵고, 이 소신의 인생이 끝났구나 하며 가슴이 쓸쓸하기도 했사옵나이다.

그 수많은 미스터리 "왜?"가 다 풀리었사옵나이다. 폐하의 황은이 진정 망극하사옵나이다. 이 지구는 물론 천상세계까지 그리고 또 다른 수천 차원의 우주의 일까지 밝혀지는 천상도법주문회야말로 "진실의 요람"이었사옵나이다.

인간들이 그 누가 이런 생각이나 했겠사옵나이까? 천신국 문밖에 있는 대통령이라 할지라도 말하는 차원이 어디 감히 폐하의 신하와 백성들과 비길 수 있겠사옵나이까? 폐하의 신하와 백성들은 천상도법주문회에서 눈에 보이시는 하늘이신 폐하를 통하여 진실된 하늘 공부를 하면서 진정으로 인간 문명의 전문가로 성장했사옵나이다.

참으로 폐하의 황은이 망극하사옵나이다! 감사하사옵나이다. 이 소신은 물론 폐하의 신하와 백성들은 보통 사람들과 아예 대화가 되질 않사옵나이다. 그 사람들은 말하는 것이 어디 가서 먹고 노는 것이 전부이었사옵나이다. 먹으면서도 공짜만 바라기를 반복하고 죽으면 그만이라는 한낱 축생에 불과하다는 말씀이 참으로 맞사옵나이다.

퇴공을 올리면서 이렇게 많은 천상지상 우주 공부를 하게 될 줄은 참으로 몰랐사옵나이다. 윤회도 수많은 과정을 통하여 최후로 우주계의 최하층인 지옥별 지구에 마지막 사람으로 환생할 수 있는 그 이유를 조금은 알만했사옵나이다.

죽어서 천상 태상천궁에 입궁하게 되면 지구의 그 어떤 기억도 다 삭제되고 새로운 나를 찾게 된다니 그 기억 삭제 과정이 이 소신에게는 지금부터 시작되는 것 같사옵나이다. 이 소신에게 벌어졌던 모든 일들이 먼 옛날 다른 사람의 이야기처럼 느껴지고 있사옵나이다.

도법천존 3천황 폐하께서 이 소신이 행복하기만을 원하시니 이 소신의 그 수많은 아픔이 점점 사라지고 있사옵나이다. 이 소신의 현재 생각은 아직 결혼을 안 한 순수한 청년 같기도 하사옵나이다. 이 소신 참으로 신기하나 생각하사옵나이다.

이런 과정이 바로 새로운 나를 찾아가는 길이라 생각하사옵나이다. 이 소신과 함께 태어난 수많은 "소멸성 영체"들을 생각하니 민들레 꽃이 피고 지고 저 바람에 흩날리는 눈꽃 같은 민들레들이 생각나사옵나이다.

찰나의 인생을 살면서 폐하의 신하가 되고 진정한 나를 찾는 과정이 참으로 재미있고 황홀하며 달콤새콤하기도 하고 맵기도 하고 씁쓸하기도 했사옵나이다. 이런 다양한 인생을 살게 해주사옵신 도법천존 3천황 폐하! 감사하사옵나이다!

이 소신 살아서나 죽어서나 폐하의 충신으로 계속 남겠사옵나이다. 이 소신이 태어날 때 이미 도법천존 3천황 폐하를 만나야 할 사람이라고 왼쪽 머리 꼭대기에 흰 별을 박아놓았다는 진실이 밝혀지면서 폐하를 따르는 것이 이 소신의 변치 않는 운명이라는 진리를 또 알게 되었사옵나이다.

– 이○숙 올리사옵나이다

이○순 아수라와 악귀잡귀 퇴치 후기

빛과 불이신 도법천존 3천황 폐하! 옥체 강녕하사옵나이까? 폐하께옵서 천신국 태상천궁을 개국하사옵시어 하루도 쉬지 않고 천지대공사를 보사옵시니 소신들은 폐하께옵서 피곤하시지 않을까 염려가 많이 되사옵나이다.

85차 2019년 7월 14일. 천상도법주문회에 소신 불러주사옵셔서 아수라, 악귀잡귀, 동물령, 퇴치하여 주사옵셔서 감사드리사옵나이다. 소신에게 35살 때 들어온 아수라가 있었다는데 놀랍고, 아수라가 전해 주는 말도 신기하였지만 정말 믿어야 하나 싶기도 했사옵나이다. 소신의 조상대에서부터 인연이 있다는 말에 의아해하였지만 소신이 생각하는 속마음까지도 알고 있었사옵나이다.

소신의 아들딸 천인합체식을 소신이 살아 있을 때 해주어야 할 텐데 못하고 죽으면 어떡하나 생각한 적이 있사온데 마음을 알고 있었고, 사명자인 소신이 살아서 아들딸의 천인합체식 못해 주고 죽으면 귀신이 되고, 윤회하거나 지옥세계 명부전에서 무서운 심판을 받아야 하기에 걱정이 태산 같사옵나이다.

소신은 아수라가 아무리 좋은 말을 한다 해도 폐하께옵서 내려주사옵는 말씀만 듣겠다는 생각으로 아수라의 말을 귀담아

듣지 않으려 애썼사옵나이다. 소신의 어깨가 너무 많이 아팠던 원인이 전생에 남편이 소신의 배신으로 자살해 죽어서 원과 한이 많아 고양이 혼령이 되어 소신의 어깨에 붙어서 소신의 집 매매를 못 하게 방해하고, 어깨가 찢어진 것처럼 따갑고 콕콕 찌르는 증세를 일으켰던 원인이었사옵나이다.

소신과 가족들 몸에 2,650명의 아수라와 악귀잡귀, 동물령이 있었음을 밝혀주사옵시고 30년을 소신의 몸속에 숨어 있는 아수라를 추포하여 빛과 불로 심판하사옵시는 "도법천존 3천황" 폐하의 무소불위하사옵신 대노력, 대천력, 대신력, 대법력 천지기운의 대능력 대단하사옵고 위대하사옵나이다.

아수라들도 "도법천존 3천황" 폐하의 무소불위한 대능력에 감탄하고 있었사옵나이다. 소신의 몸에 숨어 있던 아수라가 잡혀 나오며 박수를 치면서 폐하께 하는 말은 "대단하십니다. 성공하셨습니다. 예를 올려드릴까요?" 완전히 폐하의 대능력 무소불위하사옴에 감탄하고 있음을 보여주었사옵나이다.

점집이든 어니든, 어느 누구라도 아수라를 찾아낼 수 없었는데 빛과 불이신 도법천존 3천황 폐하께옵서 꼭꼭 숨어 있는 아수라를 찾아서 잡아들이시니 그 어떤 아수라들이 감탄하지 않을 수 있겠사옵나이까! 지구상에 있는 모든 아수라들인 악령, 악신, 악마, 요괴, 악귀잡귀, 사탄마귀들은 도법천존 3천황 폐하의 무소불위 앞에서 피할 길이 없사옵나이다.

너무 신기하사옵게도 폐하께옵서 소신을 힘들게 하였던 아수라, 악귀잡귀, 동물령들을 추포하여 6대 지옥으로 압송하는 명을 내리사옵고 심판 법봉(천봉)을 세 번 내려치사옵시니 소신의 찢어지듯 따갑던 어깨 통증이 순간적으로 사라지고 아프지 않으니 놀랍고 신기하였사옵나이다.

소신과 남편의 탁했던 눈도 맑아졌사옵고, 소신의 코도 시원하고 가벼워졌사옵나이다. 콧속이 가렵고 아프며 건조해서 콧속의 상처가 낫지 않고 딱지가 생겨 파내면 피가 묻어 나왔사온데 지금은 정상이 되었사옴에 감사드리사옵나이다.

빛과 불이신 도법천존 3천황 폐하의 아수라, 악귀잡귀, 동물령 퇴치는 정말로 대단하사옵고 위대하사옵나이다. 소신의 아수라, 악귀잡귀, 동물령 퇴치하여 주사옵셔서 황은이 망극하사옵나이다.

이번 퇴공비 마련은 기적이었사옵나이다. 퇴공비 마련을 위해서 딸과 사위에게 퇴공비 부탁하였사오나 거절당하고 남편과 소신이 퇴공비 마련하기 위해서 남편의 친구가 맡겨놓은 계금과 통장의 잔고와 남편 용돈까지 다 합해도 맞출 수가 없어서 통장에 있으면 찾아서 만들려고 농협에 갔었사옵나이다.

세상에나~~ 농협 통장에 소신의 부부가 알지 못하는 거금이 들어 있어서 소신 깜짝 놀랐사옵나이다. 남편도 모르고 소신도 몰랐던 돈이어서 더욱 놀랍고 신기했사옵나이다. 소신 부부의 걱정과 고민이 한꺼번에 해결이 되는 순간에 너무나 행복했사옵고 도법천존 3천황 폐하께 감사드리사옵나이다.

소신의 퇴공비를 미리 때가 되면 쓸 것이사옴을 다 아시고 소신과 남편이 모르도록 꽁꽁 감추어 두셨사온 생각이 들었사옵나이다. 농협 통장으로 4월에 입금이 되어 있었는데 남편도 잘 모르겠다 하사옵나이다. 그동안 통장정리도 번하고도 돈이 있는 줄 몰랐던 것도 신기하고, 알았다면 돈이 부족할 때 벌써 빼 쓰고 없어질 것이었사온데 소신 생각하면 할수록 미스터리라고 생각되사옵나이다.

아수라, 악귀잡귀, 동물령, 퇴치해야 되사옵고 필수이기에 꼭 필요할 때 사용할 수 있도록 이렇게 도법천존 3천황 폐하의 천지기운, 신명정기, 천상정기, 천령정기로 이루어주사옵신 귀하고 귀한 퇴공비 마련이 아니었나 생각하사옵나이다.

소신은 참말로 복이 많은 대천운아 대행운아이사옵나이다. 우여곡절 끝에 마련한 퇴공비가 말해 주는 듯하사옵나이다. 대출을 받아서라도 퇴공비를 마련하겠다고 마음먹었던 소신의 마음을 다 아시고 미리 마련해 놓으신 금전을 찾게 해주사옵신 도법천존 3천황 폐하의 대도력, 대천력, 대신력, 대법력의 천지기운을 소신에게 내려주셨사옵나이다. 지금도 생각하면 너무 신기하사옵고 신기하사옵나이다.

도법천존 3천황 폐하의 신하이사옵기에 이런 신기한 체험을 할 수 있는 것이사옵나이다. 제 85차 천상도법주문회 참석하여 천지기운 내려주사옵고 소신 살려주사옵셔서 황은이 망극하사옵나이다. 도법천존 3천황 폐하를 알현할 수 있는 소신은 대영광이사옵고, 대천운아이사옴에 감사드리사옵나이다.

– 이○순 올리사옵나이다

손○희 아수라의 현란한 말들

제 85차 천상도법주문회에 참석할 수 있게 불러주옵시어 황은이 망극하사옵나이다. 대구에서 고속버스를 타고 동서울 터미널에 내려서 버스 정류장을 가기 위해 녹색 신호등으로 바뀐 횡단보도에서 다급하게 뛰어가게 되었사온데 소신도 모르게 오른쪽 엄지발가락의 발톱 절반이 부러졌사옵나이다.

횡단보도를 건너기 위해 뛰는 동안 특별한 장애물이 있었던 것도 아니사온데 뛰는 데만 정신이 팔려 원인이 무엇인지는 알 수 없었사오나 시내버스를 기다리면서 발톱을 찬찬히 살펴보니 반 정도 부러진 채로 발톱이 살갗에 붙어 있었사옵고 붉은 피가 뿜어져 나왔지만 통증은 별로 없었사옵고 신기한 것은 평소에 아팠던 머리가 뻥 뚫린 듯이 시원하였사옵나이다.

귀가할 때 동서울 터미널에서 소독약과 연고를 구입하여 바르고 지금은 상처가 많이 아물었사옵고 머리 아픈 증상이 사라졌사옵나이다. 빛과 불이신 도법천존 3천황 폐하 덕분이사옵나이다. 감사 올려드리사옵나이다.

천신국에 도착하였을 때 도법천존 3천황 폐하께옵서 김○국 씨 악귀잡귀 퇴치 천지대공사를 집행하시옵고 계셨사옵나이다. 동생의 악귀잡귀 퇴치 차례가 되어 폐하의 비서실장님 이

○율 씨를 통하여 아수라 데미온이 아수라 보슈퓨마를 신고했냐고 물었을 때 동생은 그렇다고 대답함과 동시에 소신의 발톱 부러진 것이 데미안의 짓인지 질문을 하였사옵나이다.

폐하의 비서실장님 이○율 씨를 통하여 동생의 몸에 할머니들이 많이 들어 있다고 하였을 때 소신은 동생이 평소에 하던 행동이 문득 떠올랐사옵나이다. 동생은 할머니들이 하는 행동처럼 남들이 보면 버려야 하는 물건인데 아까워서 버리지 못하는 일들이 열거하기 어려울 정도로 많았사옵나이다.

행동이 이해가 되지 않아 다툴 때도 자주 있었사온데 악귀잡귀 퇴치에서 할머니들이 많이 들어 있다는 진실을 밝혀주옵시니 동생이 왜? 그런 행동을 했는지 이해되었고, 동생의 아랫배 통증과 잔뇨, 잔변 등의 증상이 심하여 대상실환을 의심하였사온데 모든 것이 악귀잡귀들의 짓이라는 것을 밝혀주옵시는 빛과 불이신 도법천존 3천황 폐하 최고이사옵나이다.

아수라와 악귀 잡귀들이 인간 몸에 수백 수천 명씩 기거하여 기억력 감퇴의 통증을 일으키고 아무 일도 못 하게 시도 때도 없이 잠만 자게 만들어 인간을 지배하고 있다는 사실에 놀랍사옵고, 일반 사람들은 몸에 이상이 있으면 병원부터 달려가는 게 다반사이며 병원에서도 치료되지 않으면 포기하고 살아가는 것을 많이 보았사옵나이다.

도법천존 3천황 폐하께옵서 악귀잡귀가 원인이라는 사실을 밝혀주옵시고 빛과 불로 퇴치해 주옵시어 황은이 망극하사옵나이다. 질환으로 의심되는 증상이 있으면 병원부터 달려갈게 아니라 악귀잡귀 퇴치 신청이 우선이라는 것을 다시 한 번 느꼈사오며 퇴치를 지켜보사오며 도법천존 3천황 폐하의 말씀대로 인간의 몸이 귀신의 집이라는 것이 실감났사옵나이다.

악귀잡귀를 퇴치하기 전에는 음식을 짜게 먹어도 짠 줄 몰랐사온데 이젠 짠맛을 느끼게 되었사오며 목도 타들어가는 증상이 없어졌사옵고, 머리도 아프지 않사오며 아랫배도 통증이 완전히 사라졌사옵나이다. 감사 올려드리사옵나이다.

제 85차 천상도법주문회에서 폐하의 백성들 중에 신○규 씨, 김○하 씨, 박○미 씨, 이○숙 씨, 간○경 씨, 송○란 씨의 선인(仙人)합체를 빛과 불이신 도법천존 3천황 폐하께옵서 윤허하여 주옵시어 선인으로 명을 내려주셨사오며 선인은 등급은 낮으나 선공을 추가로 천인의 등급에 맞게 올리게 되면 선인에서 천인으로 명을 내려주신다고 하셨사옵나이다.

사후세계 미리 보기는 선인은 볼 수 없으며 천인이 되어야만 사후세계 미리 보기를 볼 수 있다는 말씀을 내려주셨사옵나이다. 소신 꿈만 같았던 사후세계 미리 보기를 살아생전에 볼 수 있다는 것에 영광이사옵고 도법천존 3천황 폐하 덕분으로 사후세계 보장까지 받을 수 있으니 기쁘사옵나이다.

도법천존 3천황 폐하께옵서 천상법도가 엄격해서 쫓겨 내려온 조상님들이 많으며 조상님이 배신하면 자손에게 그 기운이 내려온다고 조상님과 자손들이 서로가 잘해야 한다고 근본 도리를 강조하셨사옵나이다.

– 손○희 올리사옵나이다

제5부

신의 대통령이 되기까지

고난의 세월들 지내고 보니

신이 내려오는 증상들… 고난의 세월들이 지나고 보니 그 모든 고통의 현상들이 신들의 메시지란 것을 알아내었다. 신의 능력이 시작되고 있었다. 언제부터인가 마음을 가다듬고 나도 모르게 신과 영혼을 부르고 있었다. 죽은 망자의 혼령을 부르면 혼령이 왔고, 신을 부르면 신이 왔고, 산 사람의 영혼(생령)을 부르면 영혼이 찾아왔다.

지금부터 30년 전

알 수 없는 만성두통과 뒷골 당김, 머리에 모자를 쓰고 있는 것처럼 답답할 정도였고, 어깨가 결리며 무겁고, 가슴이 답답하고, 허리에 심한 통증, 술 한 잔만 먹어도 귀에서 물이 나오는 중이염 그리고 고지혈증과 지방간 등 이름하여 종합병원이나 마찬가지였다. 매사 하는 일마다 되는 일이 없고 인간 배신, 금전 사기 등에 걸려 정신을 차릴 수가 없었으며 뒷목이 뻐근하여 손으로 잡고 다닐 정도였다.

신의 풍파로 1년 만에 10억이 날아갔다

철학관과 점집을 수없이 다니며 굿도 하고 정성도 많이 들였다. 그 비용이 약 2억 이상 지출되었고 인간 배신과 사기로 8억이 없어졌다. 그렇지만 어느 누구도 신명 제자 되라고 말한 사람은 한 명도 없었다.

천상에서 “인간 몸에 들어와 있는 무수히 많은 원한 신과 영혼, 조상, 아수라, 잡귀신들을 심판하여 구원받을 자들은 원과 한을 풀어 천상으로 인도”하라는 음성이 들려왔다. 신의 제자는 일반적으로 신의 스승이 있지만 나는 어려운 무불통신의 길을 선택하였다. 모든 것이 창조였고 하늘에서 내린 계시대로 수많은 조화가 내려왔다. 신과 귀신은 부르면 말이 끝나기도 전에 나타나기도 하였다.

산으로 바다로 강으로 정신없이 다녔다. 금강산, 백두산, 발해 왕터, 만리상성, 후지산, 일본 황궁, 명치신궁과 국내 명산대천을 두루 다니며 밤과 낮을 가리지 않고 혼자서 때로는 제자와 동행하며 몇 시간이 걸려도 최정상에 올라가 하늘에 예를 올리고 기도하였다.

이렇게 다니면서 기도하자 신과 통신이 가능해졌고 몸의 아픈 곳이 모두 사라지는 신비한 현상이 나타났다. 즉 신을 받아들인 결과였다. 이젠 상대의 아픈 곳을 내가 똑같이 아프게 느끼는 신비한 현상을 겪고 있다.

웬만한 질병은 환자의 아픈 부위에 손만 얹어놓아도 낫고, 주문과 함께 말로만 해도 질병이 없어졌다. 하늘께서는 “환자들이 앞으로는 너를 바라만 보아도, 너의 목소리만 들어도 하늘의 기운이 내려져 아픈 곳이 사라진다”고 하시였다.

이런 신명정기로 수많은 환자들을 말(하늘의 命)로 고쳐줄 것이라고 했는데 20년이 지난 지금 2019년 7월 현재 꿈만 같았던 그것이 현실로 이루어졌다. 무당이나 퇴마사처럼 귀신들을 달래거나 겁박, 무력으로 퇴치하는 것이 아니다.

내가 천상지상 신명들에게 죄인들을 잡아들이라는 추포령을 하달하여 인간 몸에 있는 수많은 잡귀들을 나의 명을 수행하는 비서실장 보라 신왕(영매사 역할) 이○율 육신으로 몽땅 잡아들여 지상대법정에서 심판한 뒤에 지구를 떠나도록 신명(용과 판관사자, 저승사자)들에게 압송할 것을 명 내린다.

환자 몸과 집, 사무실, 가게, 매장, 자동차, 배우자와 자녀 몸 안에 숨어 있는 수백, 수천, 수만, 수억 명의 아수라, 악신, 악령, 악귀잡귀, 사탄마귀, 잡귀신, 동물령들을 추포해 오라는 명을 신명들에게 내려 천상의 신분과 이름을 밝히게 하고, 천상에서 도망쳐 지구에 내려와 사람 몸 안에 들어온 사연을 자세히 들어보고 판결을 내려 6대 지옥으로 압송하면 신기하게 아픈 곳이 그 자리에서 사라지고 질병이 낫는다. 물론 환자 몸에 손가락 하나도 대지 않는다.

2013년도에는 핸드폰을 통해 문자 메시지를 보내어 환자들을 고쳐도 보았으니 독자들 입장에서는 말도 안 되는 아주 황당할 것이고, 세상에 그런 일이 어디 있느냐고 부정하며 무시할 것인데 사실이다. 2013년 발행한 책에도 사례가 실려 있으니 보여줄 수 있다. 그 당시 질병이 치유된 당사자들은 여러 명이 매주 일요일마다 천상도법주문회에 참석하고 있다.

독자들은 물론 신명제자들도 이해하지 못할 사람도 많겠지만 신비스런 하늘과 신의 신비스런 조화 능력은 계속 내려졌고 매일 새로운 하늘의 대천력, 대도력, 대신력, 대원력, 대법력의 무소불위한 기운이 내려와서 하늘의 신비 능력이 어디가 끝인지 나 스스로도 알 수가 없다.

이는 바로 천계의 천신(하늘이신 태상천황 폐하)께서 인신(人神) 시대를 여시고자 내 몸에 내려오시어 환자 몸에 있는 역천자 아수라들과 나쁜 악신, 악령, 원한 맺힌 원귀들을 심판해서 질병을 낫게 하고, 해원 못한 조상들을 모두 천상으로 데리고 가심으로써 사람들이 질병에서 구원받는다는 뜻이었다. 즉 나의 어떤 천력, 도력, 신력, 원력, 법력이 아니라 하늘께서 친히 나의 몸으로 내려오시어 환자들을 구원하셨다는 뜻이다.

산 사람의 영혼 부르는 능력 생겨

언제부터인가 나에게 신이나 조상, 영혼(생령), 아수라와 잡귀신은 물론 살아 있는 사람의 혼을 부르는 신비한 능력이 생겨 있었다. 산 사람의 생령(영혼)을 부른다고 하면 일반인이나 신명제자도 황당하여 이해하기 어렵고 믿으려 하지 않는다.

사기 친다거나 쇼한다고 부정해 버리지만, 나는 그러한 임상실험을 수없이 시도하여 성공하였고, 지금도 매일같이 역천자 아수라와 잡귀신들을 잡아들여 심판하는 천지대공사를 집행하고 있다. 상대방의 생령이 들어오면 그의 모든 마음을 알 수 있었고, 상대가 국내에 있든 외국에 있든 거리에 상관없이 부르면 바로 3초 만에 잡혀와서 내가 묻는 말에 응대한다.

이것은 천상의 하늘께서 친히 나의 몸으로 내려오시어 그런 신비 능력을 보여주시는 것이라고 계시가 내렸다. 일반 세상에선 감히 상상조차도 못할 일들을 하늘(천신)은 나의 몸을 통해서 여러 가지 형태로 천신의 능력을 보여주고 계셨다.

이럴 때면 보람과 긍지를 크게 느낀다. 아무 신명제자나 할 수 없는 일들을 하늘의 명 대행자 몸이 되어 해내고 있으니 말이다. 처음엔 믿을 수 없었지만, 차츰 시도해 보니까 진짜로 신과 영혼 그리고 생령이 들어오고 있는 것을 알게 되었다.

命만 내리면 신과 조상, 귀신, 생령이 바로바로 들어오고 때론 생각만 해도 상대가 들어왔다. 저자는 이런 능력을 예언이나 점치는 데 쓰고 싶은 게 아니고 인류가 바라는 무릉도원 세상과 신의 종주국인 천신국을 세우고자 한다.

이런 천지대능력이 독자들에게 요긴하게 쓰이길 바라며 신인합체식 천지대공사를 통하여 한민족 역사의 전환점을 마련하고 싶은 것이다. 또한, 진정한 천신의 뜻은 무엇이고 인간들이 앞으로 어떻게 신과 조화를 이루며 살아가야 하는지를 가르쳐 선인, 천인, 신인, 도인을 배출하여 널리 전파하고 싶다.

나 혼자만 알고 살아가기는 너무 아까운 일들이고 이런 보이지 않는 초영력, 초신력을 받아서 인류의 정신적 지도국가로 우뚝 서야 한다. 동방 땅은 하늘과 신이 선택한 나라이며 신인조화는 무력을 전혀 쓰지 않고 상대방을 굴복시키거나 나의 편으로 만들 수도 있는 신명들의 무기이다.

발해 땅 초대왕 대조영의 한풀이

1999년 7월경 발해 땅을 밟았다. 12박 13일 동안 장춘, 훈춘, 연변, 용정, 백두산, 발해, 경박호, 만리장성, 북경에 이르기까지 천지신명공사를 위해 도반과 동행했다. 제자 두 명이 동행했고 현지 안내인이 별도로 있어 통역도 해주었다.

훈춘에서 기차를 타고 흑룡강성에 있는 발해 왕 터에 도착하였다. 초대왕이 대조영이었고 15대 임금을 끝으로 225년 만에 중국에 멸망했다. 대조영 조상이 한반도냐 몽고냐 의견이 분분했다. 왕 터를 밟으며 감회에 젖었고 성벽과 주춧돌 흔적만이 대궐 터가 있었음을 표시해 주고 있었다.

성벽도 많이 훼손되어 있었지만, 그 위에 올라 대평원을 바라보니 가슴이 벅차면서 알 수 없는 기운이 들어오고 있었다. 나도 모르게 울먹이며 흐느끼기 시작했다. 6년 전 그 당시를 회상하고 글을 쓰니 대조영 혼령이 금방 몸으로 찾아온다.

내 몸을 20여 분 동안 실려 한바탕 통곡으로 한풀이가 있었다. 눈물로 흐느끼며 하소연하는 발해왕 대조영 혼령은 죽어서도 원과 한을 풀지 못하고 잃어버린 땅을 되찾아달라고 울먹이고 있다. 역사의 한 페이지로 잊혀가는 발해의 역사를 다시 한 번 되새기는 계기가 되었다. 발해왕은 분명 백두산 민족이었고 동북삼성을 다시 회복시켜 달라고 애원하고 있다. 죽어서도 천신님께 늘 기도 발원 드린다고 하였다.

오늘 이곳에 이미 죽은 발해국 15명의 역대 제왕과 대신들을 거느리고 저자에게 예를 올리고 있었다. 천신국이 세워진 후 자신의 원과 한을 풀어줄 분은 천지의 주인이신 천신(하늘이신 태상천황 폐하)뿐이라고 생각하고 찾아온 것이다.

이제 인간의 힘으론 중국에 빼앗긴 발해 땅을 되찾을 수 없으니 천지기운, 신명징기, 천상정기, 선령정기에 의해 천시소화가 일어나게 해달라는 애원이었다. 옳은 말이며 이미 천상신명세계에선 그런 천지대공사가 이루어져 가고 있었다.

지금 현실로는 가당치도 않은 꿈같은 이야기이지만 반드시 현실로 돌아오게 천지기운이 움직이고 있다. 지금은 힘이 없으니 한국이 중국에 발해 땅을 돌려달라고 말할 처지가 못 되지만 동방 땅에 천신의 나라 천신국이 세워지면 중국은 스스로 동북 삼성을 한국에 돌려주어야 한다.

그것이 원시반본에 의한 천지기운, 신명정기로 싸우지 않고 만물의 이치에 따라 다시 되돌아오는 것이다. 힘으로 한다면 한국은 중국을 영원히 이길 수 없는 상대이지만 신명세계에서는 그리 어렵지 않게 신명정기로 이루어질 수 있다.

이것이 신의 조화이며 신이 두렵고 무섭다는 것으로 천지주인이 되돌려주라고 하면 발해 땅은 당연히 한국에 돌려주어야 한다. 그러나 이런 이야기를 들으면 중국 당국자들은 인간이기에 코웃음을 칠 것이다.

말도 안 되는 일이라고 말이다. 그 날이 현실로 닥쳐와도 그들이 비웃고만 있을 것인지 지켜볼 일이다. 그러나 이미 발해 땅을 한국에 돌려주라는 천지신명공사는 실행되고 있으며 그 시기는 많이 남아 있지 않다.

강대국들이 힘으로 빼앗았던 땅을 본래대로 주인에게 돌려주는 시대가 조만간 도래하고 지구상에 모든 민족은 속박에서 벗어나 분리 독립된다. 더 이상 지구상에서 영토 분쟁은 없어지고 빼앗겼던 땅은 모든 민족이 다시 찾아가게 되니 이것이 천지개벽이고 하늘의 뜻이다.

천지개벽은 거대운석 낙하와 지진, 화산폭발, 해일, 정체불명의 무서운 괴질 등 사람이 상상할 수 없는 무서운 일들이다. 모든 원과 한은 힘에 의해서 빼앗겼기 때문에 생겼고 영토가 본래대로 주인에게 돌아가지 않고서는 지구촌에 평화라는 것은 영원히 있을 수 없다.

힘으로 군림한다면 힘으로 망하게 되며 빼앗은 자에 대한 응징은 하늘과 神만이 할 수 있다. 머지않은 장래에 반드시 그 벌을 받게 되고 그들은 항복한다. 사람이 살아가는 사회에선 강도당하면 법에 의해 보호받지만 국가 간에 힘이 없어 전쟁으로 나라를 빼앗기면 그 어디에다 하소연할 수도 없고 오로지 하늘과 신에게 맡기는 방법밖에 없다.

도솔산을 선몽으로 보여주시어

1981년도쯤에 알 수 없는 신기한 꿈을 꾸게 된 것이 본격적인 하늘의 메시지 같았다. 당시 나이가 27살이었는데 생전 들어보지도 못한 도솔산이 꿈에 나타난 것이었고 그 이상한 꿈의 내용은 이랬다.

난생처음 들어보는 도솔산이란 8부 능선에 내가 하얀 바탕에 금색 용 문양이 많이 들어가 있는 백룡포를 입고 가부좌를 틀고 앉아 있을 때 천상에서 금색 옷을 입은 두 명의 신병이 광채를 뿜으며 내가 앉은 좌우에 한 자 정도 낮게 내려앉는데 그 광경을 10m 전방에서 내가 바라보는 생생한 꿈이었다.

벌떡 일어나서 정신을 가다듬고 난 후, 마침 벽에 걸어둔 전국 지도를 내려서 한 시간에 걸쳐서 샅샅이 지도를 뒤졌으나 그 어디에도 도솔산이란 산의 지명은 없었다. 이런 꿈을 꾼 이후 만나는 사람마다 〈도솔산〉을 아시나요? 물었지만 알고 있는 사람을 만나지 못하여 가슴에 묻은 채로 어느덧 18년의 세월이 흘러갔다.

지금처럼 인터넷이 발달되어 있었더라면 마음고생은 하지 않았을 테지만 그 당시에는 대기업 전산부에서나 컴퓨터를 최초로 운영하고 있던 시절이었다. 세월은 흘러 1994년 봄에 나라를 위해서 기도한다는 60대의 한 남자를 우연히 알게 되었는데, 자신은 전직 중앙정보부 출신이라 소개하였다.

그가 기도하며 살고 있다는 곳은 충남 아산의 연암산 쌍룡사 뒷산의 움막이었고 그곳으로 함께 동행하게 되었다. 거기에는 40대 중반으로 보이는 여자 제자(보살이 아님)가 있었고, 밤낮으로 나라를 위하여 기도를 드린다며 촛불도 켜놓고, 산속에 용궁과 산신당, 허공기도 터가 있었다.

공기 좋고 인적이 드물어 기도하기에 안성맞춤이어서 주말마다 쌀 한 가마니와 대초 한 박스를 싣고 내려갔고, 나름대로 열심히 천신기도, 용궁기도, 산신기도를 하면서 다니고 있을 때 하루는 여자 제자가 함께 기도해 보자는 것이었다.

각자가 용궁 전에서 무아지경에 이르도록 기도를 하고 있는데 갑자기 하늘에서 내리시는 분부 말씀이라면서 여자 제자가 나에게 잘 들어보라는 것이었다.

예! 대답하고는 매우 궁금하여 합장한 채로 들어보니 그 당시로서는 가당치도 않은 황당한 내용이었다. 제자가 어떤 신명님 말씀을 받아 전해 주는 말인즉슨 이랬다. 나더러 대뜸 하는 말이 "대통령 하고 싶으세요?"라고 물어오기에 기가 막혔다. 지금부터 25년 전이니 불혹의 나이인 40세였었다.

〈저자〉

예? 그게 무슨 청천벽력 같은 말씀입니까? 정치에 대해서 문외한이고 아무런 준비도 없고, 기반도 없는데 어찌 대통령을 한단 말입니까? 어찌 제가 대통령이 될 수 있나요. 5년 대통령을 하고 나면 일평생 욕만 잔뜩 처먹는 자리인데 대통령을 뭐하러 합니까?

저는 아무것도 모릅니다. 얼마 전에 거사님과 알게 되어 우연히 이곳에 주말마다 기도하러 온 일반인이고 이제 겨우 하늘의 존재에 대하여 눈을 떠가고 있는 초보자인데 대통령이라니요? 가당치도 않고 천부당만부당한 말씀입니다.

〈제자〉

그게 아니라요, 인간세계 대통령이 아니고 신의 대통령이시랍니다. 이미 하늘께서는 그렇게 정해 놓으신 것 같습니다. 그러기에 이렇게 하늘의 말씀을 나로 하여금 그대로 전해 드리게 하는 것이 아니겠습니까?

저도 하늘의 천신 줄을 타고난 신명 제자인데 어찌 감히 하늘의 말씀을 왜곡되게 전해 드릴 수 있겠습니까? 이는 천명으로 내리는 것이니 거부하지 마시고 받아들여야 합니다. 하늘이 내리시는 명을 거역하면 그 재앙이 본인은 물론 가족에게도 대대로 내려가니 명심하도록 하세요.

지금은 아무것도 모르지만 계단을 밟아 하늘 공부를 열심히 하시랍니다. 점이나 사주 보는 그런 제자가 아니라 장차 사해만방에 이름을 떨치며 세계 인류를 하늘의 명을 받들어 구하고 천군만마를 영도하며 다스릴 대사명을 갖고 오셨다고 하시며, 원시반본 시대를 열어갈 신의 대통령 그릇이시랍니다.

〈저자〉

너무 어려운 말씀들뿐입니다. 신의 대통령은 아무나 할 수 있는 것인가요? 나 같은 일반인이 신의 세계에 대해서 아는 지식이 전혀 없는데 어떻게 신의 대통령을 하라고 하시는지 도무지 이해가 되지 않고, 너무나 황당한 일이고, 기도 열심히 해서 성공하고 출세하여 잘사는 것이 저의 인생 목표입니다.

도통 뭐가 뭔지 당최 알 수가 없고 정신도 없는데 그런 엄청난 명을 어찌 받아들인단 말입니까? 하늘께서도 저에게 실수하신 것 같습니다만 생각할 시간의 여유를 주셨으면 합니다.

하늘이 어떤 분이신지 전혀 아무것도 모르는데 무조건 하늘의 분부를 따르라고 하시니 참으로 난감하기 이룰 데 없습니다. 아직 아무런 준비도 마음의 자세도 되어 있지 않으니 생각해 보고 나중에 말씀드리겠습니다.

〈제자〉

이는 태초 이래로 처음으로 내리시는 명이시랍니다. 종교를 세워서 교주가 되시라는 명이 아니시고, 하늘께서 지상에 천신의 나라 천신국을 세우려 하신답니다. 이 작은 한반도에 지상 천신국 태상천궁을 세워 민족과 인류의 정신적 구심점으로 세우시려고 오래전부터 설계해 놓으신 천상공무랍니다.

그동안 왜곡되고 잘못 전해진 종교세계를 완전히 바꾸고 하늘께서 친히 다스리시는 지상 천신국 태상천궁을 세우시기 위하여 도솔천궁의 도솔천황 폐하를 강세시켜 인간, 조상, 영혼, 신들을 고통의 굴레에서 구하라는 분부 말씀입니다.

하늘이신 태상천황 폐하께서는 인간 육신이 없으시므로 하늘이 인류에게 내리시는 명을 대신 인간 세상에 전달할 신의 대통령 역할을 행하는 종교의 때가 묻지 않은 인물이 필요하시다는 것입니다. 하늘께서 이미 전생부터 정해진 이치에 따라 신의 대통령으로 선택하셨다 하니 이 또한 하늘의 뜻이라 생각하시고 겸허히 받아들이시기 바랍니다.

신의 대통령 역할만 충실히 잘해 주신다면 가문은 빛날 것이며 후대 자손 대대로 영광이 가득하고 부귀와 공명을 누리시게 된다고 하늘께서 말씀하십니다.

〈저자〉

현재 무어라 변명할 여지도 선택권도 없으니 무조건 하늘의 명대로 행하고 열심히 하늘 공부하겠습니다. 신의 세계에 대하여 아무것도 아는 것이 없는데 하늘께서 그런 명을 내려주셨으니 최선을 다하여 하늘의 명을 받들어 모시겠나이다.

-이상-

하늘의 분부 말씀을 다 전해 주고 나서는 축하합니다! 반드시 하늘께서 내리시는 분부 말씀 그대로 행하시어 훌륭한 신의 대통령 역할을 행하시기 바랍니다. 여기서 계속 변명하고 응석 부려봐야 아무런 도움이 안 되고, 야단만 맞을 것이니 무조건 하늘의 명을 받들겠다고 말할 수밖에 없었던 처지였다.

그래야 하늘의 분부 말씀이 끝날 것이라 생각하였고, 결국 내가 고집을 꺾고 무릎을 꿇자 하늘의 말씀은 더 이상 내리지 않았다. 1994년도에 이런 일이 있고 난 뒤 하늘께 맹세하고 약속했던 일들은 건설업 사업을 시작하면서 일상이 바쁘게 돌아가 가슴속에만 묻어둔 채 까마득히 잊혀가고 있었다.

1년이 지난 1995년경 어느 날, 평생 감기 한번 걸리지 않고 살 만큼 강골이었던 내가 갑자기 온몸에 열이 펄펄 나면서 몸살을 앓기 시작했다. 뿐만이 아니라 어깨가 심하게 눌리고 결려 오십견인 줄 알고 강남구 도곡동의 한의원에도 다녀보았다.

머리가 내 것이 아닌 것처럼 무엇이 잔뜩 들어와 있는 듯하고, 무겁고 벙벙하여 이상하게 느껴졌고, 뒷골이 심하게 당기어서 겁이 덜컥 났다. 병원부터 달려가서 CT 촬영을 비롯하여 종합검진을 받아보았지만 아무런 병명도 나오지 않았다.

한편 안심도 되었지만 뒷골이 패듯이 계속 아프고 당겨서 다시 집 근처 인근에 있는 다른 한방병원에 가서 침을 맞고, 부황을 떠서 피를 빼보기도 하였으나 통증은 전혀 멈추지 않았고 더욱더 심하게 아파왔다.

그래서 주머니에 두통약과 속이 너무 쓰려 파모티딘을 늘 갖고 다니며 아플 때마다 한 알씩 먹으니 조금은 견딜 만했다. 이 당시에 나는 두통과 뒷골 당김, 속 쓰림으로 너무나 큰 고통을 받으며 살았고 그것이 무슨 메시지이고 무엇을 하라는 것인지 알 수 있는 상식이 전혀 없었던 시절이다.

지금 생각하여 보면 혈기가 넘치는 시절이었으니 하늘과 신의 메시지라고 받아들일 수 없었을 것이다. 회사 일로 신경을 많이 써서 스트레스로 머리가 아픈 걸로 생각하며 지냈고, 몸이 무거우면 사우나에 가서 찜질을 하는 것이 전부였다. 이렇게 고통받고 있던 1995년도 6월에 처음으로 하늘께서 내리시는 음성이 가슴으로 강렬하게 느껴졌다.

천신의 나라 천신국 천궁(天宮)을 건립하라는 강력한 메시지를 받게 되었고, 하늘께서 내리시는 명을 가슴에 담기 위하여 사업하면서 책상 위에 [天宮] 명패를 새겨서 올려놓기도 하였다. 나는 명패를 새겨 하늘께서 내리신 황명에 따르겠다고 했으면서도 천궁(天宮)이란 뜻이 무엇인지도 잘 모르던 시절이었고 마음에서 우러나오는 대로 행했을 뿐이었다.

해는 바뀌어서 1996년도 가을 무렵에 나이 많은 한 보살을 만났다. 60세는 넘어 보이는 보살이었고, 이내 용문산에 가서 천신기도를 하게 되었다. 초저녁부터 시작된 기도는 자정을 넘겼고, 잠시 쉬었다가 새벽 3시경 다시 이어졌다.

보살이 쳐대는 징소리가 귓전에 윙윙거리며 들려왔고 무어라 주문을 열심히 해대는데 알아들을 수 있는 말은 하나도 없었다. 하늘에 간절히 축원 발원을 열심히 하고 있다는 것은 알아챌 수 있었지만 내용은 전혀 몰랐다.

합장한 자세로 앉아 있었고, 한 시간쯤 경문을 했을까, 보살이 나에게 하늘께서 전해 주는 말씀이라면서 잘 들어보라 하였다. 당시에는 하늘의 문을 열어서 돈 많이 버는 것이 가장 큰 소원이었었기에 일념으로 그리되기를 하늘께 빌고 있었을 뿐이었다.

〈저자〉

예, 제발 사업 잘되게 도와주세요. 인간사 하는 모든 일이 얽히고설키어 도무지 정신을 차릴 수가 없고, 몸은 안 아픈 곳이 없으니 참으로 고통스럽습니다. 앞으로 어찌하면 되겠는지요? 방법을 알려주세요.

〈보살〉

하늘께서 내리시는 명을 어찌 거역하고 엉뚱한 길을 계속 가고 있는 것이냐! 온몸으로 하늘의 천지기운이 내려오고 있건만 왜 모른 척하고 인간사 일을 하는 것이더냐? 하늘의 길로 들어서야 할 하늘께서 내리신 몸이거늘 언제 그 명을 제대로 받들 것인가?

〈저자〉

예~? 저는 하늘의 말씀에 대하여 아무것도 아는 것이 없습니다. 뭘 어찌해야 하는지요?

〈보살〉

이미 인간사의 일은 인연이 다 끊어져 가고 없으니 어서 회사 정리해! 하늘의 길로 들어서라는 지엄한 명이 내렸으니 팔자로 받아들여! 도저히 피할 수 없는 천신의 명이 내려와 있으니 거역하면 큰일 일어나!

〈저자〉

예, 그럼 회사 정리되는 대로 그리하겠어요. 그럼 저는 어떤 그릇의 제자인가요? 무당이나 법사? 아니면 스님? 도사? 어느 쪽의 길로 가야 하는지요?

〈보살〉
모두 다 아냐!

〈저자〉
그럼 도대체 나는 어떤 신분이란 말인지요? 목사? 신부? 아님 대사인가요?

〈보살〉
그도 또한 아니야! 분명한 것은 하늘께서 친히 내리시는 큰 제자이나 내 상식으로는 무어라 말을 못하겠다. 분명 제자는 제자인데 스님도 아니고, 대사도 아니고, 도사도 아니고 거참 이상하네.

아무리 영안으로 둘러보아도 도저히 모르겠어. 옥황상제님 모습과 매우 비슷하기도 한데 당신께서는 아니라고 고개를 저으시니 참 별일도 다 있네. 40년 신명제자 생활에 나도 모르는 신명님이 보이시는 일이 일어났으니 나~ 원 참!

나머지는 자네가 기도하고 노를 열심히 닦아서 스스로 찾아내도록 하게나! 내 상식으로는 도저히 찾아낼 수 없네. 내가 찾아낼 그런 신명님이 아니신 것이 분명한 것 같네.

〈저자〉
예, 알겠습니다. 제가 열심히 기도하며 하늘 공부하여 찾아보겠습니다. 새벽 늦게까지 기도해 주시느라 참으로 수고 많으셨습니다. 정말 고맙습니다.

–이상–

보살은 그날 새벽 5시까지 열심히 기도해 주었으나 내 가슴은 허탈했다. 40년 경력의 신명제자 생활로도 알아보지 못하고, 찾아내지 못한 신을 나 스스로 도를 닦아 찾아내라는 말이었으니 참으로 걱정스럽고 황당했으며 기가 막혔다.

이렇게 용문산 천신기도를 끝내고 하산하여 집에 돌아오니 아침 8시였다. 샤워를 하고 소파에 잠시 앉아 곰곰이 생각해 보니 2년 전 충남 아산의 연암산 천신 제자가 들려준 신의 대통령이란 말이 번뜩 떠오르는 것이었다.

아! 그럼 과연 내가 그 엄청난 하늘의 명을 인간 세상에 전파할 신의 대통령이란 말이 맞는단 말인가? 천신 제자는 신의 대통령이란 말을 정확히 해주었고, 보살은 무속세계 법도만 알다 보니 그 신명님의 관명을 잘 몰라서 대답을 확실히 못 했단 말인가?

그러나 현실의 나는 설사 위대한 신의 대통령이라는 큰 신명이 내렸더라도 그 길로 들어가기에는 아무런 지식이나 준비가 전혀 되어 있지 않았었다. 회사를 금방 정리하기도 어려운 처지라서 신명 제자 길과는 너무나 거리가 멀었던 것 같았다.

이렇게 고뇌하면서도 한편 현실적으로 살아갈 수밖에 없는 입장이었고 회사 운영에만 전념하다 보니 하늘의 명을 받들어야 할 사명을 까마득히 잊어버리고 있었다. '정말 내 신명이 신의 대통령이 맞기는 맞나?' 하는 막연한 느낌이 들기도 하였었다. 하지만 이때 당시에는 천지조화를 부리는 아무런 능력도 없었고, 신의 세계에 대해서는 기도정진 수행하면서 하나하나 현실로 확인되었다.

한편, 18년의 세월 동안 도솔산 지명을 가슴에 품고 있다가 1999년도 5월 하순경이었다. 새벽 3시에 잠이 안 와서 채널을 이리저리 돌리다가 케이블TV 불교방송에서 목탁, 염불 소리와 함께 화면에 도솔산 선운사라는 자막이 보였다.

순간 숨이 멈추는 듯 탄성과 함께 희열이 몰려왔고, 방송국에 전화를 걸어 선운사라는 절이 어디 있느냐고 물어보니 전북 고창에 있다고 알려주어서 너무나 기쁜 나머지 뜬눈으로 밤을 새웠다. 1999년 당시의 지도를 펼쳐보니 도솔산이란 산 이름이 선운산 도립공원이라고 표시되어 있었다.

이 또한 하늘의 뜻이 아닌가 싶다. 만일 이 당시에 도솔산을 찾았다면 그 길로 속세의 인연을 끊어버리고 산으로 들어가고도 남았을 것이고, 사회생활을 제대로 해보지도 못하고 27살의 젊은 나이에 스님의 길로 접어들었을 것이라 생각한다.

18년 세월 동안의 공백은 사회생활에 자유를 마음껏 누리라고 배려해 주신 하늘의 뜻이라고 본다. 하루를 보내고 다음 날 도반과 도솔산(선운산)을 향하여 힘껏 자동차를 몰았다. 호남고속도로로 들어서니 마치 비행장 활주로 같이 뻥 뚫려 시야에 차량이 보이지 않아 가속페달을 마음껏 밟아보았다.

어느새 계기판이 200km를 오르내리고 있었지만 차체는 심하게 요동치지 않았다. 도솔산 주차장에 당도하여 거리를 살펴보니 강남에서 300km이었는데 이를 3시간 만에 주파하여 온 결과이니 얼마나 빨리 왔는지 알 수 있었다.

한마디로 날아온 느낌이었고, 18년간 가슴속에 묻어두고 살아온 지난날이 아니던가. 도솔산을 바라보니 기쁨의 눈물이 넘쳐났고 정상에 오르니 꿈속에 보았던 산의 모습 그대로였다. 경관이 수려한 곳을 찾아서 신을 청배하여 왜 도솔산을 18년 전 꿈속에서 보여주신 것인지 그 해답을 찾게 되었다.

도솔산! 천상에는 도솔천궁의 주인이신 도솔천황 폐하를 찾으라는 현몽이었던 것이다. 기존의 종교와 다른 천신의 나라 천신국을 출범시켜 하늘의 뜻을 세상에 펼치시고자 하심이고, 이는 하늘과 천상신명들이 오랜 세월 동안 설계한 것이었고 천하 세계를 영도하시려 함이시었다.

당시는 몰라서 신기하다고만 생각했으며, 꿈 선몽을 꾸고 38년의 세월이 흐른 지금 이 글을 쓰면서야 하늘이 내리신 진정한 큰 뜻을 깨닫게 되었으니 참으로 천지주인이시자 하늘이신 태상천황 폐하께서도 신의 대통령으로 탄생시키기까지 인내와 수많은 세월이 걸린다는 것을 이미 알고 계셨나 보다.

교인들이 늘 부르짖던 지상 천국세계가 종교가 아닌 진실의 뜻을 펼치는 신의 종주국이자 천신의 나라 천신국 태상천궁이 언젠가는 우뚝 선다는 것을 알고 있으리라. 종교로는 1만 년이 흘러가도 천신국을 세울 수 없을 것임을 하늘께서도 잘 알고 있으시기에 종교에 대하여 아무것도 모르는 순수한 나에게 하나씩 세월을 두고 가르쳐주신 것이라 본다.

손에 쥐어주고 보여주어도 그것이 무엇인지 깨닫지 못한 나를 선택하신 하늘께서도 속 많이 상하셨을 것이다. 당시에 내가 깨우쳐서 신의 경지에 올랐다고 하여도 인간세상 나이가 40대 초반이라 세상으로부터 인정받기도 어려웠을 것이다.

하지만 이제 65세(을미생)의 나이에 들어섰기에 대부분 인정하고 따르리라 본다. 인간사의 나이도 지도자 반열로 오르는 데는 무시할 수 없기 때문이다. 그래서 나라의 대통령도 50세는 넘어야 국민의 모든 권리를 안심하고 맡기지 않는가? 한마디로 세상사에 연륜이란 것을 속이지 못한다.

신비조화가 왜 나에게 일어나는가

살아가면서 알 수 없는 조화의 기운으로 인하여 해결책을 찾지 못해 고통받는 사람들과 자신의 모든 선대조상님들을 구하여 천상궁전으로 보내드리려는 사람들, 하늘이 내리시는 명을 받들어 천인(天人)으로 탄생하여 사후세계를 보장받으려는 사람들, 아수라와 악귀잡귀 귀신들을 퇴치하려는 사람들은 인연이 닿을 것이니 이 또한 하늘이 내리시는 명이라고 본다.

저자 몸에서 나오는 무소불위한 신비의 천지기운이 명산대천을 수없이 주유하면서 하늘과 땅의 천지기운, 신명정기, 천상정기, 천령정기를 몸으로 받아들인 결과인지, 원래부터 태어날 때 갖고 온 기운인지는 나도 처음엔 잘 몰랐다,

하지만 지금은 모든 것을 알 수 있다. 나는 누구인가?라는 화두 때문에 전국의 유명한 제자들을 찾아다녀 보았지만 아무도 찾아내지 못하였고, 내가 황태자 신명으로 지구에 태어난 것을 2017년 12월에 북두칠성 제 5별인 염정성의 성주이자 천상문서를 기록하는 서기부대신(장관) 신명이 하강하여 밝혀주어 알게 되었다.

하늘이 황태자 신명에게 내려주신 신비의 천지기운, 신명정기, 천상정기, 천령정기는 무소불위하였고 사람들이나 신의

제자 길을 가고 있는 그들조차도 놀라서 어쩔 줄 몰라 했다.

인기 드라마 주몽과 연개소문 그리고 대조영이 방영되었다. 잃어버린 나라의 역사를 다시금 찾게 해주는 매우 감동적인 드라마이다. 발해 초대 왕 대조영의 원한 서린 상봉이 20년 전에 있었는데 이것이 드라마로 제작되어 방영되다니 대조영 조상의 원과 한이 조금은 풀어졌을 것이다.

잃어버린 발해의 역사를 다시금 재조명하는 계기가 되고 있으니 이 또한 천지의 조화 기운 아니겠는가? 드라마 〈연개소문〉에서 막리지 연태조가 기도로 천지신명의 힘을 빌려 풍운조화를 부려서 갑작스런 폭우를 내려 30만 대군을 요하와 요택에 묻었고, 그곳에다 승전기념비 경관을 세웠다.

또한 바다에서 수나라 군선과 해전을 치를 때 폭우를 동반한 강력한 태풍을 불게 풍운조화를 부려 수나라 군사를 모두 서해바다에 수장시켜 대승을 거두는 장면이 2006년 8월 초순에 SBS 방송 드라마로 방영된 적이 있었다.

이와 같은 신비의 이적은 저자도 수년 전에 실제 체험하였다. 폭우를 그치게 하거나 내리는 일. 가뭄에 비를 내리게 하는 일. 태풍의 진로를 바꾸어 한반도로 상륙하지 못하도록 한 일. 동지 천상공무로 20년 동안의 이상 난동이 끝나고 겨울다운 혹한 날씨로 변화시켰던 일 등등 헤아릴 수 없이 신비한 일들을 기도수행 공부 과정 중 체험하였었다.

2004년 12월 21일 동짓날

24절기 날씨를 주관하는 신을 청해서 예우해 드린 날부터 20년간 겨울답지 않던 따스한 날이 자취를 감추어버리고 겨울다운 혹한의 추위가 3년째 계속되었다. 동지 천상공무로 인하여 겨울다운 날씨가 계속되자 이 사실을 알고 있는 독자들은 진담 반 농담 반으로 나에게 항의를 하곤 했다. 날씨 천상공무를 집행해서 겨울 날씨가 너무 일찍 찾아오자 가난한 사람들이 살기가 어려워졌다고 불평불만이 많았다.

절기 진입할 때마다 너무나 날씨가 잘 맞아떨어지고 2006년 11월 7일 입동 날인데 눈이 내리고 서울 영하 1도(체감온도는 영하 6도)까지 내려가는 이변을 보였는데 강원도 화악산은 눈이 쌓여 영하 13도까지 떨어졌다고 하였다.

연개소문의 아버지인 막리지 연태조는 풍운조화를 부리기 위해서 49일을 외부인 접근을 금지한 채 기도정진하면서 천지신명을 움직여 그런 어마어마한 천지조화를 이끌어낸 반면, 저자는 순간적으로 내 자신도 모르게 어떤 마음이 일어나면 천지기운이 갑자기 내렸고, 그때 명을 내리면 그것이 즉시 현실로 나타나고 이루어지는 것이 달랐을 뿐이다.

저자는 천지신명을 움직이는 그 어떤 신비의 정기가 몸에 있었던 것이었는데 이제 와서 그 진실이 밝혀졌다. 이는 다름 아닌 하늘과 땅의 천지주인이신 태상천황 폐하께서 이 몸을 통해서 그런 조화를 내려주셨다는 것을 알았다.

명을 내린 즉시 천지기운이 그리 움직여주었고, 이런 조화가 현실로 나타났을 때는 경악하지 않을 수 없었다. 기운은 마침내 신의 종주국이자 천신의 나라 천신국을 세워 하늘께서 내리시는 황명을 받들어 인간, 조상, 영혼, 신들을 심판하여 구하고 세계 인류를 영도하라는 황명을 받기에 이르렀다.

풍운조화의 천지기운뿐만이 아니라 인생사의 작은 일에서부터 큰일에 이르기까지 가지각색으로 조화가 일어나고 있다. 그런 신비조화가 왜 내 몸에서 일어나고 있는지 말하지 않을 수 없다. 그것은 바로 하늘의 주인이시고 절대자이신 태상천황 폐하께서 존재하신다는 것을 인간인 나에게 수없이 확인시켜 주어 나를 하루라도 빨리 깨닫게 해주시려 함이었다.

더 나아가 온 세상에 천지주인, 천지부모, 절대자, 전지전능의 대우주 천지인 창조주 태상천황 폐하께서 실제로 존재하심을 너 자신부터 진정으로 깨달은 연후에 만 세상에 널리 알리라는 하늘의 메시지였던 것이다.

그동안 하늘을 지극정성으로 받들어 모시며 모진 고생 감내하며 수없이 명산대천을 두루두루 주유천하하세 하셨던 분임이 확인되었다. 즉 불현듯 마음에서 우러나와서 하는 말이나 命(명)은 결국 하늘께서 저자의 몸에 강림하시어서 행하시는 천상지상 공무집행이셨다.

"신"이라는 글씨가 구름으로 쓰여

나에게 하늘의 절대자 태상천황 폐하께서 끊임없이 신명정기를 내리시어 깨닫게 하시려고 천변만화의 천지조화를 나에게 보여주신 것이라 본다. 인간의 상상을 초월하여 일어나는 신비조화는 너무 신비하여 사이비라 불릴 만했다.

천지조화가 일어나지 않았더라면 신의 종주국이자 천신의 나라 천신국 출범은 고사하고 저자 역시 목사, 신부, 승려, 도사, 법사 같은 종교인의 길을 가고 있었을 것이 분명하다.

1999년 10월경, 지리산 노고단 정상

저자와 두 명의 남자 도인이 동행하여 차량으로 지리산 노고단 정상의 휴게소에 올랐을 때는 초가을 해가 넘어가기 직전이었고 하늘은 매우 쾌청하였다. 차에서 내려 한 명은 소변이 급하여 화장실로 달려갔고, 전남 남원에 사는 60대 중반의 도인과 함께 저물어가는 석양의 노을을 바라보고 있을 때 내가 외마디로 외쳤다.

〈저자〉

최 도인님! 저기 하늘 좀 보세요!

〈최 도인〉 어디?

〈저자〉

저 용머리 모양을 한 구름이 석양을 여의주 삼아 물고 있는 형상과 조금 옆에 매우 선명하게 "신"이라는 글씨가 구름으로 또박또박 쓰여 있어요! 초등학생이 쓴 글씨처럼요.

〈최 도인〉

아~ 정말 그러네. 참으로 신기하네그려. 평생 처음 보는 상서로운 일이야.

〈저자〉

순간 머리 위에서 발바닥까지 섬광 같은 것이 느껴지면서 온몸이 고압선에 감전된 듯 강한 전율이 내렸고, 가슴에서는 불덩이처럼 뜨거운 기운이 솟구치고 있었으며, 얼굴이 천지기운, 신명정기, 천상정기, 천령정기로 빨개져서 화끈거렸다.

"신"이란 구름 글씨는 마치 초등학생이 한글을 처음 배울 때 쓴 것처럼 또박또박 정확히 쓰여 있었다.

〈저자〉

최 도인님! 산행을 수없이 해보고 하늘에서 구름의 모습으로 보여주는 천지조화의 형상을 여러 번 보아왔지만 이렇게 한글로 쓴 글씨 형상의 구름 모양을 보는 것은 처음입니다. 분명 하늘의 무슨 계시 같은데 도인님께서는 어찌 보시는지요?

이때 화장실에 갔던 다른 도인이 돌아왔지만 그는 신비한 구름 글씨를 보지는 못했다. 불과 2분 정도의 아주 짧은 시간이 지나갔는데 구름은 이미 흩어져 용머리와 글씨 형체가 사라진

뒤였고 최 도인의 말이 계속 이어졌다.

〈최 도인〉

이는 하늘이 자네에게 내리시는 어떤 계시인데 장차 하늘의 명을 받아 하늘의 역할을 대행하라는 천지신명의 조화기운 같네. 장차 이 나라에 하늘께서는 지상에 신의 종주국이자 천신의 나라 천신국을 세워주실 것이고 그리되면 세계 인류를 누군가는 이끌어 영도해 가야 할 걸세.

자네는 하늘이 내리신 큰 사명을 완수해야 할 운명을 타고난 자손이 분명하니 이를 명심하고 하늘과 한몸이 되어서 하늘께서 내리시는 큰 뜻을 반드시 이루시게나. 그러하니 이런 신비현상을 본 것은 이 나라 국민 모두의 경사 아니겠는가?

지구촌 인류를 영도해 간다는 것은 인류사에 남을 일이고, 이 천손민족의 자존심과 인류의 구심점을 세워 하늘의 뜻을 만 세상에 널리 전하는 일이니 하늘께서 자네에게 내리는 명대로 열심히 갈고 닦아 뜻을 이루시게나.

〈저자〉

예, 하늘께서 정녕 그런 엄청난 명을 저에게 내려주신다면 하늘께서 내리신 명대로 즉각 행할 것입니다. -이상-

문득 그 당시의 형상이 생생히 떠올라 이 대목을 쓰고 있는데, 왜 그런 글씨를 나에게 보여주신 것인지 오늘에서야 그 해답을 찾아냈다. 답은 글자 그대로 "신"이었으나 내가 하늘의 높은 뜻을 알아내지 못한 것이었다.

하늘께서 명산대천 수행을 통하여 하늘에다 구름으로 글씨를 써놓고 네가 바로 "신"이니 보라고 선명하게 한글로 써놓은 것인데도 내 자신을 몰라 본 것이니 얼마나 하늘께서 우매하고 미련하다 하셨을 것인가?

네 몸 안에 신이 살고 있어! 네 몸 안에 내(하늘)가 살고 있다, 라는 메시지를 전해 주신 것이지만 인간은 그 높은 하늘의 뜻을 감히 알 수가 없었다. 그것을 오늘에서야 해답을 찾아내었으니 내 자신이 부끄럽다.

이렇게 보여준 형상은 내 몸 안에 하늘께서 강림하시어 천지를 두루 주유하시면서 천상공무를 보고 계셨다는 뜻이었다. 너의 몸에 하늘인 내가 내리었으니 네가 바로 "신"이라고 하늘에다 글씨까지 써서 보여주신 것인데 이를 깨닫고 찾아내는데 오랜 세월이 흘러갔으니 하늘께서 나를 지켜보실 때마다 얼마나 한심하다고 하셨을까, 생각하니 부끄러움에 얼굴이 뜨겁게 화끈 달아오른다.

명산대천을 밤낮없이 주유하면서 수많은 신비의 조화와 깨달음을 얻었으나 아직도 갈 길이 멀고 하늘의 조화에는 턱없이 미치지 못하는데, 하물며 일반인들이나 종교인, 초보자 수준의 도인, 신 제자들이야 오죽하랴.

손에 쥐어주어도, 한글로 써준 그 글씨의 뜻도 풀지 못하고 세월을 보내고 있었으니 변명 같지만 나로서는 이 또한 하늘의 뜻이라고 받아들일 수밖에 없다. 나를 지리산 노고단 정상으로 이끄시어 높은 깨달음의 길로 인도해 주신 하늘과 땅의 천지주인이시고 절대자이신 태상천황 폐하.

천상에서 부르시는 하늘의 존호 실명도 밝혀내었지만 대우주 천지인 창조주의 관명 호칭을 "태상천황 폐하"라 부르게 하신 것도 내가 지은 것이 아니고, 하늘의 절대자께서 황명으로 그리 지으라고 계시로 내려주시어서 부르게 된 것이었다.

하늘 공부는 가도 가도 끝이 보이지 않는 신비의 세상이고, 하늘이신 태상천황 폐하께서는 무소불위한 천지조화의 기운을 수시로 내려 보여주시었다. 인간들의 상상을 초월하는 능력이시었고, 내가 마음을 먹거나 생각만 해도 그 일들이 현실에서 즉각 이루어지게 해주시는 절대자의 신비한 천지기운이셨기에 늘 감명받았으며 오늘도 감사함을 잊지 않고 있다.

한평생 세월을 갈고 닦아도 다 알 수 없는 하늘의 오묘한 세계를 나는 참기 어려운 모진 고통이 따르기는 했어도 짧은 세월 속에 어느 누구도 흉내 낼 수 없는 천지조화를 자유자재로 부리시는 하늘께 77억 인류 중에서 특별히 선택받은 몸이다.

내 몸에 수시로 내려와 계셨기에 말로만 해도 나의 뜻을 이루어주셨던 대단한 대천력, 대도력, 대신력, 대법력, 대원력을 가지신 태상천황 폐하의 천지조화이셨다. "말법시대가 도래하였도다. 즉 말이 법이 되는 세상이니라. 너의 말이 세상에서는 곧 법이 될 것이니라. 내(하늘)가 내리는 황명을 인간, 조상, 영혼, 신들에게 전하게 된다는 뜻이니라."

내 입에서 처음으로 20년 전 이 말이 불쑥 튀어나왔을 때 무슨 뜻인지 몰라, 세상에 종말이 오는 말법시대가 오는 줄 알았지만 어느 날 그것이 하늘께서 내리시는 황명이시었음을 알았다. 언제부터인가 말만 하면 그 일이 현실로 실제 일어나는 신비한 현상이 수시로 일어났다. 지리산 노고단 정상 휴게소에서 구름으로 "신"이라는 글씨를 보여주신 하늘!

그동안 도반들과 동행하거나 또는 홀로 산행기도를 하면서 일어났던 이적들을 간추려 보았다. 일반적 상상을 초월하여 천지조화가 수없이 일어났다. 독자들은 자신의 상식을 벗어난 것이기에 황당하고, 이해할 수 없는 일이라고 평가한 사람들도 있었고, 한편 세계적 인물이라면서 대한민국에 살고 있다는 것에 자부심을 갖는다는 사람들도 많았다.

독자의 관점에서 보았을 때 자기가 보고 듣지 않은 모든 일은 신기하고 황당할 것이지만, 그렇다고 하늘께서 내리시는 천지조화 모두를 부정한다면 이는 하늘에 역천하는 일이라 본다. 내가 수행 과정에서 깨우쳤던 일이나 신비한 조화를 부렸던 것은 내가 행한 것이 아니라 하늘이신 태상천황 폐하께서 나의 육신으로 강림하시어 친히 천상공무를 행하셨다는 진실을 이미 밝힌 바 있다.

일반적으로 나의 몸을 하늘께 잠시 빌려드렸다고 말할 수 있지만, 나를 하늘께서 태초로 창조해 주시었고, 하늘께 특별히 선택받은 하늘의 소유물인지라 하늘의 마음대로 나의 몸에 수시로 강림하시며 내 육신의 몸 안에서 천상지상 공무집행을 자유자재로 행하고 계심을 알았다.

하늘께서 나의 육신으로 강림하시어 부리신 천지조화는 가히 공상과학영화 수준이라 생각해야 오해가 없을 것이다. 수많은 독자들이 황당하다고 한 사연은 그들이 평상시 보고 들어 알고 있는 일반적인 상식 수준을 넘어섰기 때문인데, 한마디로 하늘의 절대자이신 태상천황 폐하께서 인간세계 종교인, 도사, 무속인, 일반인들이 누구든지 쉽게 행할 수 있는 일반적 상식 수준의 천상공무를 행하여 주시겠는가?

일반 도사들이나 평범한 신명 제자들이 너나 할 것 없이 모두 하늘의 천지조화를 쉽게 부릴 수 있다면 어찌 하늘의 존재가 지극지존 존귀하시겠는가?

하늘이 내린 도사였다?

1999년 7월

서울 김포 공항을 출발해 중국의 장춘 공항에 도착하기 전 공항 상공에서 바라본 만주 땅은 그야말로 아름다운 대평원이었는데 채소밭이 잘 정돈되어 있었다. 끝없이 펼쳐진 넓은 들판은 산도 보이지 않았다. 대륙을 잃어버린 역사를 생각하니 가슴이 아프고 답답하였지만 이런 마음을 뒤로하고 소변이 급해 공항 화장실로 달려갔더니 이게 무슨 일인가?

비행기에서 내린 승객들이 급히 용변을 보는 것이 아닌가? 수많은 사람들이 쳐다보든 말든 상관 않고 앉아서 용변을 보고 있었는데 화장실에 칸막이가 없이 완전 개방되어 있는 길거리의 노상 공동화장실 같았다. 시멘트 바닥에 직사각형으로 15개 정도의 구멍을 뚫어놓은 형태이고 앞에 가림막도 없이 밑이 다 보인다.

한편 소변 보는 곳은 우리와 같은 좌우로 길게 만들어놓은 재래식 방식인데 용변 보는 곳은 여러 명이 한꺼번에 앉아서 서로 좌우를 볼 수 있고 앞에서도 용변 보는 모습을 다 보이게 만든 우리로서는 상상을 초월한 후진국 공항 화장실이었다.

소변을 보고 연변행 다른 비행기로 갈아타 몇 시간 만에 연길 공항에 내렸고, 마중 나온 가이드를 따라 승합차량을 타고 훈춘으로 갔다. 훈춘은 두만강 건너편이고 러시아와 중국, 북한이 국경을 맞대고 있는 삼각지점이다.

도착한 곳은 조선족 민가였고 언어소통에는 전혀 지장이 없었다. 이곳에서 여장을 풀고 저녁식사를 내왔는데 쌀밥과 국 이외에 주로 속 없는 빵, 만두, 45%짜리 독한 술이 올라와 있었다. 도시에서 조금 떨어진 곳이었는데 기와집이었고, 집 밖에 나와 주변을 둘러보니 우리나라의 50년 전 수준이었다.

저녁을 먹고 담소를 나누다가 이곳에도 종교가 있느냐 물어보니 철저히 통제되어 외부로 노출이 안 된다고 했다. 이곳에도 신명 제자들이 있느냐고 하였더니 거의 없다고 말하면서 비밀리에 가정집에서 아는 사람을 통해서만 비밀리에 미래를 예언해 주는 예언가는 있다는 것이었다.

호기심이 발동하여 일행 6명이 그의 집을 찾아갔는데 밤 9시였고, 그 집을 잘 알고 있는 현지 안내인이 초인종을 누르자 자다가 나온 모습으로 젊은 한 여인이 나하고 우리 일행을 맞이한다. 아들 13살짜리 중학생이 있었고 남편은 일을 나가 아직 안 들어왔다 하면서 어찌 오셨냐고 중국어로 물어왔다.

현지 안내 통역원이 중국어로 우리의 뜻을 말하자 그녀가 허락하였다. 그녀는 중국인 한족이었고, 당시 35살(신축생)로 이름이 '소계련'이었다. 내가 비디오카메라를 들고 그녀가 전해 주는 내용을 녹음하며 촬영하려 하자 완강히 거부하여 촬영은 하지 못했다.

나이와 생년월일도 묻지 않은 채 나를 보더니 중국말로 말하는데 도통 무슨 말인지 하나도 알아들을 수가 없었다. 통역까지 6명이 지켜보고 있었고 열심히 그녀의 말을 조선족 안내인이 한 대목 끝날 때마다 통역해 주었다. 예언가가 전해 주는 말을 간략하게 적어보았다.

『선생님은 분명 하늘이 선택하여 내리신 '도사'이십니다. 세계의 수많은 사람들이 추앙하고 따르며 그 숫자가 인산인해이며 이름이 사해만방에 널리 알려져 신분이 매우 고귀해집니다. 저도 선생님을 따라 한국에 가고 싶은데 데려가 줄 수 있으신지요? 하늘의 큰 뜻을 펴시는 선생님을 곁에서 지극정성으로 보필하고 싶습니다. 제발 데려가 주세요!』

이때 곁에서 엄마의 말을 듣고 있던 그녀의 13살짜리 아들이 갑자기 머리를 벽에 부딪치면서 엄마가 선생님 따라 한국 가면 죽을 거라며 울부짖고 있었다. 갑자기 분위기가 어수선해지자 그녀가 아들을 진정시키려 했으나 막무가내로 한국에 가지 말라고 대성통곡하는 것이었다.

결국 엄마가 아들의 뜻을 받아들여 한국행을 포기한다고 말하자 울음을 그쳤다. 돌발적으로 이런 일이 일어나자 더 이상 대화를 할 수 없어 그 집을 모두 나와 숙소로 돌아왔다. 이 당시 그녀가 전해 준 말을 한국에 돌아와서 그것도 8년이 지나서야 그 뜻이 무엇을 말하고 있는지 알게 되었다. 그녀가 던진 "선생님은 분명 '도사'이십니다"라고 말한 데 깊은 뜻이 들어 있음을 당시에는 전혀 알아채지 못하였었다.

2006년 8월 20일경

늦은 점심을 하려고 식당에 갔다가 조선족 종업원과 몇 마디 말을 나눌 기회가 있었다. 혹시 중국에서 〈도사〉가 어떤 뜻으로 쓰이는지 아느냐고 물으니까 서슴없이 답변을 해주었다. 중국에선 아무나 도사 칭호를 사용하지 못한다 말했다.

모택동과 칼 마르크스, 스탈린만이 쓸 수 있다는 말과 함께 중국과 소련의 지도자 중에서도 최고의 경지에 오른 통치자를 부를 때만 "도사"라는 호칭을 붙여서 불러준다는 말이었다.

순간 숨이 멎는 듯했다.

나는 훈춘에서 예언가 소계련이 들려준 〈도사〉라는 말에 아무런 의미를 두지 않았었다. 우리 사회에선 예언을 하거나 수행하는 사람들을 통상 도인이나 도사라고 평범하게 부르고 있기 때문에 별 뜻 없이 받아들였고 아무런 관심도 두지 않았다.

그런데 이제 와서 생각하니 우리가 평소 말하는 예언가 수준의 도사라는 뜻이 아니었음을 지금에서야 깨닫게 되자 가슴이 벅찼다. 당시 바로 깨닫지 못한 내가 미웠다.

하늘이 내리신 도사

이제와 생각하니 그가 도사라고 말해 준 의미는 하늘의 명을 대행하는 신의 대통령 직위였던 것이었다. 인간, 조상, 영혼, 신들을 인도하여 구하라고 하늘께서 황명으로 신의 대통령이란 직위를 인류 최초로 나에게 하사해 주신 것이었다.

그렇게 하늘에 "신"이라는 구름 글씨로 보여주고, 하늘께서

현신하여 보여주시며 인간의 입을 통해서 몇 번씩이나 알려주었는데도 나는 그저 좀 별난 하늘의 제자이거나 혹은 영적 수준이 조금 남보다 높은 경지에 올라 있나 보다 하는 정도로 생각하며 현재까지 살아왔다.

그러나 지금 종합적으로 판단해 보니 여기저기서 한마디씩 들려준 이야기는 하늘이 내리신 명이시었다. 결론에 이르고 보니 내 자신이 한없이 작아지기만 하고 부끄러웠다. 이렇게 하늘께서 천지자연을 통하여 나에게 계시를 내려주셨음에도 불구하고 나는 하늘을 알아보지 못한 채 묵묵히 고행의 길을 열심히 걸어왔다.

일반인들이 하늘의 뜻을 모두 스스로 알려면 그 얼마나 많은 세월이 걸리겠는가? 이렇게 늦게야 하늘이 내리신 뜻을 알게 되는 것도 다 깊은 뜻이 있었을 것이라 보인다. 당시에 그 뜻을 모두 해석했으면 잘났다고 대단하다며 경거망동하였을 것이고, 그러면 점쟁이 도사 수준밖에 더 되었겠는가?

또한, 하늘께서는 더 이상 나에게 현재의 관명인 노법천존 3천황, 지구의 주인 지존천황, 인류의 주인 인존천황, 신의 대통령 신제, 하늘의 명 대행자로 임명하시지도 않았을 것이리라. 이 또한 깨달음이니 천만다행으로 생각하며 하늘의 태상천황 폐하께 깊은 감사를 드린다.

민족의 영산 백두산 천지에서 조화가

연길 시내에 도착해서 용정, 일송정, 해란강을 둘러보았고 현지 주민들과 대화를 나누기도 하였으나 우리 일행을 신기하게만 바라볼 뿐, 역사에 대해서는 아는 것이 없었다. 하루를 숙박하고 민족의 영산인 백두산을 향하여 다음 날 출발하였다.

백두산 가는 길은 버스로 이동하였고 수천 년 된 아름드리 고목들이 빽빽하게 들어차 있었는데 벌목된 수많은 원목들을 중국 차량들이 쉴 새 없이 실어 나르고 있었다. 차창 너머로 수천 년 전에 태곳적 신비를 바라보니 무한한 감회에 젖었다.

어느덧 백두산 입구에 당도하여 여관 앞에 차가 멈추었다. 한국인이 운영하는 숙박업소였는데 떠나기 전 암소 한 마리를 잡아 천제(天祭)를 올리기로 이미 예약이 되어 있었다. 암소 한 마리 값이 당시 우리 돈으로 30만 원이었으니 상당히 쌌다.

제단에 암소 이외에 과일과 술도 따라 올리고 나와 도반이 함께 천제를 올리기 시작했다. 백두산 정상에서는 천제 올리는 것을 중국 공안 요원(경찰)들이 철저히 단속하므로 불가능했기에 백두산 봉우리 밑에 있는 숙소 겸 식당에서 행하였다.

천제를 올리게 제단이 잘 설치되어 있었다. 한국에서 많은 사람들이 이곳에 와서 천제를 자주 올리기에 전화 예약만 해 놓으면 언제든지 가능하다 한다. 한국에서 준비해 가지고 간 의관(용포)을 정제하고 하늘에 계신 태상천황 폐하께 천제를 올려 고하였다.

더불어 백두산 16봉우리 산신님들을 하나하나 호명하여 모두 청배한 후 의식이 거행되었다. 하늘 말씀을 독송하며 민족의 영산인 백두산을 다시금 수복할 수 있게 해달라고 하늘에 간절히 기도하였다. 내가 경을 외우자 나와 도반의 합장한 손으로 천시기운의 신명성기가 용틀임하면서 내리고 있었다.

갑자기 "장하다! 잘 왔다"라고 우렁찬 음성이 터져 나왔다. 순간, 반사적으로 옆에 있던 도반이 응대를 받아주었다.

〈도반〉

"어느 신명님께서 하강하셨나이까?"

〈태상천황 폐하〉

하~하~하~

너희에게 천하를 주유하라 명을 내린 장본인이니라.

〈도반〉

백두산 신령님이십니까?

〈태상천황 폐하〉

아니니라. 너희들이 오매불망 기다리는 천계의 주인 대우주 천지인 창조주 "태상천황"이니라.

〈도반〉

아이고! 몰라뵈어 정말 송구하옵니다. 태상천황 폐하께서 강림해 주시었군요?

〈태상천황 폐하〉

그래 맞느니라. 잘 왔도다. 너희 민족의 영산인 백두산에 찾아와서 내게 천제(天祭)를 올려주니 참으로 그 정성이 갸륵하구나. 나의 천지기운, 신명정기, 천상정기, 천령정기와 이곳 영산의 정기를 많이 받아가게 해주마. 백두산의 기운은 참으로 맑고 깨끗하며 영롱한 하늘의 기운이 가득하니 장차 이 천지기운으로 세계 만국을 희롱하며 영도하게 될 것이니라.

〈도반〉

정말 고맙습니다. 태상천황 폐하! 이 민족의 장래가 밝게 빛날 수 있도록 하늘의 태상천황 폐하께서 보살펴주시옵소서! 지금 살아가기가 너무나 어렵습니다.

〈태상천황 폐하〉

너희 나라 운명이 하늘 받들기를 소홀히 하여 이 지경이 되었는데 아직도 국정을 운영하는 지도자들이 깨닫지 못하고 있으니 참으로 한심하고 가엽구나! 너희 민족은 선대조상(선왕)들이 지은 죄를 모두 풀어주고 나서 국정 지도자들이 큰 제단을 마련하여 역대 제왕들이 지은 죄를 빌고 빌어야 하니라. 그러하지 아니하고는 너희들 나라 국운이 상승하기 어려우니라.

〈도반〉

저희들만이라도 할 수 있는 방법은 없나요? 나라의 지도자들은 미신이라 생각하여 받들려 하지 않아요. 그리고 이런 뜻을 전할 길도 없고 설사 전달되었더라도 저희들의 말을 따르지 않을 것이에요. 대부분 나라의 지도자들이나 상류층들은 교회 다니는 사람들이 많아 천제 올리는 것도 우상숭배라며 결사반대하고 있어요.

참으로 답답하옵니다. 태상천황 폐하!

창조주이시고 절대자이신 태상천황 폐하께 교인들은 절대로 천제 올리는 데 동의하지 않을 것이에요. 어찌하면 좋아요?

〈태상천황 폐하〉

그냥 놔두어라! 때가 되면 내 뜻을 알게 될 것이니라. 나의 모습을 보여주고, 나의 음성을 들려주고, 나의 존재를 느끼게 하여 줄 것이니라. 스스로 하늘의 존재를 각자가 확인하게 되느니라. 이제는 내가 더 이상 종교의 구심점이 아니라 만생만물의 천지주인으로서 세계 인류를 친히 신의 대통령을 통하여 다스리게 되는 날이 가까이 와 있음을 알게 될지니라.

〈도반〉

예, 잘 알고 있으나 나라의 지도자들을 움직이기 힘듭니다.

〈태상천황 폐하〉

모든 일은 다 때와 시가 있으니 조금 더 기다려보려무나. 너희들이나 열심히 기도수행 정진하도록 하여라. 오늘 내게 올린 이 정성 잘 받았느니라.

〈도반〉

아, 참 내일 아침 일찍 백두산 정상에 오르려는데 쾌청한 날씨가 되게 해주시옵소서. 그래야 16영봉들과 천지를 구경할 수 있어요.

〈태상천황 폐하〉

그래야지. 이곳 백두산 신령들도 많이 반겨주고 도와줄 것이로다. 다음에 다시 보자구나.

〈도반〉

예, 태상천황 폐하!

감사합니다. 후일 다시 강림을 청하여 모시겠습니다.

-이상-

이렇게 태상천황 폐하 분부 말씀을 듣고 천제 행사를 마무리 지었다. 제단에 음식을 내려 일행과 음복을 하며 하늘의 뜻을 다시 한 번 가슴에 되새겼다. 백두산에서 음복으로 술을 한 잔 하니 또 다른 술맛의 정취가 돌았다. 내일은 아침 일찍 민족의 영산 백두산 천문봉으로 올라가야 하니 눈을 붙여야 했다.

아침 일찍 일어나 짚차를 대절하여 굽이굽이 꼬부랑 산길을 따라 백두산으로 올라가며 창밖을 바라보니 7월인데도 눈이 녹지 않은 채 도로변에 쌓여 있었다. 토양이 탁해 키가 낮은 꽃들이 듬성듬성 피어 있었고, 한참을 굽이굽이 돌고 돌아 드디어 백두산 천문봉 봉우리 밑에까지 차량이 도착했다.

차에서 내려 50m 정도의 등성이를 오르니 그곳이 백두산 16

봉의 하나인 천문봉이었다. 백두산 천지를 바라보니 온통 구름바다라 아무것도 안 보이고, 안개 속에서 관광객들이 웅성거리며 사진 찍기에 바빴다. 먼 길을 달려와 민족의 영산인 백두산 천문봉에 올랐으나 안개로 인해 천지는 물론 백두산 봉우리들조차도 볼 수 없다니 참으로 안타깝기 그지없었다.

낙담하며 구름이 걷히기를 기다리는 수밖에 달리 방법이 없을 듯하였고, 어찌하면 구름을 걷어낼 수 있을까 깊은 생각을 하는 순간 하늘의 음성이 들렸다. 어제저녁 태상천황 폐하께 천제까지 올려드렸는데도 백두산 천지와 봉우리를 보지 못하게 하신 데에는 분명 계시하는 어떤 뜻이 있을 것이리라.

이는 필시 태상천황 폐하께서 나에게 어떤 숙제를 내려주신 것이 분명하였다. 안내인 말에 따르면 관광객들 중에서 10%만이 운이 좋아 천지를 보고 내려간다고 말해 주는 것이었다.

그만큼 기상변화가 무쌍하다는 말이다. 안내인의 말을 뒤로 하고 사람들이 별로 없는 한적한 곳으로 도반을 이끌고 가서는 둘이 앉기 편안한 바위 위에 걸터앉았다. 우선 백두산 산신께 예의를 갖추면서 하늘의 태상천황 폐하께 고하였다.

백두산과 천지를 가득 덮고 있는 구름을 어서어서 걷어주시라고 말씀드리고 난 뒤 눈을 살며시 감고 합장한 채 도법주문을 독송하면서 한 30분쯤이 지났을 때였다. 천문봉 등성이에 올라 있던 관광객들이 갑자기 와~아 하고 함성을 질러댔다.

무슨 소리인가 싶어 독송을 멈추고 눈을 떴더니 구름이 순식간에 걷히면서 파란 하늘과 천지가 모습을 드러내기 시작하며 백두산 16봉우리가 보이는 것이 아닌가?

나도 모르게 태상천황 폐하! 정말 너무너무 감사합니다. 천지를 뒤덮은 엄청난 구름들을 걷어주시어서 백두산과 천지를 볼 수 있게 하여주시니 감개무량합니다. 순간 가슴이 북받쳐 오르면서 눈시울이 적셔지고 눈가에 이슬이 맺혔다.

아~ 보았노라!

대우주 천지인 창조주 태상천황 폐하의 대능력! 그리고 7천만 민족의 영산인 백두산과 천지. 구름으로 가득 차 있던 천지는 맑고 청량한 하늘을 보여주셨고, 사방을 둘러보아도 시야에 구름 한 점 보이지 않았다.

태상천황 폐하께서 내리신 천지조화는 감탄스럽고 경이로웠다. 한마디로 만세 만세 만만세였다. 수정처럼 맑은 천지를 보자 여기저기서 카메라 셔터 눌러대기에 바빴고, 나와 도반과 안내인도 함께 멋진 백두산 장면을 담기에 여념이 없었다.

준비해 온 의관(용포)을 입고서 카메라 앞에 포즈를 취했다. 평생 남을 기념사진이라 용포를 입고 백두산 천지를 배경 삼아 멋진 기념사진을 찍으며, 영산의 정기를 마음껏 온몸으로 담기 시작하였다. 촬영이 끝나고 다시 기도에 들어가 천지를 바라보고 앉아서 백두산 16봉우리 산신님들을 청배했다.

산신 중에서 가장 우두머리 되시는 분이 제일 높은 백두봉 산신이시었고, 북한 국경 쪽에 있었으며 일명 장군봉 또는 정일봉이라 불린다 했다. 내가 천상도법을 외운 후에 “백두봉 산신님은 어서어서 하강해 주세요.

대한민국 수도 서울에서 하늘 제자들이 백두산 산신님 뵙기를 청하나이다”라고 청배하자 합장하고 있던 손이 파르르 떨리면서 요동치기 시작하는가 싶더니, 손이 춤을 추는 듯하면서 승천하는 형상을 만들어 보였다.

〈도반〉

백두봉 산신님! 어서 오세요.

하늘제자 문안드리오니 절 받으세요.

〈산신〉

오랜 세월 동안 기다리고 있었소이다. 이미 하늘에서 연통이 내려왔습죠! 잘 오셨습니다. 보신 그대로 백두산은 나라의 명산일뿐더러 세계를 호령하게 될 하늘이 내리신 영산(靈山)입니다. 장차 천손민족이 하늘의 명을 받들어 세계를 영도하게 될 그 천지기운이 분출되는 곳입니다. 천지(天池) 즉 하늘의 못이 아니겠습니까? 세계 이느 나라도 해발 2744m에 이렇게 큰 호수가 있는 산은 없습니다.

〈도반〉

어제 하늘에 천제를 올리고 오늘 이렇게 백두 산신님까지 상봉하게 되어 정말 영광이옵니다. 장차 남북통일과 나라의 국운이 상승하게 도와주시기 바랍니다.

〈산신〉

백두산 산신인 제가 할 수 있는 데까지는 도와드리겠으나 제 권한 밖의 일이 더 많은 듯해요. 태상천황 폐하께서 모든 것을 주관하고 계시니 제 마음대로 모두 행할 수는 없지요. 내가 한반도 모든 산의 산신 중 최고 대표 조종산신이라 하나 권한이 이미 다 정해져 있습죠. 우리 산신들 역시도 하늘의 태상천황 폐하께서 내리시는 황명을 받들어야 하는 입장에 있으니 그리 아시기 바라요.

하지만 저희 권한 범위 내에서는 많이 도와드리겠습니다만, 통일 문제는 하늘의 태상천황 폐하께서 윤허가 내려져야 하며, 국운 상승 부분 또한 하늘의 권한이시니 나도 어찌해 볼 도리가 없습니다. 나라의 군왕과 그 신료들이 하늘에 많이 많이 빌어서 하늘의 태상천황 폐하를 감동 또 감동시켜 드려야 이루어질 일들임을 명심하라고 전해 주세요.

〈도반〉

예, 백두 산신님! 잘 알겠어요. 오늘 이 영광 오래오래 간직할게요. 저희는 이만 약속 시간이 다 되어서 하산해야 돼요.

-이상-

그랬다. 우리의 국운과 통일은 하늘께서 윤허하셔야 할 문제이고, 나라의 군왕과 정치 지도자들이 풀어내야 할 과제이다. 하늘의 존재를 부정하지 말고 하늘이 우리 민족에게 깨달음을 내리시는 큰 가르치심이시다.

나라가 잘산다는데 어찌 종교의 틀 속에 갇혀서 하늘의 황명을 무시하고 국민들을 고통 속에 살게 한단 말인가? 종교가 도대체 뭐란 말인가? 나라의 정치 지도자들은 어서어서 하늘의 천지이치를 올바르게 깨닫기 바란다. 우리 인간들도 자연의 일부인데 하늘에 역천하고, 지엄하신 하늘 태상천황 폐하의 황명을 거역하고서 어찌 나라가 흥할 수 있단 말인가?

백두산 영봉들을 뒤로하고 하산하여 연길 공항으로 향했다. 북경행 비행기를 타기 위하여 공항 대합실에서 비행기 시간을 기다리다 토산품 점에 들러 몇 가지 기념품을 샀다. 잠시 후 탑승 안내 방송이 나와 일행은 그동안 길잡이 역할을 하였던 현지 안내인과 이별하며 트랩에 올랐다.

북경까지 안내인이 함께 따라갈 순 없었고 현지에서 새로운 가이드와 만나야 했다. 오랜 비행 끝에 수도 북경 공항에 도착했고 리무진 버스를 타고 북경 시내로 향하는데 고속도로가 끝이 안 보이게 직선도로인 것에 감탄사가 저절로 나왔다. 20여 분을 달려도 구부러진 도로가 나타나지 않으니 과연 중국대륙 땅덩어리가 크기는 크다. 어느덧 북경 시내로 진입하여 호텔에 여장을 풀고 천안문 광장 앞에 자금성으로 들어갔다.

자금성은 72만㎡(217,799평)으로 중국의 역대 황제들이 거처하는 거대한 궁전이었다. 중국의 천지기운은 곤륜산과 자금성에서 분출되고 있었고, 이로 인하여 고구려와 발해를 멸망시켜 중국 영토로 편입시켰다.

진시황제와 서태후의 천기누설

자금성 천단에서 잠시 기도를 모실 때 진시황제와 서태후가 찾아와서 자신들을 살려달라고 손발이 닳도록 읍소한 장면도 있었고, 만리장성에 올랐을 때는 비가 내리며 안개가 잔뜩 끼었는데 성을 쌓다가 죽은 수천만 혼령들이 통곡하고 있기에 이들을 위로하여 주었다. 가이드 말에 의하면 과장된 표현인지는 몰라도 벽돌 하나 쌓는데 한 사람이 죽었다 했다.

나와 일행이 북경 천안문 광장과 자금성을 둘러보며 천지신명공사를 보고 있었다. 중국 자금성 안 천단에서 천지공사를 볼 때 만리장성을 쌓은 진시황과 서태후의 혼령이 찾아왔었던 일이 있었다.

둘 다 손발이 쇠사슬에 묶여 내 앞에 무릎을 꿇고 살려달라며 애원하던 모습이 지금도 생생히 떠오른다. 살아생전 위엄은 온데간데없고 초라한 거지 모습을 하고 얼굴은 때 구정물이 훔치고 지나간 듯 얼룩져 있고 머리가 헝클어져 흩날리는 모습은 동냥아치였다.

이 양반들이 정말 중국을 통일한 진시황이고 섭정으로 명성을 떨친 서태후란 말인가?

〈진시황 · 서태후〉

동시에 약속이라도 한 듯…

쇠사슬로 묶인 손을 머리 위로 올리며 큰절을 다섯 배 올리고 있었다. "살려주십시오, 생전의 죄업이 이리 무서운 줄 몰랐습니다. 사면하신다는 단 한마디 命만 내려주십시오."

〈저자〉

"당신들은 누구십니까?"

〈신시황 · 서태후〉

"저는 중원의 황제 진시황입니다. 저는 서태후라 합니다."

〈저자〉

"왜 저에게 그런 엄청난 부탁을 하시는 거죠?"

〈진시황 · 서태후〉

"저희 죄를 용서해 줄 분은 지구상에 단 한 분밖에 없는데 그분이 바로 앞에 계신 분이기 때문입니다."

〈저자〉

"제가 누구인데 그런 엉터리 말씀을 하신다는 말입니까? 저는 그저 신명세계 공부하는 학생에 불과할 뿐이오."

〈진시황〉

"예, 지금은 분명 그렇습니다만 몇 년 안 지나면 아시게 될 것입니다. 선생님이 어떤 신명의 역할을 하게 될지 말입니다."

〈저자〉

"그게 무슨 이야기입니까?"

〈진시황〉

"저는 이미 죽어 육신이 없는 몸이지만 앞으로 세상에 일어날 일들은 훤히 내다보고 있기 때문이지요. 선생님은 사람의 몸이지만 천지창조주 신명이 선택하신 신의 몸 주 자체이시고 그분 신명정기와 천령정기가 이미 내리고 있어 이렇게 천하를 주유하며 신명공사를 보시고 있는 것입니다."

〈저자〉

"예~? 아니 그걸 누가 믿는단 말입니까? 그런 소리 하려고 왔다면 그냥 돌아가시오. 자다가 봉창 두드릴 소리 아니오?"

〈진시황〉

"그게 아닙니다. 앞으로 반드시 그리되실 분이라는 것을 알기에 제가 힘든 몸을 이끌고 이렇게 찾아온 것입니다."

〈저자〉

"내가 지금 무슨 능력이 있어서 당신을 용서하고 사면해 줄 수 있단 말입니까? 당신의 지은 죄도 모르고 설사 능력이 있다고 하더라도 무슨 명분으로 그대들을 사면한단 말입니까?"

〈서태후〉

"제발 살려주십시오. 부탁입니다. 죽어서 이리 힘들 줄 알았으면 살아생전 공덕이나 많이 쌓았을 것인데 죽으면 모든 것이 끝나는 줄 알고 그리 못했습니다. 제발 한 번만 용서하여

주십시오. 그리하신다면 저도 보답해 드릴 게 있습니다."

〈저자〉
"그게 무슨 말씀이지요?"

〈서태후〉
"저의 죄를 용서하시고 이 지옥에서 나가게 해주신다면 동북삼성을 한민족에게 돌려드리게 조화를 부릴 것입니다."

〈저자〉
"여보시오, 당신들은 이미 죽은 귀신의 몸이 되었거늘 무슨 힘과 재주가 있어서 저 큰 땅을 한국에 돌려주겠다는 말입니까? 잠꼬대 같은 소리 그만하시고 물러들 가세요. 내가 미친놈 되겠소이다."

〈서태후〉
"물론 제가 혼령으로 있으니 육신의 힘은 없습니다만 영(靈)의 메시지를 통해서 중국 수뇌부에 저와 진시황의 뜻을 전할 것입니다. 한국에서는 민년이 지나가도 저 땅을 다시는 찾을 수가 없을 것입니다. 저희들이 부릴 수 있는 조화는 동북삼성을 분리 독립시켜 드린다는 것입니다. 지금 다른 민족도 분리 독립하려고 무진 애를 쓰고 있습니다."

〈진시황〉
"예, 맞습니다. 저희 자손들이 살아생전 피를 뿌리며 이루어 놓은 땅입니다만 모두 나라를 빼앗긴 민족의 원과 한 때문에 이렇게 지옥에 갇혀 있습니다. 저희뿐 아니라 중원 땅의 모든 황제와 제후, 대신, 장수들이 지옥에 갇혀 있습니다."

〈저자〉
"좋습니다. 두 분께서 그리 간청하니 생각해 보겠습니다. 만일 두 분을 모두 용서하고 풀어주었는데도 동북삼성이 분리독립이 안 되면 어찌하시겠소?"

〈진시황〉
"그러면 동북삼성이 독립되는 그때까지 제가 여기 볼모로 그대로 있을 것이니 서태후만 풀어주시기 바랍니다."

〈저자〉
"좋습니다. 그리합시다. 옥사장은 하늘의 명을 받으시오! 지금 서태후의 모든 죄업을 용서하고 사면하니 당장 서태후를 방면토록 하시오!"

〈옥사장〉
"예, 하늘에서 내린 분부 받고 서태후를 당장 옥사에서 방면하겠습니다."

〈서태후〉
"정말 감사합니다. 백골난망이옵니다. 이 은혜 잊지 않고 약속 지키겠습니다."

이렇게 두 명 중 한 명은 옥에 다시 들어갔고 한 명은 풀려났다. 눈앞에서 펼쳐지는 광경을 영안으로 보고도 내가 지금 홀린 것 아닌가 하는 생각과 정말 명(命)을 내린 대로 서태후가 정말 풀려나는 것인가 하는 의문도 일어났다.

그런 생각을 잠시하고 있을 때 황후 옷을 입은 어떤 여자가 저자 앞에 와서 멈추어 섰다. 양쪽에선 시녀 둘이서 황후를 시중하며 절하는 것을 도와주고 있었다. 그렇게 다섯 번에 걸쳐 공손히 예를 갖추고는 다가와 앉는다. 어디서 많이 본 듯한 용모가 준수하고 아름다운 얼굴이었다.

〈저자〉
"누구시기에 다짜고짜로 저에게 절을 하시는 겁니까?"

〈상대〉
"제가 누군지 정녕 모르시겠는지요?"

〈저자〉
"글쎄, 잘 모르겠습니다만…."

〈상대〉
"예, 선생님! 태상전황 폐하께서 사면령을 내리시어 제가 조금 전 옥사에서 풀려난 서태후입니다. 의관을 갖추고 황후 의상을 입고 화장까지 하였으니 몰라보시는 게 당연하지요."

〈저자〉
"예? 당신이 저~ 정말 서~서태후라고요?"

〈서태후〉
"이 황후 옷은 제가 살아생전 즐겨 입던 의상입니다."

정말 알아볼 수가 없었지만 목소리는 귀에 익은 소리였고 자세히 살펴보니 얼마 전의 초췌한 모습이 떠오른다. 그러고 보니 조금 닮았고 용모 또한 나이는 들었지만 준수하였고 아름다웠다. 죄업에서 풀려나니 얼굴에 생기가 돌고 붉게 홍조까지 띠고 있어 여인네의 냄새가 풍겼다.

울긋불긋한 황후 옷과 의관은 아름다웠고 장식들이 하늘거리며 휘황찬란하게 금과옥조가 반짝이듯 빛나고 있었다. 이제는 정말 태후의 위엄이 서려 있는 모습 그 자체였다. 지옥에서 풀려난 그 모습은 한마디로 선녀 같았고 옷이 날개라고 하더니 정말 사람이 180도 다르게 보였다. 높은 벼슬을 하면 그래서 관복과 관모에 신분을 표시하는 고급장식들을 주렁주렁 매달고 다니는가 보다.

〈서태후〉
"이제 생전의 의관을 갖추어 입었으니 중국을 이끌어가는 당 간부들에게 꿈으로 찾아가서 진시황과 저의 뜻을 현몽으로 전하겠습니다."

〈저자〉
"알았소이다. 그러면 언제 돌려주게 된다는 말씀인가요?"

〈서태후〉
"예, 세상 시간으로는 시간이 좀 걸릴 것입니다. 그것이 빨리 이루어지려면 선생님께서 천신의 나라 천신국을 세우시고 신으로 등극하셔야 하며 그분의 신명 몸 주가 되어 천지공사를 보시면 빠른 시간 안에 현실로 이루어질 것입니다."

〈저자〉

“꽤 많은 시간이 걸리는군요.”

〈서태후〉

“예, 그렇습니다. 지금 당장 그 땅을 돌려준다고 하여도 선생님께는 공로도 없고 도움이 안 됩니다. 한민족이나 동북삼성의 백성들은 선생님이 옛 고구려 땅을 찾는 엄청난 신명공사를 보셨다는 것을 모르기에 그때까진 참으셔야 합니다.

서 역시도 아직 옥사에 볼모로 갇혀 있는 진시황제님을 생각하면 하루라도 빨리 그 뜻이 이루어지게 해달라고 하고 싶지만 천지주인이신 하늘의 뜻이 그게 아니라 저로서도 어쩌지 못하니 양해하시기 바랍니다.

답답하셔도 참아야 하고 모든 것은 하늘과 땅과 인간이 때를 맞추어야 천지조화가 일어납니다. 그러니까 선생님이 천신의 나라 천신국을 세워 어느 궤도까지 올려놓고 세상 사람들이 많이 참여하고 인정하며 따라야 합니다. 그래야만 선생님이 세우신 천신국과 동북삼성의 백성들이 만세를 외치며 진실한 마음에서 선생님을 신으로 받들며 존경하게 될 것입니다.

천신의 나라 천신국이 세워지면 세계 인류가 모두 해원(독립)하게 되고 선생님을 신으로 받들어 모시게 됩니다. 세계는 한민족 신인(神人)들의 지배 아래 살게 되며 전쟁 없는 지구촌을 건설하시게 되고 천신국에 들어가서 신인합체식을 한 수많은 신인들은 천상의 신들과 다를 바 없으므로 다른 나라 백성들이 두려워할 수밖에 없습니다.

힘으로 하는 것이 아니고 신력(神力)으로 천지조화를 부리니 핵무기도 맥을 못 추고 써먹을 데가 없어서 모두 폐기 처분하게 됩니다. 신의 몸이 되실 선생님은 엄청난 위력을 가진 창조주의 신명정기와 천령정기가 있습니다. 말 한마디에 모든 신명들을 움직이는 절대 권능을 갖게 됩니다.

만일 어떤 나라가 전쟁을 준비한다면 신명들에게 命을 내리어 침략국가의 수뇌부와 장군들의 영혼을 모조리 불러들여 그들을 항복시키고, 굴복하지 않는 영혼들은 산 육신의 목숨이 위태로워집니다.

그러면 살아 있는 육신은 뇌사나 중풍, 뇌출혈로 쓰러지게 되어 폐인이 되거나 생명을 잃게 됩니다. 장차 이런 무서운 신의 능력을 갖게 되실 신명의 몸이십니다. 마음만 먹어도 신명들이 알아서 처결하니 선생님이 어찌 두렵지 않겠습니까?

전쟁을 도모하던 그들의 살아 있는 육신들은 껍데기에 불과하고 한마디로 넋이 나간 상태로 식물인간이 되어 전쟁을 일으킬 수 없습니다."

〈저자〉

"서태후가 그리도 많은 것을 알고 있을 줄은 몰랐소이다."

〈서태후〉

"이렇게 저를 풀어주신 은혜에 조금이라도 보답하고자 하늘의 뜻을 아는 대로 일러드리는 것입니다. 선생님이 세우려는 천신의 나라 천신국은 이미 신명들이 오래전부터 계획하였던 일이었으나 인간들이 돈벌이에만 급급하여 종교를 내세워 하늘의 뜻을 제대로 이행하지 못하였던 것입니다.

신에서 원하는 것은 종교가 아니라 사람 개개인이 신명들의 집이므로 살아 있는 신명세계를 세우고자 했으나 때가 되지 않고 인물 또한 없어서 지금까지 왔던 것입니다. 선생님 한 분 탄생하기를 얼마나 많은 신명들이 애타게 기다리고 있었는지 모르실 겁니다. 천신의 나라 천신국을 세울 분은 지구상에 마지막으로 한 분 남았다고 들었기 때문입니다.

다른 사람들이 몇 명 있었지만 그들은 잘 가다가 대부분 교주로 빠져들었습니다. 진정한 천신국을 세울 수가 없었고 신명기운 조금 내려주면 하나같이 도인 행세하고 목사, 신부, 승려, 보살, 무당이나 하고 있으니 천상의 신명들은 정말 속 터지고 울화통이 머리끝까지 치솟아 있습니다."

〈저자〉
"참으로 많은 것을 알려주니 고맙소이다."

〈서태후〉
"이미 신명들께서 모든 준비를 하고 있으니 계시 내리는 대로 대차게 밀고 나가시기 바랍니다. 주위에서 음해하고 사이비라 몰아세우는 무리들이 많이 나타날 것이지만 신경 쓰지 말고 헤쳐나가셔야 합니다. 선생님께서 말씀만 하시면 그것은 하늘과 신의 명(命)이 되어 내리고 그다음 일들은 신명들의 몫이니 命 받은 대로 집행할 것입니다."

〈저자〉

“잘 알겠소. 자 이제 돌아가 그동안 만나보지 못했던 그대의 살아 있는 자손들과 이미 돌아가신 조상이나 황실 후손들을 만나보시구려. 어찌 살아가고 있는지 말이오.”

〈서태후〉

“예, 고맙습니다. 이제 돌아가겠으며 은혜 늘 잊지 않겠습니다. 하루빨리 신으로 즉위식을 행하여 등극하시어 지구촌의 수많은 억울한 민족들을 독립시켜 구원해 주시기 바랍니다.”

참으로 서태후와 오랜 시간 대화였고 구구절절 옳은 말이었다. 대조영 발해왕의 소원은 시간이야 조금 걸리겠지만 이루어질 것이고 이미 천상에 신명들은 만반의 준비가 되어 있다고 계시가 내려왔다.

진시황은 기원전 259년에 태어나 13세 때 왕위에 올랐고 중국 대륙을 최초로 통일한 황제로서 왕에서 처음으로 황제라는 존호를 썼던 장본인이다. 기원전 210년에 50세의 나이로 사망했다. 서태후는 자희황태후라고도 불리며 1850~1861년까지 재위한 청나라 함풍황제의 후궁으로 황제가 죽자 6살 난 아들을 왕위에 올려놓고 반대파를 모조리 숙청하였으며 섭정과 폭정을 일삼았던 인물로 1835년에 태어나 73세를 일기로 1908년에 사망했다.

수억 년 동안 하늘과 신들이 기다려오던 천신의 나라 천신국이 세워질 것이고 하늘은 스스로 돕는 자를 돕는다고 했듯이 이제 지구의 분쟁은 모든 곳에서 끝나야 한다.

국가 간에는 힘으로 빼앗는 것이 생리이며 한마디로 개인이든 국가든 침략당할 수밖에 없고, 일단 나라를 빼앗기면 다시 찾아오기란 매우 어려운 일이다. 지금의 세계 판도를 보면 힘없이는 국가의 존속 자체가 불가능해서 약하면 내일이라도 내 땅을 넘겨주어야 한다.

북한이 핵무기를 개발하는 것을 두고 미국이 포기를 종용하고 한국 여론도 따라가는 추세이지만 저자는 그 정반대이다. 북한이라도 핵무장을 해둬야 한국이든 북한이든 어떤 외세로부터 침략받았을 때 핵으로 응징할 수 있는 것이다.

한민족은 어찌 되었든 잃어버린 만주의 동북삼성(흑룡강성, 요령성, 길림성)을 되찾아야 한다. 이곳에는 조선족이 200만 명 정도 살고 있는 한민족의 땅이지만 이 땅을 되찾는데 현시점에서는 무력도 통하지 않는다.

중국의 군사력이 막강하기 때문에 한국 정부가 감히 내놓으라고 말할 처지가 아니다. 유일한 방법은 신들의 천지조화만 바라고 기다리는 수밖에 없다. 그러나 신들도 인간 몸이 있어야 천지공사를 볼 수 있는 것이다. 하지만 사람들은 움직이지 않고 가만히 있어도 신들이 모두 다 해주는 줄 착각하고 있다.

그래서 저자가 하늘 제자의 길로 들어와서 사람마다 신명들이 있고, 찾아주기를 학수고대하며 기다리고 있다는 사실을 찾아내었다. 이제 고정관념의 틀 속에서 모두 벗어나 각자가 신명들과 하나 되어 신의 저주를 피하고 정신적으로도 지구촌 유일한 신의 종주국이 되어야 한다.

이렇게 12박 13일 동안 중국 대륙을 다니면서 하늘이 내려주신 천상지상 공무를 집행한 후 귀국길에 올랐다. 자금성은 정말 엄청나게 큰 지상궁전이었고, 이곳에서 거대 중국을 세우는 천지기운이 한없이 분출되고 있음을 확인하였다.

12박 13일 동안 중국 대륙을 주유하면서 하늘이신 태상천황폐하께서 내리시는 천지기운을 온몸으로 마음껏 받았고 이 기운으로 자금성을 훨씬 능가하는 세계 최대 규모의 지상 천신국 태상천궁 궁전을 거대하게 세울 것을 다짐하였다.

하늘께 진정으로 최고의 공덕을 쌓을 사람들은 종교에 헌납하지 말고 신의 종주국이 될 천신의 나라 천신국 태상천궁을 세우고 건설하는 데 적극적으로 동참한다면 살아서나 죽어서나 당사자 본인과 자손, 후손들이 보호받고 신비로운 천지기운, 신명정기, 천상정기, 천령정기가 무궁무진 내려간다.

죽은 뒤 천상에 올라가서도 공로를 인정받아 제후(왕), 왕비나 대신(장관)의 높은 자리에 오르게 되는 특별한 혜택이 내려진다. 육신이 살아 있어야만 천공(돈)을 올릴 수 있기에 죽어서는 절대로 하늘께 공덕을 쌓을 수 없다. 지금 살아서 글을 읽어보는 것조차도 행운이자 천운이 따르는 사람들이다.

여러분 독자들이 천지만생만물 중에서 축생이나 미물이 아닌 사람으로 태어나 성공하고 출세한 삶을 살아가고 있는 것은 신의 종주국이 될 천신의 나라 천신국에 들어와서 하늘이 내리시는 명을 받아 영원한 사후세계를 보장받기 위한 천재일우의 기회를 공평하게 내려주신 것임을 알아야 한다.

개, 돼지처럼 한세상 잘 먹고 잘살기 위해서 사람으로 태어나게 해주신 것이 아니었다. 지금 살아 있는 사람들은 수십 년 안에 모두가 죽는다. 살아서든 죽어서든 천생, 전생에서 지은 죄를 심판받아 사후세계로 입문해야 하는데 모두가 죽음의 저승세계가 무섭지 않은지 너무들 천하태평이다.

저승세계가 하나도 무섭지 않은 모양들이다. 살아생전 죽은 자들의 혼령들과 아수라, 악신, 악령, 악귀잡귀, 동물령, 귀신들의 사례 글처럼 불러서 자유롭게 대화를 나누어보는데 모두가 고통스러워서 살려달라고 아우성들이다. 죽어서 애걸복걸하며 빌어봐야 아무 소용없기에 육신이 살아 있을 때 사후세계를 하늘로부터 보장받아야 한다.

사후세계 미리 보기로 여러분의 죽음 이후 세계를 자신의 신과 영이 영매사를 통해서 볼 수 있는 인류 최초의 비법을 찾아내었으니 죽어서 후회하지 말고, 살아서 자신의 사후세계를 미리 보고 무서운 죽음의 세계에서 고통을 면하려면 하늘이 내리시는 명을 받들어야 지옥세계 명부전에서 고문형벌을 받지 않고, 죽음과 동시에 천상의 3천궁으로 올라간다. 하늘의 명을 받으면 지옥세계 명부전에서 여러분을 심판하지 못한다.

히로히토 천황이 살아생전 말 못한 참회

1999년 9월경 5박 6일 일정으로 일본에 천지공사를 보러 제자를 대동하고 갔었다. 황거(왕궁), 명치신궁, 동조궁, 후지산에 가서 신명들을 청배하여 신명공사를 보았다. 지구촌에서 일본만큼 신을 잘 섬기는 나라도 드물 것이다.

집집마다 신단을 모시고 있고 나라에는 신사(神社)와 신궁이 모셔져 있어 늘 조상신과 함께하는 나라이다. 일본 강점기 때는 한국의 고유신앙인 단군 숭배와 무속을 미신이라 하여 철저히 배척시켰던 자들이다. 자기네들은 조상신이나 개국 신을 정성껏 숭배하면서도 말이다.

미신이란 말은 일본인들이 처음 만들어냈고, 그 이유는 자기네 개국신 '아마테라스 오미카미'를 치켜세우기 위하여 한민족의 단군 조상과 고유신앙을 미신으로 격하시킨 것인데 우리 민족은 일본인들 속마음도 모르고 미신이라는 말 한마디에 고유민속과 단군 조상 모두를 길거리에 내팽개쳐버렸다.

자기 정신과 조상을 버린 민족을 불쌍하다고 해야 할지 미련하다고 해야 할지 모르겠다. 후지산에서 천지대공사를 보고 있는데 히로히토 전 일본 천황이 손발이 묶인 채 엉거주춤 찾아와서, 무릎 꿇고 절도 제대로 못하면서 살려달라고 손을 비비며 애걸복걸 빌고 있었다.

히로히토 천황은 형편없는 모습으로 얼굴엔 흉터 자국이 여러 곳에 나 있었다. 전쟁 중에 억울하게 원한 갖고 죽은 수많은 귀신에게 몰매를 맞고 할퀴고 물어뜯기며 괴롭힘을 심하게 당하고 있는 영상이 선명하게 보였다.

살아서 생전의 천황 권세는 모두 어디 가고 힘없이 귀신들로부터 정신 못 차리게 두들겨 맞고 있는 것일까? 죽어봐야 저승길이 어떤지 안다,라는 말이 실감나는 대목이나.

이자가 살아생전 1억 2천 일본 인구를 호령하고 세계 2차 대전을 일으켜 젊은 청춘을 가미카제로 태평양 바닷속에 수장시킨 장본인인 천왕이었단 말인가? 차마 믿어지지 않는 모습이었고 한마디로 목불인견이며 측은해 보였다.

〈히로히토〉
"저 좀 살려주십시오. 생전의 죄가 너무 많아 이렇게 지옥에 갇혀 있고 귀신들로부터 너무나 많이 얻어맞았고 온갖 괴롭힘을 당하고 있습니다."

〈저자〉
"누구이며 무슨 일로 오셨는지요?"

〈히로히토〉
"죽을죄를 지었습니다. 저는 대일본국 히로히토 천황이며 세계 2차 대전을 일으켰던 장본인입니다. 용서해 달라고 찾아

뵈었습니다.” 머쓱한 표정을 지으며 몸이 가려운 듯 몸을 비비틀면서 억지로 말문을 열고 있었다.

〈히로히토〉

“전쟁을 일으킨 제가 무슨 할 말이 있겠습니까? 수백만 청춘들을 전쟁으로 내몰아 떼죽음을 당하게 하고 남의 나라를 침략하였으니 천 번 만 번 벌을 받아도 할 말이 없습니다. 죽으면 모든 것을 잊고 끝나는 줄 알았는데 이리도 고통스러울 줄은 정말 몰랐습니다. 고통이 너무 심하여 참을 수가 없으며 고문형벌이라도 덜 받았으면 하는 바람입니다.”

〈저자〉

“그것이 당신이 지은 죄의 대가인데 무슨 할 말이 많은가요? 당신으로 인해서 동남아 일대 나라와 한민족이 흘린 피는 얼마나 참혹한지 알고 있나요. 지금도 전쟁 후유증으로 고통받고 있는 사람들이 엄청 많습니다.

징용되어 죽은 사람과 노역장에 끌려가 원폭으로 죽은 사람 그리고 꽃다운 여자들을 위안부로 징집해서 한 많은 생을 살아가는 피해자들이 얼마인데 당신이 고통스럽다고 이렇게 나타나 하소연할 수 있단 말이오?”

〈히로히토〉

“아~흑… 흑, 죽을죄를 졌지만 한 번만 용서해 주십시오. 이렇게 빌고 빕니다.”

〈저자〉

"그리 빈다고 용서가 될 것 같으면 무슨 걱정입니까? 그런데 왜 저에게 찾아와 살려달라고 애원하시는 겁니까?"

〈히로히토〉

"저희 황실의 자손들이 천지신명께 많은 사죄 치성을 올렸지만 도무지 효험이 없습니다. 개국 신이신 아마테라스 오미카미 신명께도 빌어보았지만 저의 죄가 너무 많고 용서되지 않아서 이렇게 매일 형문을 당하고 있습니다.

조상신과 나라신과 천지신명에게 용서를 빌어보아노 아무런 응답이 없어서 이제 마지막으로 선생님께 찾아온 겁니다. 선생님이라면 저의 죄를 용서하고 사면해 줄 능력이 있는 분이라고 알고 있습니다. 딱 한 번만 선처해 주시기 바랍니다."

〈저자〉

"내가 누구며 그런 능력이 있다고 믿고 있습니까?"

〈히로히토〉

"예, 그런 것을 알고 있기에 감히 이렇게 찾아왔지 그런 능력이 없으신 분이라면 제가 어찌 이렇게 무릎 꿇고 애원하겠습니까? 생전에 명색이 천황 신분인데 육신이 죽었더라도 체면상 아무에게나 이렇게 무릎을 꿇을 수는 없지요.

살아서는 그래도 제가 대 일본제국의 천황이었지만 죽어서는 생전에 수백만 명의 인명을 살상한 죄의 대가로 지옥에 떨어져 이렇게 고통을 당하고 있습니다. 제발 선생님께서 하늘을 대신하시어 저의 죄를 용서하시고 사면해 준다는 한마디

命만 내려주시면 돌아가겠습니다."

〈저자〉

"말도 안 되는 소리를 합니까? 내가 조물주라도 된단 말이오? 난 그런 능력도 없고 그런 위치에 있지도 않으니 돌아가세요. 나는 잠시 이곳에 기도하러 온 것뿐이오. 잘못하면 나도 신명께 혼납니다."

〈히로히토〉

"제발 한 번만 용서 바랍니다. 선생님이 천상에 하늘은 아니시지만, 그분의 命을 받드는 큰 하늘 제자로 인간세계 대리인이시니 천지주인께서 내리시는 하명과 진배없습니다. 통촉하소서!"

〈저자〉

"시끄럽소! 내가 설령 하늘의 전지전능한 능력을 받아 인간세상에서 신의 역할을 대신한다 해도, 지금은 그대를 하늘의 이름으로 용서하고 사면해 줄 수는 없소이다. 당신이 하늘로부터 사면을 받으려면 거기에 따르는 응분의 대가가 있어야 할 것이오. 억울하게 전쟁에서 죽은 저 수많은 혼령들의 원혼을 어찌 풀어줄 것이오?

그들 원혼을 달래주는 위령제와 합당한 보상을 해주고 다시 찾아오시오. 당신이 정말 천황이라면 당신 자손인 아키히토 천황에게 그렇게 꿈속에서라도 일러주시오."

〈히로히토〉

휴~, 무거운 한숨을 땅이 꺼져라 내쉬면서…

“예, 노력하겠습니다. 정성을 다해 위령제를 지내주고 진심으로 영령들에게 사죄드리겠습니다. 보상은 최대한 현실적으로 하라고 전하겠습니다.

전쟁에서 죽어간 이름 모를 아시아의 모든 영령들이시여!

대 일본제국 히로히토 천황이 살아생전 못한 사죄 말씀을 드리니 허공중천을 떠도는 영령들은 저의 진심 어린 참회를 들어주시기 바랍니다.

살아서도 할 수 없었던 이 말은 정녕 저의 진심이오니 받아주소서. 전쟁에 동원되었다 목숨을 잃은 아시아 모든 국가 영령들께 무릎 꿇어 죄를 청하오니 이 못난 히로히토 일본 천황을 용서하여 주소서.

살아생전에는 대 일본제국 천황이라는 신분 때문에 무릎도 꿇을 수 없었고 사과의 말씀도 진정으로 올릴 수 없었습니다. 무참히 죽어간 모든 영령들에게 정말 죄송하며 잘못했으니 용서하여 주소서. 오늘 혼령으로 선생님께 찾아와 참회할 수 있는 시간이 주어진 것에 대해 대단히 고맙게 생각합니다.

나의 백성들이라 하더라도 지금의 이내 심정을 알지 못합니다. 나라를 위해서 전쟁을 일으켰지만 그것이 무모하다는 것을 뼈저리게 느끼고 있습니다. 우리 선생님의 육신을 빌어 이렇게 사죄드리고 나니 가슴이 후련합니다.

제가 죽어서 육신이 없는데 이렇게 저의 말을 할 수 있게 되어 다행으로 생각합니다. 죽은 혼령으로나마 전쟁에서 죽은 모든 영령들에게 사죄 말씀을 드리게 된 것 정말 감회가 깊습니다. 일본의 침략으로 수많은 피해를 입은 한반도, 중국, 소련, 미국, 동남아 모든 국가에 다시 한 번 진심으로 사죄드리며 이것으로써 저에 대한 모든 죄를 용서하여 주시기 바랍니다.

대 일본제국 백성들이여!

패자는 할 말이 없습니다. 국민 여러분! 정말 죄송합니다. 여러분의 귀한 자손들도 전쟁에서 아까운 목숨을 수없이 잃게 하였으니 저를 모두 용서하시기 바랍니다. 천황이라는 신분의 체면 때문에 살아생전 좀 더 솔직히 사과드리지 못하고 세상을 떠난 점 이해하여 주시기 바랍니다.

천황 신분이란 함부로 사죄의 말을 할 수 없는 자리로써 괴로워도 슬퍼도 기뻐도 드러내놓고 표현할 수 없었습니다. 제가 선생님 육신을 빌려서 사죄하는 모습이 일본 국가와 황실에 자존심 상한다고 하시는 국민도 있을 줄 압니다만 모두 다 저를 용서하시기 바랍니다.

이 기회를 놓치면 어느 누구도 저의 말을 대신하여 영령들에게 사죄의 말을 전해 줄 사람이 지구상에 없기 때문입니다. 또한 저의 죄를 용서하고 사면해 줄 분도 없습니다.

지금은 평범한 분에 불과하지만 장차 신명세계 '하늘이신 태상천황 폐하'의 대행자 몸이 되실 분이기에 모든 것을 터놓고 말씀드리는 것입니다. 저의 죄를 모두 참회하고 고백해야 고통스런 지옥에서 빨리 벗어날 수 있기 때문입니다."

〈저자〉

"죄는 밉지만 인간은 미워하지 말라고 했습니다. 본인의 간청은 딱하지만 신명세계에도 법칙이 있습니다. 본인의 죄를 용서받으려면 일본 정부에서 저 억울하게 죽어간 수백만 영혼들을 위로하고 피해보상을 성의껏 해주어야 합니다. 그러면 살아남은 사람들도 이제 당신을 용서할 수 있을 것입니다.

이렇게 되면 그때 당신의 모든 죄업을 사면해 줄 수 있을 것입니다. 지금 사면해 준다면 저 한 많은 영혼들의 원성을 어찌 내가 감당할 수 있습니까? 그리고 아직도 당신네 일본 정부는 침략 명분을 내세우기 위하여 1,500년 전부터 한국 땅인 독도를 100년 전부터 일본 땅이라고 망언하고 있소이다."

이 말에 히로히토 천황은 처음과는 달리 풀기 없이 어깨를 축 늘어뜨리고 하염없이 흐느껴 울고 있었다. 진정 참회하는 모습을 보였다. 그는 한참 후 눈물을 닦으면서 일어나더니 다시 풀썩 주저앉는다. 맥이 다 빠져버린 것이다.

흐느적거리며 무거운 쇠사슬을 끌고 뒷걸음질 치다가 힘이 없어 또 앞으로 고꾸라지고 있었다. 죄는 지었으나 그 모습이 너무 불쌍해 연민의 정이 갔다. 히로히토 천황은 다시 힘겹게 일어나더니 떨어지지 않는 발걸음을 한 발 두 발 뒷걸음으로 물러나더니 이내 옥사로 돌아갔다.

그는 깨달았을 것이다. 살아생전에는 1억 2천만 국민으로부터 천황으로 존경받았던 몸이었는데 죽어보니 지은 죄로 인하여 엄청난 고통을 받게 된 것이 꿈과도 같았을 게다. 수백만 젊은 청춘들을 전쟁터로 내몰아 죽였다.

2차 대전에 강제징용으로 한국의 부모형제 자녀들과 자국 일본인들도 전쟁터에서 죽게 하였다. 때론 군인들의 위안부로서 씻을 수 없는 가슴의 상처를 입혔고, 이팔청춘의 꽃다운 낭자는 이제 80~90대 할머니가 되어 지난날의 악몽을 잊지 못하고 한 맺힌 세월을 살아가고 있다.

또한, 전쟁터에서 총알받이가 되어 청춘 원귀가 되었거나 생체실험으로 개죽음당한 수많은 원혼이 하늘을 찌르고 있는데 어찌 히로히토 천황을 용서해 준단 말인가? 하늘의 법도대로라면 일본은 반드시 인과응보의 천벌을 받아 나라는 수장되어 그 흔적이 사라졌어야 한다. 하늘엔 억울하게 죽은 원귀의 기운이 가득 충만하니 일본은 그 기운을 어떻게 무엇으로 막아낼지 모르겠다.

또한, 일본국 조상이 누구인지 알기나 하고 이 한민족을 그리 살상하였단 말인가? 일본 황실은 이 나라를 세우신 단군 할아버지의 윗대 조상인 한웅천황 시대에 세력다툼에서 밀려난 호족이 4,500여 년 전 일본으로 건너가서 세운 나라이다.

따지고 보면 같은 할아버지의 자손인데 혈족 간에 피를 부르며 침략을 하고 있다. 저자도 한웅천황의 자손으로 태조 조상께서도 진노함은 물론 응분의 대가가 있을 것이라 말씀하시었다. 일본 원주민은 말 그대로 키가 작다.

대부분 일본 국민과 한국 사람이 지금은 같은 모습이고 같은 혈족인데도 임진왜란을 비롯하여 36년간 피비린내 나는 참혹한 역사가 있었다. 피 터지게 얻어맞고 나서 보니까 같은 조상을 둔 형제가 그리 못살게 굴고 침략하였던 것이다. 아마 일본 황실은 자기 조상들이 한웅천황 자손이라는 것을 알고도 이런 침략을 감행한 것으로 추측되며 천황이라는 명칭도 한웅천황에서 딴 것으로 보인다.

하기는 한국 역사에 보면 조선시대 3대 임금 태종 이방원뿐만 아니라 왕족들이 왕위 자리를 놓고 혈족을 수없이 죽인 사례가 그 얼마이던가? 힘없는 것이 죄라면 죄가 될 것이다. 일본 후지산 신명공사 기도 중에 백발에 허름한 옷차림의 노인이 찾아와서 정중히 절을 하며 무릎을 꿇고 앉는다. 명치천황이라고 소개하면서 절박한 어조로 간절히 애원하였다.

〈명치천황〉

"하늘에서는 우리 황실의 장자 대를 끊어지게 하려고 자손을 점지하지 않고 있습니다." 제발 손자 하나 낳게 해달라고 손을 비벼대며 애원하듯 빌고 있었다. 참으로 모를 일이다. 생전에 천황의 그 위상은 어디로 가고 백발노인이 되어 체면이고 뭐고 가릴 것 없이 이렇게 애절하게 빌고 있단 말인가?

〈저자〉

"그대가 지난날 이 나라의 명치천황 맞습니까?"

〈명치천황〉

"네, 그렇습니다."

일본에 도술 부리는 도인이나 보살, 주술사, 심령학자, 일류 의학자들이 많이 있을진대 어떻게 아들 하나 점지하게 못 한단 말인가? 그들도 신을 숭배하고 하늘에 제를 올리는데 말이다. 신께 지극정성들이면 될 법도 한데, 결과로 보면 아무리 용한 무당 불러 굿을 하고 천지신명께 천제를 올리며 빌어도 안 되는 모양이다.

일본이나 중국, 한국에서 당대 최고의 천신 제자들을 찾아서 모든 방법을 총동원해 보았을 것이다. 그러나 지구촌 어딘가에 자손을 낳게 하는 신명이 있을 거라 믿으며 지금도 찾고 있을 것이다.

〈저자〉
"마사코를 통한 자손 얻기는 불가능에 가깝소이다. 당신들이 지은 살생의 죄가 너무 많아 더 이상 자손을 내려주지 않을 것이오. 인과응보이니 겸허하게 받아들이고 하늘에선 일본 황실의 죄가 커서 용서해 줄 수 없다 하니 이만 돌아가시오."

오죽했으면 할아버지 천황께서 저자 앞에 나타났을까? 또한, 그의 자손 히로히토 천황은 죄 사함을 받으려고 찾아오지 않았던가? 명치천황은 어떤 조건이든지 신께서 일본을 보호해 준다면 무엇이든지 대가를 지불하겠다고 하였다.

지옥세계 죄인 국문현장을 가보았더니

책을 집필하다 갑자기 신명정기 기운이 내려 의자에 앉은 채로 눈을 감았더니 영안이 열리면서 이끌리는 대로 따라갔는데 이때가 새벽 2시쯤이었다. 어느 시골길을 자동차로 달리던 중 40대 남자와 여자가 차를 세웠다. 죄송하지만 두 정거장 거리만 태워달라는 것이어서 그들을 태우고 2km 정도 달렸더니 다 왔다며 차를 세워달라고 한다.

그러면서 실례가 안 되시면 잠시 저희와 함께 가줄 수 있느냐고 하기에 선뜻 내키지는 않았지만 응해 주었다. 차에서 내리더니 공동묘지로 올라가는 것이었고 조금은 무서운 생각도 없는 것은 아니었지만 사연을 알아보려고 따라 올라갔다.

10여 분 올라가니 호화스런 봉분이 2개 나란히 있는 어느 묘소 앞에 당도하였다. 김○○지묘와 이○○지묘. 준비해 간 술과 과일을 올려놓고 향을 피우며 정성스레 3배의 절을 올리며 지하에 계시는 부모님 전에 흐느끼며 고하는 것이었다.

부모님 살아생전에는 기업이 승승장구하며 남부럽지 않게 잘 돌아갔는데 비명에 돌아가신 지 3년 만에 회사는 풍비박산이 나버렸다며 어깨가 들썩이게 소리 내어 울어서 지켜보는 나 역시 어느새 눈가에 눈물이 비치고 있었다.

사연을 들어보니 1천억 원대가 넘는 재산가였으나 아버지와 어머니가 교통사고로 함께 돌아가시고 회사 일이 걷잡을 수 없이 벽에 부딪쳤다고 한다. 공장에 불이 나서 수백억에 달하는 재료와 완성제품이 하루아침에 잿더미로 변했고, 받아놓았던 수백억 어음이 부도가 나면서 사채 끌어다가 메우다 보니 정신을 차릴 수 없었다고 한다.

어느새 집 가재도구에 딱지가 붙었고 집은 경매로, 회사는 타인에게 넘어갔고 집에서 타던 자동차들도 모두 사채업자가 끌고 가버려서 이곳 근처로 쫓겨와서 단칸방에 사글세로 살고 있다는 것이었다.

저자가 이야기를 듣고 있다가 짚이는 곳이 있어서 물어보았다. 할아버지와 할머니는 어떻게 돌아가셨으며 제사는 잘 지내주느냐고 하니까 말을 못한다. 두 분 모두 교통사고로 사망하셨고, 아버지와 어머니는 어느 종교에 열렬한 신도였는데 제사는 안 지내고 제삿날 기도만 올렸다고 하며 종교에 빠지기 전에는 아주 정성껏 잘 지냈다고 했다.

그래서 나는 두 사람의 양해를 구하고 그 자리에서 저승행 열차를 불렀고 3인이 탄 열차는 전속력을 내며 지옥세계 명부전으로 달려갔다. 얼마간 시간이 흘렀는지 열차가 철커덕 하고 정지하였다. 차에서 내려 사방을 둘러보니 수많은 사람들이 한 곳으로 끌려가고 있어서 따라가 보았다.

검은 의관을 입은 무시무시한 장정들이 지금 막 끌고 온 사람들을 무릎 꿇리고 형틀에 묶고 있었다. 지옥의 명부세계였다. 둘러보니 원형광장이 엄청나게 크게 보였다. 한 곳에 서서 둘러보면 사방이 모두 보였다.

명부전의 10대왕들이 화려한 의관을 입고 상단에 좌우 신명을 거느리고 위엄이 서린 모습으로 앉아 있다. 어느 한 죄인이 칼날이 꽂혀 있는 형틀에 피를 흘리며 묶여 있고 그 옆에는 여인네가 머리를 풀어헤치고 역시 형틀에 묶여 있었다.

칼날에 묶인 것을 보니 명부시왕 중 제 1전에 진광대왕이었고 여기는 도산지옥을 관장하는 대왕으로 경오생 신미생 임신생 계유생 갑술생 을해생의 죄인들을 다루는 곳이다. 세상에서 죄를 지었거나 남을 괴롭히거나 피눈물을 흘리게 한 사람들을 불러다 칼날을 산같이 꽂아둔 지옥에 가두는 형장이다.

진광대왕이 나하고 시선이 마주치자 앉은 자리에서 벌떡 일어났다. 옆에 있던 다른 판관과 나찰들이 영문도 모른 채 함께 시선을 내게로 모으더니 양손을 합수하고 머리 위까지 높이 들어 올렸다가 엎드리며 큰절을 올리는 것이었다.

무슨 일인가 어리둥절하여 좌우를 둘러보니 내 주위에 언제 어디서 왔는지 천상에서 내려온 수백 명의 신명들이 좌우를 보위하고 나의 의관이 황금용포로 입혀져 있었다. 10대왕과 판관, 나찰들이 모두 엎드려 내 쪽 방향을 향하여 절을 하고 있는 모습들이 보였다.

명부전에 10대왕들이 엎드려 있는 채로…

〈명부시왕 일동〉

“어서 납시지요, 황제 폐하!

연통도 안 주시고 갑자기 여기까진 어인 일로 납시었는지 여쭤도 되겠나이까?” 내가 어느새 황제 폐하의 의관을 입고 있었던 것이다.

〈저자〉

“수고들 많으시오. 난 이곳에서 죄인들 형문하는 것을 직접 지켜볼 것이니 모두 일어나시어 공무를 집행토록 하시오. 어느 공동묘지에 따라갔다가 슬피 울고 있는 두 내외의 사연을 듣고 갑자기 오게 되었소이다. 내가 그의 조상을 보고 싶소. 생전에 어떤 죄를 짓고 이곳에 와 있는지 말이오. 그들부터 국문할 수 있으면 좋겠소이다.”

〈진광대왕〉

“예~ 분부대로 지엄하신 命을 속히 받들겠나이다.”

명부전 10대 대왕들이 모두 일어서며 명을 내린다.

〈진광대왕〉

“모두 각자 자리에 앉으시고 판관들은 죄인들의 죄목을 낱낱이 고하라”라고 대왕의 명령이 추상같이 내렸다. 제 5전의 염라대왕이 명부세계 신명들을 이끌고 어느새 내 옆에 서 있었다. 명부전 10대왕들 중에서 지옥세계를 대표하는 가장 우두머리 대왕이기 때문이다. 나찰들이 죄인 좌우에서 칼을 들고 서 있고 판관이 국문을 진행시키고 있다.

〈나찰〉

"건명 김○○ 영가와 곤명 이○○ 영가 대령했나이다"라고 진광대왕께 나찰들이 보고했다.

〈진광대왕〉

"판관은 이자들의 생전 죄목을 고하라."

〈판관〉

"예, 명 받들어 집행하겠나이다. 남자 죄인 죄목이옵니다.

너의 죄목 들어보아라!

어진 사람 음해하여 골탕 먹이고, 나쁜 일이라면 도맡아 하고, 도적질과 부정으로 재산 축적 산더미 같고, 밤마다 양주와 수지육림에 빠져 세월 가는 줄 모르고, 경마 도박에 회사 뭉칫돈 빼가고, 종업원 급료는 체불하며 사치 낭비는 극에 달하고, 작은 마누라 두어 가정불화하고 세금을 포탈한 죄입니다.

교회에 빠져 사탄, 마귀라며 산소에 벌초도 제대로 안 하고 조상 제사도 제때에 안 지내서 조상들의 분노를 유발시켰습니다. 조상들이 더 이상 자기들 후손이 아니니 "어서 저놈 잡아가 달라"고 이렇게 탄원서를 올렸나이다. 이자는 85세가 타고난 수명이었습니다만 61세에 교통사고로 데려왔습니다."

〈진광대왕〉

"이번에는 여자 죄인 불러내어 국문하라."

〈판관〉

"예, 여자 죄인 국문하겠나이다."

너의 죄목 들어보아라!

조상 제사 모시지 않고 시부모와 친부모에게 불효 박대하고, 동생 항렬 냉대하며 친척 불화 불 지피고, 괴악하고 간특한 년, 부모 말씀 거역하고, 동생 간에 이간질하고, 형제 불목하게 하며, 세상 간악 다 부리며, 수시로 마음 변하고, 못 듣는 데서 욕설하고, 마주 앉아 웃음 낙담 수다 떨고 성내는 년, 남의 말을 일삼는 년, 시기하기 좋아한 년, 남의 서방 탐내는 년이며 사치 낭비 일삼고 가정사 돌보지 않고 새파랗게 젊은 몇 놈과 눈이 맞아 날마다 바람피웠던 죄입니다.

이들 사는 것이 너무 눈꼴사나와 두 죄인의 조상들이 도저히 참을 수 없다고 조상 회의를 열었고, 명부전에 탄원서를 올려와 이들을 잡아들였습니다. 타고난 수명보다 20년 빨리 교통사고를 일으켜 데려왔습니다."

여인네는 아름다웠고 색기가 잘잘 흘러서 나이는 59세라고 했는데 40세 초반 정도로 너무 젊어 보였다. 판관이 읽은 죄목을 모두 들은 진광대왕은 격노하였다.

〈진광대왕〉

"전생에 지은 죄업이 많아서 이번 생에는 그 빚을 갚을 줄 알았더니만 구제불능이로다. 여봐라! 옥사장은 들어라, 두 연놈을 칼 위에 묶어놓고 두 시간마다 불러내어 온몸을 양팔, 양다리, 목, 허리를 6등분으로 나누어 칼로 자르고 찌르는 형문을 3,000년 동안 집행하라"고 명했다.

〈옥사장〉

"예, 명 받들어 분부 거행하겠나이다."

이들은 나찰들에게 이끌려 옥사로 들어갔다. 잠시 후 "아~악 잘못했습니다. 살려주세요." 울부짖으며 절규하는 남녀의 처절한 비명소리가 들려왔다.

참으로 끔찍한 일이었다. 사람들은 죽으면 모든 것이 끝인 줄 알고 살아가는데 이런 무서운 형벌이 기다리고 있는 광경을 바라보니 세상 살아가며 죄짓지 말고 살아야 한다는 교훈을 말해 주고 있었다.

저승의 형벌 종류는 매우 많으며 인간 세상의 형벌에 비교하면 백 배나 되며 만약 지금 세상 사람들이 그걸 본다면 참혹한 형벌이라 할 것이다. 사람이 차라리 인간 세상의 형벌을 받을망정, 절대로 저승법정에서는 형벌은 받지 말아야 한다.

즉 이 세상에서는 형을 선고받고 그 기간이 지나면 그것으로 끝나지만 저승에서는 형이 끝난 뒤에도 또다시 그 죄과에 따라 재형을 받는다. 비유하자면, 세상에서는 세 사람을 죽였다면 그 죄는 한 번 사형으로 끝나지만 저승에서는 반드시 세 번의 형을 받아야 한다. 형이 끝나면 다시 생을 바꿔 태어나 100대의 생까지 살인죄의 고통을 받는다.

그런데 그 형벌이 톱으로 자르고, 맷돌로 갈고, 칼끝을 뾰족뾰족 세운 산 위를 맨발로 걸어서 오르게 하고, 펄펄 끓는 기름 가마솥에 얼굴을 넣다 빼고, 불에 달군 쇠꼬챙이로 온몸을 찌르고 고문하며 수레로 사지를 찢고 하는 등의 형이 실제로 가해지니 죄의 업보는 참으로 두렵다.

지상법정에서 하늘이 내리시는 명을 받아 천인(天人)이 된 사람들은 죽은 뒤에 곧바로 천궁(天宮)에 올라가기 때문에 저승을 거치지 않는다. 이런 천인(天人)들은 저승명부에 이름이 없기 때문에 저승에서 심판할 수 없다.

독자들은 나름대로 판단하고 종교가 있든 없든 사후세계는 반드시 존재하니 지금까지 모르고 많은 죄를 지었거든 앞으로는 하늘께 죄를 비는 사죄의식을 행하고 죄를 사면받아 천궁으로 오르는 길을 택해야 한다.

누구나 모두가 언젠가는 돌아가야 할 사후세계이지만 무슨 천당과 지옥이 있느냐고 반문하는 독자들이 많이 있으리라고 생각된다. 죽어보면 잘못된 생각이라는 것을 즉시 알게 되며 그 증거는 "귀신이 있는가, 없는가와 신이 있느냐, 없느냐?"에서 알 수 있듯이 단어가 있는 것은 그 대상이 있다는 것을 싫어도 인정해야 한다.

누군가는 그런 세계를 보았기에 그런 말과 그림과 단어가 생겨난 것이고 공상이나 상상이 현실로 다가오는 데는 그리 많은 시간이 걸리지 않는다. 용과 봉황이 상상 속의 동물이라 하지만 천상에 실제로 존재하는 것을 영안으로 보아 그려냈고 그 형상은 왕을 상징하는 데 쓰고 있다.

제6부

천상으로 달려가는 길

인류를 살리시는 하늘

신의 종주국이자 천신의 나라 천신국과 인연 맺으면 근심 걱정 염려가 없게 된다. 새로운 도법세상은 역사 이래 처음 있는 가장 즐거운 말씀과 신묘한 천상정기가 내리는 신성한 곳이며 새 하늘, 새 땅, 새 인생이 펼쳐질 것이라고 모든 비결서에서 말하고 있다.

하늘이 나를 통해서 세상에 보여주시는 천변만화의 무소불위한 신비 조화는 이루 말이나 글로 다 표현하지 못할 정도로 방대하고 어마어마하시다.

이미 38년 전에 나의 몸으로 오시었지만 아무것도 모르던 시절이라 사회생활을 하고 있었지만 후천세계 도법세상 선포 날짜를 맞추시기 위해 세월을 기다리시다가 2001년 2월 4일 입춘 절입시간을 맞추어 천기 원년을 선포하신 것 같다.

앞으로 다가올 인류 종말을 불러올 천재지변과 괴질병 인간 구제역은 이미 오래전부터 예언하였다. 광우병(뇌에 구멍이 생겨 미친 소처럼 행동하다가 죽음)과 돼지 콜레라, 조류독감(AI, 조류인플루엔자)으로 소, 돼지, 오리, 닭들이 산 채로 생매장당하는 모습을 보고 오호통재라, 인간들에게 다가올 대재앙을 축생들의 생매장으로 장차 다가올 인류 종말을 미리 보여주신 것이었다고 하신다.

인간들이 말 못 하는 축생들처럼 산 채로 땅속에 생매장당하는 불행한 신세가 될 날이 눈앞으로 도래하였기에 여러분 각자는 생존할 수 있는 생존 도법주문을 수시로 독송하여 천재지변과 괴질, 인간 구제역에서 살아남아야 한다.

2015년 5월에 잠시 유행했던 괴질 메르스는 맛보기였다. 치료약이 없는 괴질로부터 목숨을 구해 낼 수 있는 유일한 방법은 나를 통해서 천상도법수분으로 내려주시는 하늘과 땅의 신비한 기운뿐이다.

어느 날 갑자기 전 세계적으로 천재지변과 괴질, 인간 구제역이 발병하면 치료약이 없기 때문에 9/10의 인구가 순식간에 사라질 것인데 유일한 생존법이 신비의 천상도법주문뿐이다. 말하는 대로 이루어지는 말법시대 개막. 중진사부터 천재지변과 괴질, 인간 구제역이 창궐하여 77억 인류가 1/10로 줄어드는 인간 추수기로 접어들고 있다.

진사성인출(辰巳聖人出)

진사(辰巳)란 용띠 해와 뱀띠 해를 말하고 이때 세상을 구할 난세의 영웅인 하늘이 내린 영도자(성인)가 이 나라 이 땅에 출현(출세)한다는 뜻이다. 거대한 천재지변과 괴질, 인간 구제역이 세계적으로 발생하여 씨를 추리는 시기에 인류를 구해 낼 대두목이 나타난다고 한다.

초진사 初辰巳(2000~2001년) 경진년, 신사년

중진사 中辰巳(2012~2013년) 임진년, 계사년
말진사 末辰巳(2024~2025년) 갑진년, 을사년
화진사 火辰巳(2036~2037년) 병진년, 정사년

진사 중에서 중진사부터 인간 추수기가 도래한다

중진사中辰巳(2012~2013년) 임진년, 계사년부터 다음 진사년이 시작되는 말진사末辰巳(2024~2025년) 갑진년, 을사년도 이전 7년간 천상도법주문을 외운 자들은 살아남고 말진사에 들어온 자들은 목숨을 보전받지 못한다고 되어 있다.

『격암유록』 비결서의 진사성인출(辰巳聖人出)과 오미락당당(午未樂堂堂). 이는 임진년과 계사년에 성인이 출현한다는 것이며, 출현한 성인(구세주)은 갑오년과 을미년에 집집마다 즐거움이 넘치게 하는 복된 좋은 소식(신비의 천상도법주문)과 기운(인류를 살리는 하늘의 천지기운, 신명정기, 천상정기, 천령정기)을 가져와 세상에 선포한다는 뜻이다.

초진사인 2000~2001년에 성인이 출세하였지만 아무도 몰라보고 있다. 하늘이 인간 몸으로 하생하시었다는 말인데 그 기원(紀元)이 천기(天紀)이고 이미 선포한 지 19년의 세월이 흘러갔다. 2001년 2월 4일 03시 28분 입춘 절입시간에 이 땅에서 천기 원년이 선포되었다.

예수의 서기 2,000년 선천기운이 2001년 2월 4일 03시 27분으로 끝나고 후천의 새로운 도법세상이 활짝 열리는 시점이 천기 원년 선포이다. 천상천하의 도를 관장하시는 하늘이 나의 육신을 빌리시어 천상 도솔천궁에서 이 땅으로 내려오시었으니 그분이 바로 도통천존 도솔천황 폐하이시다.

천재지변과 괴질, 인간 구제역 발병 시기!

하늘과 나를 능멸한 역천자 무리들과 가족들을 심판하기 위하여 상당히 앞당겨졌다. 남은 시각은 촌각에 불과할 정도밖에 없다. 지금도 천재지변, 화산 폭발, 지진, 쓰나미, 태풍, 토네이도, 화재, 혹서, 혹한, 사건 사고, 질병, 살해, 고소 고발, 관재구설을 통해서 부분적으로 심판하고 있다.

19년 7월 26일 현재 기상관측 이래 180년 만에 최고 기온 40~42도를 기록하고 있는 영국, 독일, 프랑스, 벨기에, 네덜란드, 덴마크, 체코, 슬로바키아, 오스트리아, 안도라, 룩셈부르크, 폴란드는 연일 사상 최고의 평균 기온을 기록했다.

유럽에서 이례적으로 살인적인 이상 기후가 연일 이어지고 있는 것은 단순한 이상 기후가 아니라 인류 심판의 일환이다. 반면 우리나라는 복중 여름인데도 27~30도를 오르내리며 크게 덥지 않은 것도 이례적이다.

하지만 지금부터는 인간의 능력으로는 감당할 수 없는 천재지변과 괴질, 인간 구제역이 세계적으로 발생하여 인간의 씨를 추리는 대재앙이 소리 없이 다가오고 있지만 아무도 눈치 채지 못하고 천하태평하게 속수무책으로 살아가고 있다.

하늘은 신비의 기운으로 치료약이 없는 괴질, 인간 구제역을 발생시킬 수도 있고 소멸시킬 수도 있다. 하늘과 땅을 능멸하고 배신한 역천자 죄인들을 극형으로 심판하고 처단하기 위해서 천재지변과 괴질, 인간 구제역이 반드시 필요하기 때문에 발생시킬 수밖에 없으실 것이다.

이미 몇 년 동안 소, 돼지, 오리, 닭들을 산 채로 생매장하는 무서운 광경을 전 세계 언론방송을 통하여 보여주었다. 이는 조만간 발생할 천재지변과 괴질, 인간 구제역을 미리 대비하라고 보여준 것이었지만 아무도 살려낼 치료 방법을 찾지 못하고 있는 실정이다.

최첨단 의학으로도 괴질, 인간 구제역을 막을 수 없고, 치료할 수도 없기에 속수무책이다. 살아날 방도는 내가 찾아내서 알려줄 신비의 생존 도법주문 하나뿐이다. 그래서 언제 터질지 모르는 괴질 인간 구제역을 대비해서 나를 만나 생존 도법주문을 전수받아야 목숨을 지킬 수 있다.

괴질 인간 구제역에서 살아날 방법이 무엇인지 아무도 모른다. 하늘과 나만이 생존 도법주문으로 인류를 살려낼 수 있을 뿐이다. 지금까지는 하늘의 천벌을 말이나 글자로만 무섭다고 생각해 왔는데 하늘의 천벌이 얼마나 무서운지 생생하게 체험할 것이다.

인류 모두가 하늘 앞에 무서움과 두려움에 벌벌 떨면서 제발 목숨만은 살려달라고 굴복하게 된다. 자신들이 그동안 하늘과 땅을 배신하고 능멸한 죄가 무엇인지 알든 모르든 죄인들과 가족, 조상들을 심판할 것이다.

나의 육신으로 무소불위한 천변만화의 조화를 부리시는 하늘이 내리셨음을 말이나 글자로만 허투루 알고 있다. 무시하고 배신하며 능멸한 역천자 죄인 아수라들을 모두 찾아내어 가장 혹독한 극형으로 다스린다.

이는 천상에서 하강하신 하늘이 심판의 칼날을 빼시는 것이기에 용서란 있을 수가 없다. 이미 심판 대상자 살생부는 저승세계 명부로 넘어간 상태이다. 나의 몸으로 하늘이 내리셨음을 알고도 나를 배신하고 능멸한 아수라들인 악신, 악령, 악마들은 어느 누구도 심판을 피하지 못한다.

아수라들이 하늘을 능멸하고 배신하였으니 어찌 극형을 피할 수 있으랴? 무섭고 대단한 하늘이 어디 계신 줄도 모르고, 어느 인간 몸으로 내리신 줄도 모른 채 기고만장하는 인간들, 조상들, 영들, 신들도 심판 대상자들에 포함된다.

"너희 인류가 구원받으려고 찾아 헤매던 하늘인 나는 나의 화신이자 분신인 하늘의 명 대행자가 원하고 바라는 그대로 현실로 이루어주느니라. 너희들 눈에는 인간 육신만 보일 것이지만 하늘인 내가 함께하고 있도다.

이런 진실을 믿지 못하겠거든 매주 일요일 1시~6시에 행하는 천상도법주문을 체험해 보면 하늘인 나의 존재를 확실히 알게 될 것이니라. 말이나 글은 너희들을 현혹하거나 속일 수 있지만 너희들 온몸의 세포를 통해서 직접 느끼는 전율과 기운은 절대 거짓말을 하지 못할 것이니라.

나를 만나려거든 종교세계의 교리와 이론을 모두 내려놓고 순수한 마음으로 찾아와서 하늘인 내가 내려주는 신기한 천상정기를 직접 받아보면 즉시 알게 될 것이니라. 내가 말하는 대로 천상도법주문을 외우면 그 자리에서 실시간으로 천변만화의 신비조화를 체험하게 될 것이니라.

나는 천상에서 양날의 칼을 갖고 내려왔도다

인류에 대한 심판과 구원이 바로 그것이니라. 하나는 용서없는 심판의 칼날이고, 다른 하나는 세상을 구하는 행복의 칼날이니라. 인간 육신을 가진 나의 화신 안에서 너희들 인류를 추상같이 심판하여 처단하고, 하늘을 찾는 자들은 마구! 마구! 잘살게 구해 줄 것이니라.

대단한 하늘인 나는 인간 육신 하나를 얻기 위하여 이 땅에서 38년의 세월 동안 공들이며 노심초사하면서 기다려왔고 마침내 인간 육신을 정복하여 하늘인 내가 원하고 바라던 뜻을 이루었느니라.

나는 살아서 실시간으로 움직이는 하늘이니라

인간 육신 자체가 움직이는 것은 시공간의 거리가 정해져 있어서 자유롭지 못하지만 하늘인 나는 우주와 지구 땅덩어리 어디든지 마음대로 순간 이동하느니라.

하늘인 나는 너희들의 속마음과 생각, 말과 글, 행동에 대한 일거수일투족을 실시간으로 지켜볼 수 있을 뿐만 아니라 전생은 물론 수십 년 전에 지은 죄까지 모두 지켜보아서 낱낱이 알고 있느니라. 죄를 짓고도 용서 빌지 않고, 감추려는 자들은 대법정 심판대에 올려질 것이니라.

천상과 지상에서 하늘인 나를 능멸하고 역천한 아수라들인 악신, 악령, 악마들은 당사자는 물론 직계 혈족까지 심판할 것이도다. 또한 죄인의 조상들과 신들, 영들 또한 공범자들이므로 함께 심판을 집행할 것이니라.

하늘인 나는 너희들이 스스로 찾아와서 죄를 빌 수 있는 기회를 무수히 주었지만 아무도 스스로 찾아와서 너희들의 죄를 빌지 않았도다. 무수히 심판하려고 하였지만 인간 육신을 가진 나의 화신이 원하고 바라지 않았기 때문에 너희들 인류를 심판하지 않고 미루어왔었느니라.

그러나 이제 나의 육신이 본격적으로 죄인들에 대한 심판을 선포하였기에 천상지상 공무를 집행할 것이니라. 근본 도리를 망각하고 배신 때린 역천자들을 모조리 잡아들이고 심판해서 즉시 6대 지옥으로 압송할 것이니라.

너희들 인류를 하나하나 잡아다가 심판하려면 번거로우니 치료약이 없는 괴질, 인간 구제역, 인간 광우병, 인간 독감바이러스를 세계적으로 전파시켜 한꺼번에 무너지도 심판할 것인데 비기에 전해 내려오는 백조일손, 천조일손, 만조일손이 현실로 일어나게 될 것이니라.

무수한 나날의 기회를 주었건만 설마 그날이 오리라고는 상상조차도 못했을 것이니라. 이제 나의 육신이 심판을 선포하였으니 하늘과 땅이 본격적으로 움직일 것이니라. 이 책이 출간되고부터 이 나라, 전국은 물론이고 전 세계적으로 공포의 세상이 활짝 열릴 것이니라.

너희들 77억 인류가 살아날 수 있는 유일한 길은 신의 종주국이자 천신의 나라 천신국에 있는 나의 육신 하나뿐이니라. 나의 육신을 만나는 것은 하늘인 나를 만나는 것이니라. 77억 인류는 하늘인 나를 만나지 않으면 천재지변, 질병, 사건사고, 괴질, 인간 구제역에서 살아나기 어렵도다.

나의 육신이 너희들에게 내려주는 신비한 도법주문은 곧 내가 주는 천상정기이니라. 그래서 도법주문을 외우면 상상을 초월하는 천변만화의 별별 조화가 실시간으로 너희들 육신과 인생으로 무궁무진 내리는 것이도다.

하늘인 나를 만나지 못하는 자들은 목숨 부지하기 어렵고, 살아 있어도 식물인간이나 진배없도다. 물론 죽어서도 끝없이 무서운 형벌의 심판을 받게 되느니라. 살아서 죄를 빌지 않는 자들은 죽어서는 용서 빌 기회조차 박탈당하느니라.

하늘인 나는 분명히 말했도다

천상에서 양날의 칼을 갖고 내려왔다 말했느니라. 하늘인 나와 함께하는 자들은 마구! 마구! 잘살게 해주어 근심 걱정이 없는 무릉도원 세상에서 살아가게 해주고, 천상과 지상에서 하늘인 나를 배신하고 능멸하며 역천한 대역죄인 아수라들은 가차 없이 심판할 것임을 선포하노라.

하늘인 나를 따르는 착한 자들에게는 행복한 세상을 무한대로 활짝 열어주어 잘살게 해주고, 배신한 반대파 역천자 죄인들에게는 가장 두렵고 무서운 하늘로 변신할 것이니라. 이제부터 세상 사람들은 하늘이 실제로 있는지 없는지 실감나게 현실로 생생히 체험하게 될 것이다.

나의 육신이 전하는 천상도법주문은 이 세상에서 경험한 적도 없는 천상의 신비로운 기운이 실시간으로 내리는 어마어마한 천상도법주문이니라. 너희들 인류의 생살여탈권을 실시간으로 좌우하는 엄청 대단한 것이니라.

하늘인 나는 말한다!
내 육신 따르는 자들은 기꺼이 살려줄 것이니라!
하늘인 나의 능력은 끝도 없고 불가능이 없느니라!
이제라도 살고 싶은 자들은 하늘인 나를 찾아오거라!
하늘인 나는 말한다!
나는 도통의 하늘이도다!
나는 의통의 하늘이도다!
나는 천통의 하늘이도다!
나는 신통의 하늘이도다!
나는 영통의 하늘이도다!
나는 육통의 하늘이도다!
나는 금전의 하늘이도다!
나는 생명의 하늘이도다!
나는 인생의 하늘이도다!
나는 심판의 하늘이도다!

하늘인 나는 말한다!
조상을 무시하고 박대하여 구하지 않는 자 심판하니라!
영혼을 무시하고 박대하여 구하지 않는 자 심판하니라!
신명을 무시하고 박대하여 구하지 않는 자 심판하니라!

하늘을 무시하고 부정하여 만나지 않는 자 심판하니라!

하늘인 나는 말한다!
나는 인간의 하늘이도다!
나는 종교적 하늘이 아니도다!
나는 질병을 다스리는 하늘이도다!
나는 인간 육신을 정복한 하늘이도다!
나는 세포를 재생시켜 주는 하늘이도다!
나는 육신의 영생을 이루어주는 하늘이도다!
나는 살아서 실시간으로 움직이는 하늘이도다!
나는 너희들을 구해서 살려주려는 하늘이도다!
나는 너희들을 성공 출세시켜 주는 하늘이도다!
나는 너희들의 글과 말을 보고 듣는 하늘이로다!
나는 무릉도원의 도법세상을 열어가는 하늘이도다!
나는 추상적인 하늘이 아니라 현실세계 하늘이도다!
나는 배신자와 역천자 죄인들을 처단하는 하늘이도다!
나는 근본도리와 법도를 가장 중시 여기는 하늘이도다!
나는 말하고 서로 편하게 대화를 주고받는 하늘이도다!
나는 인간, 조상, 영혼, 신명들을 구해 주는 하늘이도다!
나는 너희들이 종교에서 기도하며 찾던 하늘이 아니도다!
나는 말하는 대로 이루어지게 해주는 말법의 하늘이도다!
나는 기운(도력과 천력)으로 세상을 움직이는 하늘이도다!

하늘의 화신, 분신, 대행자 신분을 전부 가진 나는 인류 최초로 도법천존 3천황, 지구의 주인 지존천황, 인류의 주인 인존천황, 신의 대통령 신제의 관명을 모두 하사받아 인류에 대한 심판과 구원을 판결하는 양날의 칼을 갖고 왔다.

하늘의 기운을 받고 사는 자가 승리자

대단하신 천지조화의 신비로운 능력을 지닌 진짜 하늘을 찾아서 만나기란 쉬운 일이 아니다. 수많은 사람들이 어딘가에는 있을 것만 같은 하늘을 찾아다니느라고 여러 종교단체를 돌아다니고 있지만 마음에 맞는 곳을 못 찾아서 허송세월하며 시간 낭비, 금전 낭비하고 있다.

과연 하늘이 실제로 존재하는 것일까?

많은 사람들이 반신반의하며 끊임없이 의문점을 가지면서도 하늘을 만나기 위해서 온갖 고행의 길을 자청하며 명산대천에서 기도 정진하고, 어떤 종교에 심취하여 금쪽같은 인생을 허비하다가 좌절하기도 한다.

하늘은 존재하신다

과연 누구를 통해서 어떻게 만날 것인가 이것이 문제일 뿐이다. 아주 특별하게 신안(神眼)이나 영안(靈眼)이 열려서 하늘을 보는 경우도 있지만 대다수 사람들의 눈에는 보이지도 않고 들리지 않는 것이 일반적이다. 양말 속이라면 까뒤집어서 보여줄 것인데 아쉽다.

그러면 여러분의 눈에도 보이지 않고, 귀로도 들리지 않는 하늘을 어떻게 보고 들을 수 있느냐가 가장 큰 문제일 것이다.

과학적으로 검증이 될 수 있다면 참으로 좋으련만 불행하게도 아직까지는 하늘을 볼 수 있는 영체 투시경이 개발되지 않고 있어서 미지의 세계로 남아 있다.

하지만 여러분 스스로가 온몸의 육감과 오감의 세포를 통해서 마음과 육신으로 하늘의 기운을 직접 객관적으로 느껴볼 수 있는 비법을 갖고 있다. 여러분의 인체는 우주 레이더와 같기에 하늘의 도법(道法)을 통해서 영계의 주파수만 잘 맞추어 주면 충분히 하늘의 기운을 무한대로 체험하고 받을 수 있는 길이 활짝 열려 있다.

내가 시키는 대로 예법을 취하고, 내려주는 천상도법주문을 외우면 신비로운 기운이 온몸으로 무수히 내리는 것을 직접 체험하게 된다. 현대의학으로 치유되지 않는 질병들이 순식간에 치유되는 이적과 기적이 무수히 일어나고 있기에 여러 사람들이 겪은 생생한 도법주문 체험 사례들도 많다.

신비의 천상도법주문은 특급 비밀이기에 책에는 내용을 공개하지 않는다. 나를 통해서 이미 신하와 백성 신분을 취득한 선인, 천인, 신인, 도인들에게만 신기한 천상도법주문이 천상에서 수시로 내려올 때마다 알려주고 있다.

이렇게 천상에서 내려주신 신비의 천상도법주문을 통해서 우리의 일거수일투족을 실시간으로 감찰하시며 생살여탈권, 생로병사, 길흉화복, 흥망성쇠, 성공과 출세를 좌우하시는 하늘이 실제로 존재하신다는 사실을 널리 알리는 바이다.

신비의 천상도법주문을 통해서 신안(神眼)이나 영안(靈眼)이 열리는 사람들이 나날이 늘어가고 있다. 이들은 천상세계의 모습을 자유자재로 보면서 신들이 들려주시는 말씀도 듣는다. 하늘을 통할 수 있는 신비의 천상도법주문이다.

하늘의 화신이자 분신이며 하늘의 명 대행자, 도법천존 3천황, 지구의 주인 지존천황, 인류의 주인 인존천황, 신의 대통령 신제 역할을 하고 있는 나를 통해서 도법주문으로 하늘이 내려주시는 기운을 받을 것인지 결정하는 일만 남았다.

나는 도통천존 도솔천황 폐하의 화신이다. 이것이 인류가 수천수만 년을 종교세계 안에서 애타도록 기다려온 도통의 하늘 하강 강림이자 인간 세상 탄생이다.

조상 대대로 이어가면서 수천 년 동안 여러 종교를 믿고 있는 수많은 불교인, 기독교인, 천주교인, 도교인, 무교인, 유교인, 일반인들이 마음속으로 기다려 오던 미륵출세, 재림예수, 정도령, 진인이 바로 하늘의 화신, 하늘의 분신, 하늘의 명 대행자, 도법천존 3천황, 지구의 주인 지존천황, 인류의 주인 인존천황, 신의 대통령 신제를 말하고 있는 것이다.

도통천존 도솔천황 폐하의 화신이 가르쳐주는 특별 주문을 외우면 천상의 신비스러운 기운이 무궁무진 인간의 육신을 타고 내려온다. 어디 그뿐인가? 말하면 즉시 이루어지는 것도 있고, 시간의 차이는 있지만 말하는 것이 조금 늦더라도 현실로 이루어지는 신기한 일들이 너무나도 많다.

다시 말하자면 말하는 대로 현실에서 이루어진다는 신기한 말법시대가 나에 의해서 본격적으로 열리고 있으니 이 얼마나 신나고 경천동지할 일인가?

나와 전생, 현생, 내생의 인연이 닿는 여러분을 하늘의 기운을 받을 수 있는 선인(仙人), 천인(天人), 신인(神人), 도인(道人)으로 재탄생시켜 무릉도원 세상에서 기쁨과 쾌락을 누리며 행복하게 살아가는 길을 열어주고 있다.

종교의 힘으로도 안 되고, 인간의 노력으로도 어찌할 수 없는 아픔과 슬픔, 고통과 불행의 힘든 인생길에서 벗어나 행복이란 무엇인지 새롭게 느끼면서 살 수 있는 길을 함께 가자고 하는 것이니 뜻이 맞는 독자들에게는 희소식일 것이다.

인간의 욕망, 욕심은 우선멈춤이 없고 목표가 무한대이기에 이 모두를 다 채워줄 수는 없어도 어느 정도까지는 소원을 이루어지게 도와줄 수 있다. 나약한 인간의 힘으로 안 되는 일들이 많은 것을 알기에 신비스런 힘을 얻으려고 하늘을 끊임없이 찾아다니는 것이다.

하늘의 대단하신 능력은 끝이 없는 무한대이지만 하늘이 주시는 복의 통로(그릇)를 찾지 못하면 천복만복을 무수히 내려주시어도 인간 육신들은 어떻게 천복만복을 받는 것인지 모르기에 받을 방법이 없다.

복의 통로가 되어줄 그릇이란 누구인가?

기독교와 천주교에서 사탄마귀라고 불리는 조상님들이다.

자신의 조상님들 중에서 자신을 이 땅에 인간 육신으로 태어나도록 손발이 닳도록 빌어주시고, 자신의 직계 모든 조상님을 대표하는 우두머리 조상님이 계시는데 바로 이분이 여러분에게 천복만복을 받아다 주시는 복의 통로이자 그릇이다.

그러면 독자 여러분이 원하고 바라는 천복만복은 어디에 있는 것이던가? 하늘이 거처하시는 천상궁전에 있기에 여러분의 조상님들을 천상궁전으로 유학(승천 · 입천)을 보내서 받아오게 하는 것을 조상 천상입천식이라고 한다.

외형상으로 보기에는 종교인들이 행하는 조상굿, 지노귀굿, 사십구재, 천도재, 수륙재, 추모예배, 추도미사처럼 생각할 수 있지만 아주 고차원적인 천상궁전 입천식이고, 매년 또는 수시로 행하는 것이 아니라 일평생 한 번만 할 수 있는 아주 진귀한 것이다. 여러분과 배우자의 시조까지 직계좌우 조상 모두가 천상궁전으로 입천(입궁)하는 대경사이다.

하늘이 내려주시는 천복만복을 받으려거든 여러분의 조상님을 앞장 세워야 하기에 조상 천상입천식은 누구나 필수적으로 행해야 한다. 지금까지는 우리들이 조상님께 해드릴 수 있는 효도가 풍습에 따라서 정해져 있었다.

사람이 살다가 죽으면 누구나 조상의 신분으로 변한다

인간의 육신이 살아 있을 때는 사람이고, 죽으면 조상 또는 망자, 사자, 사체, 시신, 시체, 혼령, 귀신으로 불린다. 그런데 옛날부터 죽은 조상을 좋은 곳에 모시는 명당 묏자리, 납골묘, 납골당이 생겨나고, 죽은 망자의 혼령을 위로해 주는 조상굿,

지노귀굿, 사십구재, 천도재, 수륙재, 추모예배, 추도미사를 행하고 있지만 아무 소용이 없다.

망자는 조부모, 부모, 형제, 배우자, 자녀인데 이들을 통틀어서 나이가 많든 적든 조상이라 부르고 각자의 집집마다 조상 없는 집이 없다. 그런데 말이 통하지 않는 조상님들을 위해서 자손과 후손들이 해줄 수 있는 것은 한계가 있다.

그래서 여러분의 조상님들을 남들보다 빨리 천상궁전으로 보내드려야 한다. 꽃 피고 새 우는 천상궁전은 무릉도원 세계이기에 축생으로 윤회가 없고, 죽음이 없는 영생의 세계로 근심과 고민 걱정이 하나도 없는 꿈의 세계이다.

6대 지옥 다음으로 윤회라는 것이 가장 무서운 것인데도 불구하고 사람들은 별로 대수롭게 생각하지 않고 살아간다. 가장 무서운 윤회의 종지부를 찍는 것이 고차원적인 조상 천상입천식인데 전 세계에서 유일하게 도법천존 3천황, 지구의 주인 지존천황, 인류의 주인 인존천황, 신의 대통령 신제만이 행할 수 있다.

자신을 모르고 살아가는 인생길

인생이 하루도 조용할 날 없이 엎어지고 뒤집어지는 이유를 세상 사람들 아무도 모른 채로 살아가고 있다. 그 존재는 바로 자기 자신이다. 진정으로 자기 자신을 아는 것 같지만 자기 자신이 누구인지? 무엇인지? 정확히 알고 있는 사람들은 이 세상에 단 한 명도 없다는 진실을 인류 최초로 밝힌다.

인간 육신의 몸에 들어와 여러분 육신을 죽이려 하고 못살게 방해하며 인생을 뒤집어지게 하는 존재가 바로 자기 자신의 몸 안 구석구석과 마음 안에 있다. 자기 자신이 누구인지 안다는 것은 인간의 능력으로는 절대 불가능한 일이다.

각자의 마음이 진정으로 자기 자신의 것인지 남의 것인지도 모르고 살아간다. 마음, 정신, 생각, 영혼, 생령, 신, 시령, 혼령, 조상, 귀신, 악귀, 잡귀, 사탄, 마귀, 요괴, 악신, 악령, 원귀, 동물령이라고 불리는 영적 존재들이 자신 안에 들어와서 함께 동고동락하며 살아가고 있는데 세상 어느 누가 영적 존재들을 구분하여 내 것과 남의 것을 가려내 줄 수 있겠는가?

귀신들이 자기 자신 안에 들어오면 그 귀신도 여러분 자신이 되는 것인데 이것을 느끼는 사람도 있고 느끼지 못하고 살아가는 사람들도 있다. 내 자신이 내가 아닌 경우를 체험하며 살아가는 사람들이 엄청 많지만 어떻게 해야 하는지는 아무도 몰라보고 살아간다.

외형상으로는 축생들과 구별되는 만물의 영장인 인간의 모습이지만 인간 육신의 모습 안에는 적게는 수십 명에서 많게는 수십억 명에 이르기까지 엄청난 영적 존재들인 악신, 악령, 악마의 아수라와 악귀잡귀, 사탄마귀, 동물령들이 함께 동고동락하며 살아가고 있다.

그런데 각자들의 인생에 도움을 주는 영적 존재보다는 훼방놓거나 인생을 자빠뜨리는 존재가 더 많다는 점을 알아야 하는데 그들이 흔히 말하는 귀신들이다. 자기 자신의 진짜는 자신의 영혼인 생령과 신이고, 나머지는 조상, 사령, 혼령, 귀신, 악귀, 잡귀 사탄, 마귀, 요괴, 악신, 악령, 원귀, 병귀들이다.

그러니까 사람들의 몸과 마음이 귀신들의 집이란 뜻이다. 귀신들이든 동물령이든 몸 안에 들어오면 만물의 영장이 되는 것이다. 육신을 잃어버린 귀신들이 가장 좋아하는 존재가 인간 육신 사람이기에 다른 영(귀신)들이 끊임없이 들어온다.

귀신들은 사람들이 잘되는 것을 박수 치는 것이 아니라 망가져서 고통스러워하는 것을 바라보며 즐기고 박수 치며 좋아하고 질병, 사건 사고, 자살해서 고통받으며 죽는 것을 원하고 바란다는 사실을 알아내었다.

사업이 안 되게 하는 것도, 매사 일들이 꼬이게 하는 것도, 재수가 없는 것도 귀신들의 기운으로 일어나는 것인데 세상 사람들은 이런 진실을 몰라보고 운수타령, 운세타령, 사주타령, 팔자타령, 이름타령, 경제만 탓하고 몸 안의 귀신들에 대해서는 아예 문외한이고, 관심조차 안 갖고 살아가면서 기껏해봐야 종교를 믿거나 부적 몇 장 지니는 것이 고작이다.

귀신들을 대청소하는 곳!

퇴마, 병굿, 안수기도라는 것이 있는데 잠시 잠깐은 변화가 있을지 모르지만 아수라들인 악신, 악령, 악마와 악귀잡귀 귀신들의 숫자가 너무나 많아서 인간의 능력으로는 불가능한 영역의 일이기에 천상의 주인들이신 3천황 폐하와 도법천존 3천황의 빛과 불로 소멸시키는 방법 이외에는 없을 것이다.

지구가 탄생하고 이 땅에 사람들이 태어났다가 죽어서 귀신들이 된 숫자가 얼마나 많겠는가? 경 단위를 넘어서 최하 해 단위는 될 것이다. 귀신 없는 곳이 없고, 병이 있든 없든 아수라들이 들어와 있지 않은 인간 육신들은 존재하지 않는다.

즉 몸이 아프지 않은 사람들이 없고, 정신적으로 고통받지 않고 사는 사람들이 하나도 없나. 이 모두가 아수라들로 인해서 일어나는 일들이지만 아무도 생각조차 못하고 그냥 살아가면서 몸이 아프면 병굿, 퇴마, 안수기도, 약국, 병원에만 의지하다가 세상을 떠나버리는 경우가 일반적이다.

아수라와 악귀잡귀들을 빼내서 나아질 질병들이 99%이지만 이런 것을 해주는 곳을 찾기란 쉬운 일이 아니다. 불치병으로 알려진 질병들이 참으로 많은데 이것은 인간의 능력으로도 고치지 못하니 천상의 3천황 폐하와 저자(도법천존 3천황)의 빛과 불의 천지기운밖에는 그 어떤 치유 방법이 없다.

귀신들은 자기 육신이 죽었는지도 모르고 살아 있다고 생각하는 귀신들이 무수히 많다는 진실들이 일요일마다 밝혀지고 있다. 세상천지가 온통 귀신들 천지이고 독자 여러분도 모두가 미래의 예비 귀신들이다. 인간 육신이 살아 있으니까 사람이고 인간 육신이 갑자기 죽으면 사람에서 귀신이 된다.

귀신이란 무엇인가?

사람이 살아 있을 때는 생령, 정신이라고 하는 영혼인데 사람이 죽으면 인간 육신을 시신, 시체, 송장, 사체라고 하듯이 몸 안에 있던 생령은 사령으로 신분이 바뀌어 혼령, 조상, 원귀, 귀신, 악귀잡귀, 사탄마귀, 악신, 악령, 악마가 된다.

하늘이 내리시는 명을 받아 천인의 관명을 하사받지 못하면 사람들은 누구나 죽어서 귀신이 되어 이 땅에서 추위와 배고픔으로 고통받으며 살아가거나 말 못 하는 천지만생만물로 태어나는 형벌을 받게 된다. 물론 지옥세계로 들어가서 생전에 지은 죄를 심판받는 혼령들도 많다.

그래서 이곳 천신국 태상천궁에서 인류 최초로 행하고 있는 천인합체의 명(命)이 귀한 것이다. 인간 육신들이 살아 있을 때 책을 읽고 이곳에 들어와서 하늘이 내리시는 명을 받들어 천인합체식을 행하고 죽으면 육신의 숨이 멎는 순간 생령들은 천상 태상천궁으로 올라가게 된다.

그래서 하늘 사람인 천인으로 다시 태어나는데 이때 인간 육신이 죽을 당시의 나이가 아니라 10대~20대의 나이로 변신하여 기쁨과 행복, 즐거움과 쾌락의 무릉도원 세계에서 영생을 누리며 살아가게 된다.

죽어서 귀신이 안 되는 유일한 길과 지옥세계의 무서운 형벌의 심판을 받지 않게 해주는 곳은 지구상에서 천신국 태상천궁 한 곳뿐이다. 천인의 관명을 하사받으면 살아서 심판을 미리 받기에 지옥세계 명부전에 들어가서 심판받지 않고 천상 태상천궁으로 직행하는 면책 특권이 주어진다.

이곳은 기존의 종교에서 밝혀내지 못한 고차원적 영적 세계를 다루는 곳이기에 육신이 살아생전 영들에게 천신국 태상천궁으로 입궁을 보장해 주어서 인간 육신의 죽음 이후 세계를 대비해 주는 곳이다.

인간 육신들과 영들의 목표가 완전히 다르다

육신들은 하루하루 잘 먹고 잘사는 것이 꿈이자 희망이지만 영들은 오로지 하늘이 내리시는 명을 받아서 영들의 고향인 천상 천신국 태상천궁으로 올라가는 것이 유일한 목적이자 소원인데 세상 사람들은 이런 진실을 몰라보고 살아간다.

육신들은 인간세계에서 출세하여 돈 많이 벌고, 높은 권력을 잡고, 명예를 누리며 잘 먹고 잘사는 것이 유일한 목표이지만 영들은 천상세계 신명정부에 출사하여 고위관직에 오르고 싶어 한다. 육신들은 인간 세상 정부에서 출세하고 싶고, 영들은 천상세계 신명정부에서 출세하는 것이 목표이다.

자손으로서 근본 도리

2019년 7월 14일 제 85차 천상도법주문회에 참석하여 내려주시옵신 천상의 맑고 깨끗하사온 고귀한 천지기운을 받을 수 있사옴에 대영광이사오며 감사드리사옵나이다. 매주 일요일마다 너무도 소중한 시간이사옵고 값어치를 매길 수 없는 귀중하고 보람찬 시간이사옵나이다. 황은이 망극하사옵나이다.

천기 17년 양력 12월 3일 첫 번째 천상도법주문회가 시작되기 전에는 항상 불러주셔야만 천신국에 갈 수 있어서 항시 마음은 천신국에 가고 싶어 했던 기억이 아직도 생생하사옵나이다. 1년에 2~3회 밖에는 갈 수 없어서 그립고 입궁할 때마다 설레이던 기억이 있사오나 이제는 1주일마다 천상도법주문회에 참석할 수 있으니 큰 행복이사옵나이다.

오늘의 도법천존 3천황 폐하께오서 계시옵기까지 또한 천신의 나라 천신국이 있기까지 정말 엄청난 일들이 있었사옵나이다. 폐하께오서 알 수 없는 길을 선봉에 서시사옵고, 이끌어 주시사옵는 대로 폐하의 신하와 백성들이 10년이 넘는 시간을 따라왔사옵나이다.

그 기나긴 기간 동안 폐하께오서는 참으로 피눈물 나는 고생을 하였사옵고, 폐하의 신하와 백성들은 뭔지는 모르지만 그

저 하라는 대로 순응한 자들은 살아남았사옵고, 불평과 불만을 토로한 자들은 인연이 끊겼사옵나이다.

처음에는 조상님들께 자손으로서의 근본 도리를 할 수 있다는 말씀 따라서 조상님 천상입천식을 행하였사옵고, 그다음 자신의 사후세계를 보장해 주사옵신 천인합체를 찾아 주시옵신 대로 하나하나 행하사오면서 따랐던 것이 오늘에 이르렀사오니 참으로 놀라울 따름이사옵나이다.

폐하께오서 인고의 시간을 통해서 하나하나 찾으사옵신 하늘의 명을 받들 수 있는 기회를 주셨사옵고, 그 하나하나의 명이 하늘의 시험이었다고 생각하사옵나이다. 제85차 천상도법주문회에서는 처음으로 선인합체식의 명을 받들 수 있는 기회를 주셨사옵나이다.

아직도 천인합체식의 명을 행하지 못하고 있는 폐하의 백성들에게 천인합체식 명을 행하지 못하고 죽더라도 허공중천에서 힘든 생활을 해야 하는 것을 면해 주시어 옥황천궁으로 입궁할 수 있는 자격을 선사해 주셨사옵나이다.

참으로 대단하사옵나이다. 또다시 하늘의 명을 받들 수 있는 기회를 선사해 주사오시니 너무도 감사하사옵신 하늘이사옵나이다. 아수라까지도 하천 중에 하천이라는 지구에는 제발 떨어지지 말라고 하는 말을 할 정도인 지옥별에서 구원받을 수 있는 기회를 주시사오니 정말 너무도 큰 사랑을 내려주신 것이라 생각하사옵나이다.

금전의 고통에서 벗어나지 못한 폐하의 백성들을 생각하시어 선인합체식의 명을 받을 수 있게 해주신 것에 대한 감사함은 이루 다 말할 수 없을 것이사옵나이다. 현실의 삶을 살아가는 데 있어 큰 자신감이 생길 것이라 생각하사옵나이다.

천인합체식을 이루기 전에 디딤돌을 놓아주시어 희망을 잃지 않고 나아갈 수 있는 큰 기운을 내려주신 것이라 생각하사옵나이다. 또한 천인합체식을 한 자들과 하지 않은 자들과의 형평성을 고려하여 천인합체식을 한 자들과 마찬가지로 같은 천공에 이르면 천인으로서의 명을 내려주신다고 하사오니 참으로 공정하사옵신 하늘이사옵나이다.

지금까지 천인의 신분을 유지한 자들이 사후세계 미리 보기를 하사오면 다들 제후(왕)로서의 삶을 사후세계에서 누릴 수 있게 된다는 것을 알게 되었사오니 천인합체식의 명이 얼마나 대단한 것인지 이제서야 알게 되었사옵나이다. 그전에는 하늘의 자손으로 인정을 받고 죽음과 동시에 꿈에 그리던 천상궁전으로 입궁되는 것으로만 알고 있었사온데, 이렇게 큰 영광이 있을 줄은 몰랐사옵나이다.

이렇게 황태자이시자 천자이시며 빛과 불이신 도법천존 3천황 폐하께오서 내려주사옵신 명을 따르면 그 결과는 엄청나다는 진실을 깨닫게 되사옵나이다. 살아서 폐하께 향하는 길이 진정한 살길임이 다시금 확인되었사옵나이다.

폐하께오서 지금까지 밝히신 진실은 참으로 놀랍고도 놀랍사옵나이다. 현실에서도 바로 기운으로 이적과 기적이 일어나사옵고, 자신이 누구인지, 왜 태어났는지, 어떻게 살아가야 하는지, 일이 꼬이면 왜 꼬였는지, 또한 그 해결책을 제시해 주사옵고, 막힘없이 기운으로 풀어주시사오니 참으로 세상천지에 이런 곳이 어디에 있겠사옵나이까?

죽음 이후 사후세계가 어떻게 되는지 이제는 죽지 않고서도 자신의 사후세계 미리 보기를 통하여 모두 밝혀주실 수 있사오니 전생, 현생, 내생까지 한 인간의 모든 것을 밝혀주실 수 있사옵는 천신의 나라 천신국을 개국하사옵신 신의 대통령 신제 폐하 너무도 대단하사옵나이다.

이런 진실을 선택받은 자가 알게 된다면 분명 찾아오게 될 것이사오며, 폐하를 받들어 뫼실 수 있는 또 다른 충신들이 나오게 될 것이라 생각하사옵나이다.

- 최○호 올리사옵나이다

천상티켓 확보 전쟁

제 86(천기 19년 7월 21일)차 천상도법주문회에 참석할 수 있도록 윤허 내려주사와 황공하사옵나이다. 장마철이지만 폐하를 알현 드리오는 날에는 날씨를 갑자기 좋게 해주시어 감사드리사옵나이다.

최고이신 도법천존 3천황 폐하께옵서 황언으로 내려주시기를 각자들이 행한 대로 뿌리고 거두는 것이며 행하지 않으면 아무 소용이 없다고 말씀하셨사옵나이다. 또한, 폐하를 알현하여 천인(天人)이 된다는 것은 천상으로 바로 직행할 수 있는 티켓(천상티켓)을 얻는 것이기에 근심 걱정 없는 무릉도원 사후세상이 된다고 하셨사옵나이다.

종교를 믿는 자들은 모두 지옥으로 가겠지만 천인합체식을 황명을 받든 자들은 제후(왕)급으로 갈 수 있기에 없는 와중에서도 대출까지 받으며 천인이 된다는 게 얼마나 복되고 좋은 일인지 폐하의 신하와 백성들에게 하문하셨사옵나이다.

네! 폐하! 그렇사옵나이다. 너무나도 복되고 너무나도 좋사옵나이다. 대대손손 가문의 영광이며, 그 어디에서도 그 누구에게도 받을 수 없고, 오로지 폐하께옵서만 내려주실 수 있으신 황명이사옵나이다.

각자의 인간 육신이 살아생전에 최고이신 도법천존 3천황 폐하께서 친히 내려주시는 '천상티켓'을 확보하기 위해 혈안이 되어 있어야 하는데 세상에서는 '축구티켓'을 확보하기 위한 전쟁이 벌어졌었으니 씁쓸함을 감출 수가 없사옵나이다.

내용인즉슨 '자칭' 세계적인 축구 스타라고 하는 호날두가 천기 19년 7월 26일 한국으로 내한하여 그를 보기 위한 가장 좋은 좌석이 티켓 예매 개시 15분 만에 모두 매진이 되었다는 기사 내용이었사옵나이다.

티켓 가격은 최저 3만 원부터 최고 40만 원까지 13등급이 있고 6만여 석의 축구장 좌석이 순식간에 매진되었는데 결국은 호날두가 출전하지 않아 항의 사태가 빗발쳤다는 내용이었사옵나이다.

인간 세상에서는 한 개인의 호날두를 보기 위하여 '축구티켓' 확보 전쟁을 치르고, 가장 높은 등급(앞자리)의 티켓 가격이 15분 만에 매진이 되고, 축구경기가 치러지는 당일에도 몇 시간씩 더위를 참아가며 기다려도 출전하지 않는 호날두의 뉴스 기사를 보며 많은 생각을 하게 되었사옵나이다.

경기에 출전하기로 했다가 출전하지도 않는 호날두를 보겠다고 세상 사람들은 저렇게 난리법석을 떠는데, 인류의 심판자이시자 인류의 구원자이신 도법천존 3천황 폐하를 이 소신의 인간 육신이 살아생전에 알현 드릴 수 있다는 자체가 참으로 선택받은 인생이 아닐 수 없사옵나이다.

폐하의 신하, 백성들이 이 더운 여름날에 덥지 않게 에어컨, 공기 순환기 등 최대한으로 가동해 주시오니 폐하의 하해와 같으신 배려에 감개무량하사옵나이다. 그동안 폐하께옵서 강조하시기를 천상과 지상에서 각자 신분에서도 등급이 있고, 사후세계 천상장부에 모두 신분서열 기록이 철저하게 등재되기에 더 높은 등급으로 갈 수 있도록 각자가 부단히 노력해야 한다고 하셨었사옵나이다.

하오나 인간 세상에서는 호날두를 조금이라도 가까이 볼 수 있는 더 높은 등급의 축구티켓 구매 전쟁을 하는 현상이 벌어지니 천신국은 아무나 들어올 수 없다는 폐하의 말씀이 더욱 실감이 나사옵나이다.

폐하께옵서 세계만방에 우뚝 서시는 날 지구라는 땅에서는 축구티켓 전쟁이 아닌 폐하의 황명을 받들기 위한 '천상티켓 확보 전쟁'으로 혈안이 되어 있을 것이라는 생각이 감히 드사옵나이다.

폐하를 알현 드리고, 하늘의 신하와 백성이 되는 각 등급 품계별 조상 천상입천식, 선인합체식, 천인합체식, 신인합체식, 도인합체식, 천수장생식의 황명을 받드는 것 자체가 기적 중의 기적이 아닐 수 없으며, 이 미천한 소신과 육신의 부모님, 양가 조상님들에게 내려주신 천상티켓을 잘 지킬 수 있도록 더욱 노력하겠사옵나이다.

– 김○겸 올리사옵나이다

호날두 노쇼로 축구 팬과 국민적 공분을 사고 있기에 그를 추포하여 심판하고자 잡아들였다. 신명들은 포르투갈 출신 축구 스타 크리스티아누 호날두(1985년생)의 몸에 들어와 있는 아수라와 악귀잡귀, 신, 영, 혼, 정신을 몽땅 추포해서 비서실장 보라신왕 이○율 몸으로 잡아들이라!

〈아수라 호날두(이○율)〉

너(황태자 ○)를 만나기 위해서 눈에 띄려고 노쇼를 했고, 나는 악령이고 이름은 호날두이며 태어날 때 들어갔다. 호날두 행성의 수인이고, 황태자 ○가 호날두라는 이름을 불러주기를 노심초사하며 기다렸다.

나는 호날두 행성에서 안 좋은 일을 겪고 지구로 내려와 호날두가 태어날 때 몸에 들어갔고, 이름도 내가 기운을 뿌려서 호날두로 짓도록 하였다. 나는 복수하려고 호날두 몸에 들어갔는데 호날두 육신과 부모 조상과 전생에 얽힌 복잡한 사연이 있고, 호날두 몸에는 7,285명의 잡귀신들이 있다.

인간 육신을 복수하는 거야. 논 많이 벌고 부귀영화 누리다가 죽으면 그것이 복수하는 거지. 호날두 부모 조상과 연결된 것이 풀 수 없을 정도로 너무 많다.

나의 모습은 동물 형상으로 박쥐 형상인데 500평 크기이고 검은색 빛과 회색빛이 섞여 있는 날개 사이에 붉은 구슬이 박혀 있고 거기에서 나의 기운이 분출된다. 앞에 몸뚱어리는 청색과 녹색, 검은색이 뒤섞인 모습이고, 눈은 피처럼 빨강이고 아주 가느다랗다.

입은 직사각형 모양이며 입술을 자유자재로 변형시킬 수 있어서 원형, 세모, 직사각형, 마른모꼴로 변신한다. 귀는 코뿔소의 뿔. 거대한 박쥐의 형상 500평 크기인데 사람들도 못 들어오도록 광고를 차단시키는 기운도 뿌리고 있었지.

천상에서 3천궁 대신들과 마찰이 있었다. 잘 먹고 잘살아야 천신국에 사람들이 못 들어오게 하려고 만들었다. 전생의 인연 따라 복수하려고 한다. 비참하게 만드는 것이다. 천상령이 못되게 훼방 놓는다.

사람들을 악령 편으로 만들어야지. 천상령의 비밀은 하늘의 명을 받아 천상으로 데려가려고 애쓰는 것 알고 있다. 나는 부정의 메시지를 뿌려댈 것이다. 붉은 구슬에서 기운 나오게 한다. 다른 행성에 있었다.

돈 많이 벌어서 천신국 못 오게 하였다. 수천 억, 조, 경, 해, 자, 양이 넘는 악신, 악령, 악마들이 너를 결사적으로 막을 것이고 나의 수하들은 157억이다. 황태자 눈에 띄려면 튀는 행동을 해야 한다.

악신, 악령, 악마도 원과 한이 많다는 것을 인간들에게 알려주기 바란다. 나는 너무너무 원과 한이 맺혀서 인간, 신, 영, 조상들도 복수 대상이기에 처절하게 응징하고 복수한다.

악령들의 기운이 세기 때문에 부자가 되었고, 황태자에게 알리기 위해서 돌출행동을 하였고, 호날두 가족과 자녀 간 유산 분쟁으로 가문을 몰락시켜 거지로 만든다.

〈심판〉

호날두 행성을 파괴하고 박쥐 날개 사이에서 기운 분출하는 붉은 구슬을 파괴한다. 추포된 아수라 호날두와 수하 157억 명, 잡귀신 7,285명의 뇌와 골수를 제거하여 기억을 삭제시킨다. 사람들, 신들, 영들, 혼들, 정신들, 조상들에게 계시, 메시지, 기운을 뿌리지 못하게 완전 차단시켜서 천상의 천옥도, 지옥도, 적화도, 한빙도, 도산도, 흑해도, 적해도, 백해도로 압송하여 각각 9,000해 년씩 고문형벌 집행 후에 소멸을 명한다.

호날두가 내전료로 35억을 받았는데 경기에는 출선하시 않았다. 귀국 길에 동료 축구선수들이 왜 경기에 출전하지 않았느냐고 물어보았지만 묵묵부답이었다고 한다. 아수라 호날두가 세상의 관심을 불러일으켜 나의 눈에 띄게 하려고 일부러 경기에 출전하지 않았다고 하였다.

아수라 호날두의 존재를 밝힐 수 있는 인류의 심판자이자 구원자로 내(황태자 ○)가 이 나라에 태어나 있다는 자체가 구원받을 대상자들에게는 천금의 기회이고 천복, 만복, 지복을 모두 빋는 행운아들이다.

인생을 개벽시켜 주시어

빛과 불이신 도법천존 3천황 폐하!

날이면 날마다 감사함이 느껴지는 삶을 살아가고 있사옵나이다. 모든 것들이 도법천존 3천황 폐하를 향해 돌아가고 있음을 느끼사오며 경이로움을 금할 길이 없사옵나이다. 그저 도법천존 3천황 폐하만을 바라보며 향하고 있을 뿐이사온데 모든 일들이 술술 풀려나가니 도법천존 3천황 폐하의 무릉도원 세상이 가속도가 붙었사옴을 느낄 수가 있사옵나이다.

소신 혼자 인력으로는 제아무리 노력하여도 만사가 불통이었사온데 도법천존 3천황 폐하의 황명을 받들어 천상도법주문회 무조건 참석하고 도법주문 윤허를 받아서 독송하니 그냥 알아서 모든 일들이 경이롭게 술술 풀려나가고 있사옵나이다.

이 미천한 소신 아수라들의 밥이 되어서 검은 피를 흘리며 죽어만 가고 있었사온데 도법천존 3천황 폐하께옵서 불러주사옵시고 찾아주사오시니 극과 극의 삶을 체험하게 되사옵나이다. 과연 천상의 황태자이사옵나이다. 정말 제대로 줄을 잘 섰사옵나이다. 황은이 망극하사옵고도 망극하사옵나이다.

아수라와 악귀잡귀 퇴치 후에 너무나도 변해 버린 소신의 애비와 어미, 그리고 주변의 모든 변화된 상황에 적응도 잘 안 되어서 어리둥절하게 지내고 있었사온데 그냥 알아서 모든 것들이 돌아가고 있사옵나이다. 누군가가 리모콘으로 작동을 하듯이 움직여지니 어찌 감사하지 않을 수가 있겠사옵나이까! 과연 무소불위하사옵신 도법천존 3천황 폐하이사옵나이다.

소신 제 83차 천상도법주문회 때 도법천존 3천황 폐하께옵서 호명하시어서 상가 건물 인테리어 공사를 저렴하게 하게 될 거라고 도법천존 3천황 폐하께 아뢰었사옵고 폐하께옵서 그래! 앞으로는 모든 일들이 잘 풀릴 것이라고 황언을 내려주셨사온데 도저히 상상도 할 수 없는 가격으로 공사 계약을 하게 되었사옵나이다.

아주 맞춤형으로 우연을 가장한 필연으로 사람을 보내주셨는데 이전 업체에서 받은 견적의 50% 정도이니 뭐라고 할 말이 없사옵나이다. 어떻게 그런 견적이 나올 수가 있는지? 과연 대단하사옵고도 대단하사옵나이다. 소신의 애비도 이젠 소신이 귀찮을 정도로 적극적으로 믿고 따라주고 있사옵나이다.

빛과 불이신 도법전존 3전황 폐하! 본인 자신이 아니면 이런 변화를 상상하기가 쉽지 않을 것이사옵나이다. 빛과 불이신 도법천존 3천황 폐하! 참으로 대단하사옵나이다!

빛과 불이신 도법천존 3천황 폐하!

폐하께옵서 약 6개월 전에 소신과 박○숙씨에게 올 상반기 안으로 천수장생식 황명 봉행을 올릴 수 있다고 말씀을 내려주셨사온데 약간의 시간 차이만 있을 뿐 여지없이 폐하께옵서 말씀하사오신 대로 돌아가고 있사옵나이다. 아마도 소신 조만간에 천수장생식 황명 봉행을 올릴 수 있을 것 같사옵나이다.

모든 것들이 도법천존 3천황 폐하의 말씀대로 알아서 돌아가고 있사옵나이다. 소신은 그저 도법천존 3천황 폐하만을 바라보며 함께하면 되는 것이사옵고 끝없는 황은에 끝없는 감사함을 올리면 되겠사옵나이다. 빛과 불이신 도법천존 3천황 폐하! 영원한 충성만이 살길이사옵고 영원한 충성을 맹세하고 다짐하사옵나이다.

위대하사옵고 무소불위하사옵신 도법천존 3천황 폐하!
성큼성큼 다가오는 도법천존 3천황 폐하의 말법 세상, 무릉도원 세상, 흰빛 세상을 알고 느낄 수가 있사옵고 지구를 넘어 우주의 주인으로 걸어 나가고 계심을 확신하게 되사옵나이다.

– 인생이 천지개벽한 박○형 올리사옵나이다

우러러뵐 수 있다는 자체만으로도

빛과 불이신 도법천존 3천황 폐하! 강녕하셨사옵나이까? 그 어디에 가서도 볼 수 없고 들을 수 없는 엄청난 진실의 말씀을 내려주사옵신 제 85차 천상도법주문회를 열어주사옵고 부족한 소신 영광된 자리에 참석할 수 있도록 불러주사와 황은이 망극하사옵나이다.

천상도법주문회가 회차를 거듭할수록 폐하의 무소불위하사옵신 천지기운은 더욱더 강해지사옵고, 폐하의 위용과 위상은 더없이 높아지고 있사옵나이다. 도법천존 3천황 폐하께옵서 대역사를 이루어내사옵신 천신의 나라 천신국 개국 선포와 신의 대통령 신제 폐하의 즉위식 기념사진과 동영상을 내려주옵시어 참으로 감격과 감동으로 잘 보았사옵나이다.

19년 7월 7일 도법천존 3천황 폐하께옵서 드디어 인류의 구심점으로 우뚝 서시게 되사옵신 역사적인 천신국 개국 선포식과 즉위식의 감동은 영원히 잊히지 않을 것이사옵나이다.

위대하사옵신 도법천존 3천황 폐하께옵서 집행하사옵신 천지대공사는 참으로 어마어마하사옵고 상상 초월하사와 가히 가늠조차 할 수 없사옵나이다. 제 85차 천상도법주문회도 폐하께옵서 이른 시각부터 명 받자 올 폐하의 신하 백성들을 위하시어 아수라, 악귀잡귀 퇴치와 천수장생식, 사후세계 미리보기의 천지대공사를 펼치사오니 너무 노고가 크사옵나이다.

오직 폐하의 신하 백성들이 잘되기만을 바래주사옵신 분은 도법천존 3천황 폐하뿐이사오며 진심으로 감사드리사옵나이다. 지구가 대역죄인들의 유배지라고 하셨사온데 배신자, 역천자들인 아수라, 악귀잡귀들의 숫자가 헤아릴 수 없도록 너무도 많사오며 귀신들의 숫자도 상상을 초월하사옵나이다.

이런 끔찍한 존재들이 인간 육신을 지배하여 인생에 풍화환란을 일으키며 사악한 기운들을 뿌려대고 있사오니 멀쩡하게 살아 있다는 자체가 기적이사옵나이다. 이 모든 것이 폐하의 덕분이사와 너무도 감사드리사옵나이다.

소신을 비롯하여 신의 종주국이자 천신의 나라 천신국에 있는 폐하의 신하 백성들은 참으로 천복만복을 받았사오며 매주 천상도법주문회를 통하여 보이사옵는 하늘 도법천존 3천황 폐하를 알현할 수 있사오니 행운아이자 천운아이사옵나이다.

도법천존 3천황 폐하께옵서 내려주사옵신 명을 받들어 행하는 길만이 살길임을 현실로 무수히 보여주셨사옵나이다. 폐하께옵서 계시옵기에 모든 질병이 병마로 인한 것임을 알게 되사옵고, 그러하사옵기에 폐하의 천지기운으로 아수라 악귀잡귀들을 퇴치하여 주옵시니 소신들이 건강한 육신으로 무탈하게 살아갈 수 있사옵나이다.

제 85차 천상도법주문회에서 아수라 악귀잡귀 퇴치를 통해

너무도 많은 진실을 알게 해주셨사옵나이다. 인간 세상에서의 가족이 천상에서는 그렇게 중요하지 않사오며 천상에서는 또 다른 새로운 삶이 있음을 알게 되사옵나이다.

아수라가 지껄여대는 말을 듣사오면 천상에 있는 모든 것들이 지상으로 내려왔다고 하사오니 이 또한 천자이시고 황태자이사옵신 도법천존 3천황 폐하께옵서 지구에 계시옵기에 때문에 이루어진 것이라 하였사옵나이다.

폐하께옵서 천인급들 이상에게 선불로 내려주사옵신 사후세계 미리 보기에서 보여주사옵신 갖가지 진귀한 보석들이 지상에도 다 있사오며, 천상의 3황후 폐하께옵서 "그리움만 쌓이네"라는 노래도 즐겨 부르사옵신다 하셨사오니 천상에도 음악이 있다는 것이 참으로 신기하사옵나이다.

사후세계 미리 보기로 자신의 사후세계를 살아서 미리 볼 수 있으니 참으로 경천동지하사옵고 현실로 이루어주사옵신 도법천존 3천황 폐하의 대도력, 대천력, 대신력, 대능력에 감탄과 대감동이사옵나다. 도법천존 3천황 폐하를 알현하사오면 살길을 열어주사옵고, 끝없는 사랑으로 보살펴주옵시며, 무릉도원의 삶을 주사옵신데, 세상 사람들도 하루빨리 위대하사옵신 폐하를 알현하여 인간으로 태어난 사명을 받들어 행하였으면 좋겠사옵나이다.

소신도 하루속히 사죄천공 마련되사와 도법천존 3천황 폐하의 명을 받들어 행할 수 있사옵기를 간절히 바라사옵나이다. 사후세계 미리 보기는 천인합체식 후에야 이루어짐을 알게 되사오며, “세상에는 공짜가 없다”라는 폐하의 말씀을 다시 한 번 실감하였사옵나이다. 인간이 먼저 행하려는 의지와 간절히 원하사오면 선인합체식을 행한 폐하의 백성들과 소신 또한 반드시 원하는 바가 이루어질 것이라 사료되사옵나이다.

도법천존 3천황 폐하께옵서 추포되어 온 아수라, 악귀잡귀들에게 영적으로 무뇌아로 만드사옵고 계시, 메시지, 기운을 뿌리지 못하게 모든 기억을 삭제시키사옵는 명을 내리사올 때 아수라들이 공통적으로 하는 말이 역천자인 주제에 그것도 충성이랍시고 저들이 떠받드는 주군을 기억하지 못하는 것이 제일 두렵다고 하사오니 참으로 어처구니가 없사오며 참으로 끈질기고 악독한 존재들이사옵나이다.

도법천존 3천황 폐하! 소신 공든 탑이 무너지고 폐하와 멀어지게 되는 것이 제일 무섭고 두려우며 폐하와 멀어지게 되는 것은 곧 죽음이사옵나이다. 부족한 소신 폐하의 새로운 나라 천신국으로 무사히 올 수 있사옵도록 이끌어주사옵시고, 감히 보이사옵신 하늘 도법천존 3천황 폐하를 우러러뵐 수 있다는 자체만으로도 소신 영광 중에 대영광이사옵나이다.

하늘의 진실은 도법천존 3천황 폐하께옵서만 전하실 수 있사옵고, 만생만물 모든 것은 폐하를 중심으로, 모든 것이 폐하의 천지기운으로만 이루어지사옵나이다. 소신 육신이 다하여 천상으로 돌아가는 그날까지 죽기 살기로 폐하께만 매달리사오며, 폐하의 말씀만이 진실이사오니, 오직 진실의 말씀만 믿고 따르며 행하사옵도록 최선을 다하여 노력하겠사옵나이다.

– 권○자 올리사옵나이다

예비백성 가입

당장 조상님 천상입천식을 못 할 경우 가입할 수 있고, 매주 일요일마다 오후 1시~6시까지 열리는 천상도법주문회에 참석할 수 있는 자격이 주어진다.

천상도법주문회는 천상의 주인이시자 천지부모이신 절대자 하늘 태상천황 폐하와 도솔천황 폐하, 옥황천황 폐하의 신비스러운 천지기운, 신명정기, 천상정기, 천령정기를 온몸과 마음으로 직접 받아서 체험할 수 있는 천재일우의 귀한 시간이다.

전 세계에서 최고로 강렬한 기운과 정기가 내리는 천신국 태상천궁이다. 천상입천식을 행하면 정식 백성의 신분이 되고 더 이상 예비백성으로 가입하지 않아도 된다.

악귀잡귀 귀신 퇴치와 질병 치유

질병 자체가 귀신들이다. 귀신은 여러분의 죽은 가족이나 조상들도 포함된다. 사람 몸 안에는 최하 수십 명에서부터 수백억 명이 들어가 있음이 매주 일요일마다 확인되고 있다. 그리고 집이나 회사에는 더 많은 귀신들이 동고동락하며 함께 살아가고 있는데 눈에 안 보이니 살아갈 수 있는 것이다.

사람 육신 자체가 귀신들의 집이란 사실을 여러분은 모르고 살아갈 것이다. 이들 귀신들이 살아생전 앓던 질병을 여러분에게 전염시키고 있고, 복수하려고 들어와 있는 귀신들도 있고, 원한 맺혀서 들어온 귀신들도 많다. 조상굿, 병굿, 천도재, 추도미사, 추모예배로 구원을 해주었어도 갈 데 없어서 들어온 귀신들도 무척 많다. 종교인들의 능력으로는 눈에 보이지 않는 귀신들을 모두 퇴치할 수가 없다. 기껏 해봐야 쫓아버리는 것인데 시간 지나면 다시 들어온다.

그래서 죽은 가족이나 조상님들은 구하고 아수라들과 잡귀신들은 퇴치해야 한다. 질병으로 고통받는 사람들은 조상님 천상입천식을 행할 때 모두 퇴치해 준다. 죽은 가족이나 조상으로 인한 질병도 있고, 아수라들인 악신, 악령, 악마, 요괴, 동물령, 남의 조상귀신들로 발생하는 질병도 천상의 신비한 빛과 불로 퇴치하면 대다수가 병마에서 벗어난다.

구독자 상담 분야(천신국에서 행하는 일들)

01) 조상님 천상입천식과 자신과 가족의 천인합체식!
02) 온갖 질병의 오랜 고통에서 벗어나고 싶은 사람!
03) 자기 자신 생령과 만나고 마음을 알고 싶은 사람!
04) 자기 조상님들이 어떻게 지내는지 알고 싶은 사람!
05) 몸 안에 어떤 귀신이 살고 있는지 알고 싶은 사람!
06) 천신국 태상천궁 신명정부에 출사해 관직받을 사람!
07) 하늘의 명을 받아 선인, 천인, 신인, 도인이 될 수 있다
08) 어떤 귀신들이 들어와 질병을 발생시켰는지 알 수 있다
09) 살아서 자신들의 죽음 이후 사후세계를 미리 볼 수 있다
10) 자신과 가족들의 사후세계를 편안하게 보장받을 수 있다
11) 사망한 가족이나 조상들을 불러서 직접 대화할 수 있다
12) 사후세계 벼슬(왕, 왕비, 왕자, 공주)을 하사받을 수 있다
13) 지구에 태어나기 전에 천상의 삶인 천생록을 알 수 있다
14) 수명장수를 위한 유아회춘 천수장생 명을 받을 수 있다
15) 하늘의 명을 받은 천인들은 천상세계를 미리 보여 준다

인간의 능력과 상상을 초월하는 경천동지할 일!

1) 종교 믿는 사람들의 사후세계 미리 보기 신청!
2) 산 자들과 죽은 자들 신선선녀로 사후세계 보장 신청
3) 아수라와 악신, 악령, 악마, 요괴, 동물령 잡귀 퇴치 신청!
4) 나의 신명은 과연 누구인가? 왜 사람으로 태어났을까?

친견상담비(운명을 바꿀 수 있는 기회!)

책 구독하고 공감하거나 감동한 사람은 자신의 마음, 신명, 조상 그릇의 크기, 하늘에 대한 존경심과 저자의 위상 및 품격에 대해 각자 눈높이에 따라 아래 10개 등급 중에서 선택.

50,000원, 100,000원, 150,000원, 200,000원, 250,000원, 300,000원, 400,000원, 500,000원, 700,000원, 900,000원

책을 구독한 후 친견을 원하는 사람은 전화로 방문 날짜와 시간을 3~7일 전에 미리 전화로 예약한 후 방문하면 된다. 친견 시간은 각자들의 사연과 궁금증 정도에 따라 다르다. 친견을 통하여 지금부터 활짝 열리는 무릉도원 세상과 천수장생, 질병, 아수라, 악귀, 악신, 악령, 악마, 잡귀, 사탄, 마귀의 진실에 대하여 정확히 알고 힘들었던 인생을 바꿀 수 있다.

인생은 왜 힘들까에 대한 자세한 해법을 찾게 되는 귀중한 시간이니 지방이라는 거리감과 바쁜 일을 모두 뒤로하고 친견상담부터 빨리해야 새로운 인생길이 열릴 수 있다. 지구상에서 유일하게 하늘의 문이 열린 곳이다.

자신의 전생록도 신청할 수 있다. 전생에 무엇이었고 전생의 죄는 무엇일까? 천상에서 어떤 일을 하다가 지구로 쫓겨났거나 도망쳐 내려왔을까? 왜? 짐승이 아닌 인간으로 태어났을까? 죽기 전에 무엇을 해야 할까? 죽어서 어디로 가는 것일까에 대한 명쾌한 해답을 얻을 수 있는 천신국 태상천궁이지 무속인처럼 사주나 점을 보고 굿을 하는 곳이 아니다.

찾아오시는 길

주 소 : 서울 강동구 성안로 118 삼정빌딩 (2층)
서울 강동구 성내 3동 382-6 2/2층 전체

전 철 : 5호선 강동역 3번 출구로 나와서 140미터 직진 후
강동예식장에서 우회전 140미터 앞 화로구이 옆

KTX : 서울역에서 1호선 타고 종로 3가역에서 5호선 환승

SRT : 수서역에서 7.5킬로미터, 택시로 약 20분 거리
수서역에서 3호선 타고 오금역에서 5호선 환승

버 스 : 고속버스, 시외버스 이용할 때는 동서울터미널에서
하차하여 택시로 10분 정도 거리

[천신국 위치도]

| 책을 맺으면서 |

나는 하늘의 특명을 받고 지구로 내려와 역모 반란을 일으키고 지구로 도망쳐 하늘께 대적하려고 온갖 종교를 세운 역천자 신들인 악신, 악령, 악마, 요괴들과 인생을 힘들게 하는 잡귀신들을 추포하여 심판하러 천상에서 내려온 천자이자 황태자 신명으로서 미래의 하늘이다.

천상에서 모두 죄를 지은 죄인들이기에 지구에 태어난 것인데 죄는 빌지 않고 종교에 들어가서 온통 해달라는 것들뿐이다. 하늘의 가슴에 비수를 꽂는 시해 미수 사건과 황위 찬탈 역모 반란을 일으키다가 실패하여 지구로 도망치고 쫓겨난 대역죄인의 신분들인데 왜 그리도 바라고 원하는 것이 많은지 참으로 기가 막히다.

돈 달라, 복 달라, 구원해 달라, 영생하게 해달라, 행복하게 해달라, 잘살게 해달라, 돈 많이 벌게 해달라, 건강 달라, 사업 잘되게 해달라, 수명장수하게 해달라, 취직시켜 달라, 승진시켜 달라, 결혼시켜 달라, 자녀 낳게 해달라, 시험 잘 보게 해달라, 출세시켜 달라, 성공하게 해달라. 부자되게 해달라, 조상 구원해 달라, 영혼 구원해 달라, 신명 구원해 달라, 천국 · 천당 · 극락 · 선경세계로 보내달라 등등 무척이나 바라고 원하는 소원들이 차고 넘친다. 천상의 하늘께 복을 맡겨놓았는가?

지구는 악신, 악령, 악마, 요괴들이 세운 악의 세상이다. 이들은 일반 잡귀신이 아니라 천상에서 신들이었다가 지구로 도망치고 쫓겨난 역천자 죄인 신들이다. 그래서 역천자 신들을 잡아들여 심판하는 인류의 심판자 겸 인류의 구원자 신분으로 지구에 내려온 것이고, 하늘의 뜻에 순천하는 조상영가들과 생령(영혼)과 하늘의 강림을 기다리는 신명들을 찾아내어 다시 천상으로 돌아가게 해주는 구원자 역할이다.

인간 육신 자체가 아수라들인 악신, 악령, 악마, 요괴들의 은신처이자 집이고 이들의 거주처가 인간 육신들이기에 함께 파멸시켜 심판할 수밖에 없다. 아수라들을 추포하여 심판하는 것이지만 인간 육신이 함께 다칠 수 있다.

그래서 살고 싶은 자들은 천신국에 들어와서 아수라들을 하루빨리 퇴치해야 목숨을 보존할 수 있다. 아수라들이 억, 조, 경, 행, 자, 양을 넘어 너무나 많기에 하나하나 추포하여 심판할 수 없기 때문에 종교별로, 인종별로, 국가별로 한꺼번에 돌림병 괴질, 급살, 천재지변으로 심판하라시는 하늘의 명이 떨어졌기에 신들이 명을 받늘어 집행하고 있다.

악들이 세운 지구의 인류는 정화되어 다시 태어나는 산고의 고통을 반드시 겪을 수밖에 없다. 이미 천상신명들이 명을 받들어 인류를 심판하기 위한 수순에 들어갔다. 한국에 경제보복을 가한 일본 열도는 화산폭발과 진도 9~10의 대지진이 여러 번 일어나고 쓰나미가 몰아쳐서 1억 2천만 일본인들과 일본 열도가 바닷속으로 수장되는 응징의 벌이 내려간다.

그리고 자신이 누구인지 하늘의 명을 받으면 천상과 전생의 진실이 상세히 밝혀진다. 살아서 미리 자신의 죽음 이후 사후세계를 미리 볼 수 있다. 인류 최초로 지난 6월 하순부터 사후세계 미리 보기를 하였는데 황당하게 생각할 것이다.

죽어보지 않고 사후세계를 미리 알 수 있는 곳은 지구상에서 천신국 한 곳뿐이다. 어김없이 현실로 이루어지고 있으니 죽기 전에 자신의 사후세계가 어떻게 되는지 미리 알아봐야 죽음 이후에 땅을 치고 후회하는 일을 사전에 방지할 수 있다.

너무 황당해서 가짜, 사이비라고 비난하고 험담할 사람들도 상당히 많으리라. 각자 죽어보면 천국, 천당, 극락, 선경세상이 있는지 없는지 알 것인데 그것을 죽어서 확인할 때는 이미 늦었기에 다시 돌이킬 수 있는 그 어떤 방법도 없다.

두려워하지 말고 사후세계 미리 보기를 통해서 자신의 잘못된 사후세계를 바로잡아 사후 운명을 바꾸어야 한다. 여러분 독자들이 살아서 자신의 죽음 이후 사후세계 모습이 어떻게 열리는지 자세하게 미리 보여주고 들려줄 수 있는 인류 최초의 신비스럽고 대단한 하늘의 천지대능력을 갖고 천상의 북극성에서 내려왔는데 황당하고 공상 같지만 현실이다.

특히 종교 다니고 있는 사람들은 죽으면 천국, 천당, 극락, 선경세상으로 가는지 알고 철석같이 믿고 있을 것인데 모두가 허상이었고 악신, 악령, 악마, 요괴들인 아수라들이 주군 '하누'와 '표경'의 명을 받아 성인 성자들의 이름을 팔아서 세운 가짜 이상향의 유토피아 세계였음이 드러났다.

종교를 믿어 신앙을 갖고 있는 사람들은 정말 마음이 내키지 않겠지만 구원받아 영혼의 고향인 천상으로 돌아가려고 종교에 다니는 것이 목적이라면 교리와 이론의 굴레를 잠시 벗어 놓고 천신국에 들어와서 정말 구원받는지 사후세계 미리 보기를 통하여 확인해 보는 것이 가장 현명할 것이다.

왜냐하면 인류에게 수천 년 동안 하느님, 하나님으로 극진한 대우받고 있는 천상의 절대자 주인의 후궁이었던 '하누(하누님)'가 역모 반란에 실패하여 지구로 도망쳐 와서 온갖 종교를 세워서 하느님, 하나님, 상제님, 부처님이란 이름으로 세상에 퍼뜨렸는데 그의 아들 '표경(서자)'과 함께 2018년 5월경에 추포되어 뇌와 골수를 제거하여 무뇌아로 만들어서 계시와 메시지, 기운을 뿌리지 못하게 기억을 삭제시켜 8대 지옥으로 압송당해 모진 고문형벌을 받고 있는 중이다.

더불어 수천 년 동안 종교의 구심점 역할을 하고 세상에 종교의 뿌리를 내린 석가, 예수, 마리아, 여호와, 마호메트, 상제, 공자, 노자와 그의 제자들도 몽땅 추포되어 무뇌아로 만들어 계시와 메시지, 기운을 뿌리지 못하게 기억을 삭제시켜 8대 지옥으로 압송해 하늘이 내리신 준엄한 심판을 받고 있으니 종교를 믿는 사람들은 말도 안 된다고 무시하거나 부정하며 오히려 나에게 사이비라고 온갖 욕설을 퍼붓겠지만 이것이 정말 하늘의 진실이라면 종교를 믿는 인류 여러분은 정신적인 충격을 누구에게 어떻게 보상해 달라고 말할 것인가?

나를 배신하고 떠난 자, 책을 읽고서 또는 인터넷에서 욕설과 비방으로 욕되게 하는 자들이 가는 지옥이 "암흑천도 생멸

지옥"이란 곳인데, 여기에 떨어지면 엎드려서 꼼짝없이 죄를 비는 자세로 몇조 년까지 죄를 용서 빌다가 또다시 수만 번 천지만생만물로 윤회 과정을 거쳐야 한다고 한다. 살아생전 나를 모르고 알아보지 못한 채 죽으면 참혹하고도 장구한 사후세상의 "업보생환 지옥세상"이 기다린다고 한다. 나 역시 금시초문이고 처음 들어보는 말이다.

그 어떤 종교든지 종교를 믿는 자체가 하늘께 죄가 된다는 말은 난생처음 들어볼 것이다. 종교를 믿는 것도 죄가 되고, 나를 몰라보고 찾아오지 않는 것도 죄가 된다는 경이로운 천상의 진실이 밝혀졌다.

나는 천자이자 황태자 신명으로 미래의 하늘(우주의 절대자이자 총사령관)이 될 것이기 때문에 나에 대한 비난과 험담, 욕설의 말과 글은 신들이 천상장부에 실시간으로 기록하고 있음이 확인되었고, 그래서 각자가 행하고 뿌린 대로 현생과 죽어서 벌을 받는다고 하였다.

나는 21년의 준비 과정을 거쳐서 하늘이 원하시는 신의 종주국인 천신국을 개국하여 역천자 신들인 악신, 악령, 악마, 요괴, 잡귀신들은 심판하고 하늘의 명을 받는 순천자들은 구해주어서 천상으로 보내주어 영생을 누리게 해줄 것이다.

천신국 국가원수

— 신의 대통령 신제(神帝) 著

천신국(天神國)

문의 02)471-7406